高等艺术职业教育实用丛书

旅 游 概 论

赵红林　编著

WUHAN UNIVERSITY PRESS

武汉大学出版社

图书在版编目(CIP)数据

旅游概论/赵红林编著.—武汉：武汉大学出版社,2022.7
高等艺术职业教育实用丛书
ISBN 978-7-307-23088-0

Ⅰ.旅⋯ Ⅱ.赵⋯ Ⅲ.旅游—高等职业教育—教材 Ⅳ.F590

中国版本图书馆 CIP 数据核字(2022)第 083585 号

责任编辑:程牧原　　责任校对:汪欣怡　　版式设计:韩闻锦

出版发行:**武汉大学出版社**　(430072　武昌　珞珈山)
(电子邮箱：cbs22@ whu.edu.cn　网址：www.wdp.com.cn)
印刷:武汉中远印务有限公司
开本:787×1092　1/16　印张:16.25　字数:329 千字　插页:1
版次:2022 年 7 月第 1 版　　2022 年 7 月第 1 次印刷
ISBN 978-7-307-23088-0　　定价:42.00 元

高等艺术职业教育实用丛书
总 编 委 会

前　言

　　中国正进入大众旅游时代，未来十年，中国旅游业将迎来新一轮的发展周期。旅游业具备融合度高、覆盖面广、拉动力强的综合特性。在新的发展时期，为了满足多元化旅游消费需求，如何通过产业融合开发旅游新业态将成为旅游供给侧改革的重要问题和考量方向。随着旅游消费需求的不断升级和产业变革的不断深化，旅游新业态不断涌现，市场上出现了"旅游+互联网""旅游+地产""旅游+文化""旅游+虚拟现实（VR）/增强现实（AR）技术"等新概念。与此同时，在全域旅游的带动下，目的地全域大旅游综合协调管理体制能够发挥"旅游+"功能，旅游与其他产业融合势必形成新的生产力和竞争力。可以预见，旅游业作为综合性产业，在经济社会发展中的作用和影响将会更加广泛、更加深远。

　　随着中国社会经济的发展、旅游业的快速增长，作为旅游供给侧改革的一部分，旅游高等教育的重要性日益凸显。在质量强国、人才强国的理念下，以提高质量为核心的内涵式发展成为高等教育发展的必由之路。旅游高等教育质量的提升同样需要不断深化教育教学改革，探索新的人才培养模式和教育教学方法。在这个进程中，开发适用于旅游高等教育的教材成为一个必须不断探索的课题。本书旨在为社会培养一线的实用型人才，强调学以致用，具有以下几方面特色：

　　第一，以学生为中心，贯彻高等教育新理念。人才培养是高等学校的根本任务，提高人才培养质量的重点是提高教学质量。当代教育理念告诉我们：学校及教师应该牢固树立"以学生为中心"的服务观念；解放思维，以学生为中心组织教学，发挥其学习主体的主观能动作用。

　　第二，以就业为导向，突出能力培养。旅游高等教育以实用为核心内容，把专业理论和操作技能系统地结合在一起，追求"零距离就岗"，即用最短的时间和最有效的方法，使学生熟练掌握某项技能，以适应中国旅游业发展的新趋势、新业态。这种模式弥补了传统教材讲练分离的不足，可收到事半功倍的效果。

　　总而言之，本书的编写体现了产教融合的特点，提供了国际前沿的行业资讯和实践范例，具有一定的创新性和引领价值。

编　者

2022 年 5 月

目　　录

第一章
认 识 旅 游

旅游是一种复杂的现象，其定义是由其本质、基本属性、外部特征以及旅游者的行为特征等诸多方面共同界定的，所以这就导致了旅游概念的不统一性和旅游类型划分的多样性。

第一节　旅游的基本概念

旅游学科的形成和确立是在20世纪初，但目前关于旅游的概念和定义尚无统一的认识。给旅游以明确的、科学严谨的概念，不仅在理论上具有重大的意义，而且对旅游的实践活动也有重要的指导作用。

一、旅游概念的形成

关于旅游，人们普遍认为是从早期旅行发展而来的。由于早期人类旅行主要是出于经商、贸易以及政治目的，旅行的内容较为单一，规模和范围有限，社会影响也较小。因此，在相当长的时期内，"旅行"一词只是作为一个日常用语，并没有明确的科学概念和界定。随着时代的进步、经济的发展和人民生活水平的不断提高，旅游活动日渐成为人类日常生活的一个重要组成部分，"旅游"一词因此成为一个十分常见与常用的普通名词。

一般认为，"旅游"一词是从英文"tourism"翻译过来的。据考证，"tourism"这个词首次出现是在1811年出版的《牛津词典》中。在此之前，1800年出版的《牛津词典》中还出现过"tourist"一词。不论是"tourism"，还是"tourist"，都是由"tour"这个词引申而来的。在英语和法语里，"tour"都含有"巡回"的意思，而其语源是法文"toured"。因此，在国外学者的观点中，"旅游"是从早期的"巡回"即旅行发展而来的，是特指因消遣目的而离家外出的旅行和逗留。

"旅游"一词在我国出现较晚，但与"旅游"词义相近的"观光"和"旅行"这两个词在两千多年前的古典文献中就已出现。《易经》中有"观国之光，利用宾于王"之语，《左传》中则有"观光上国"一词，这里的"观光"，可以理解为观看、考察一国的礼乐文物、风俗人情，即旅行游览的意思。《礼记·曾子问》中有"孔子曰：三年之丧练，不群立，不旅行"。这里的"旅行"可理解为离开常住地，到外地办事或游览等，可结伴而行，也可独行。后来，随着社会的发展，经济和文化内容日益丰富，旅游的种类在中国历史上也多了起来，诸如帝王的巡游、官吏的宦游、僧道的云游、文人墨客的漫游以及群众性的踏青和游春等活动。1931 年编写的《辞源》对"旅行"一词的解释是："今泛称外出做客。"这说明，那时虽然有旅游活动，但旅游作为一个普遍的概念还没有形成，也没有流行起来。1960 年出版的《现代汉语词典》中关于"旅游"的解释是"旅行游览"，实际上是将它作为一个复合词。直至 1979 年修订的《辞海》、1981年截稿的《辞海》增补本，都没有"旅游"一词的条目，仍只有"旅行"一词。1964 年 11月国务院召开"第一次旅游工作会议"以后，我国相继成立了中国旅游出版社、中国旅游报社和上海旅游专科学校，"旅游"一词在文献中和社会上才被广泛使用。1982年，国家将最高旅游行政管理机构更名为"中华人民共和国国家旅游局"，从而肯定了"旅游"一词的客观存在性。

二、旅游的概念

对旅游概念的定义有理论性定义和技术性定义两种。理论性定义是用逻辑思维的方法给事物定义，探究旅游活动最本质的特征，发生发展的原因、趋势和规律。技术性定义是用技术的方法(调查统计)给事物定义，大多根据人们离家外出活动的目的，以及在目的地停留的时间和其他一些可能的标准去界定旅游的范畴。

(一)理论性定义

1. 艾斯特定义

艾斯特定义是目前为人们所普遍接受的旅游概念。它是瑞士学者汉泽克尔和克拉普夫于 1942 年提出的，20 世纪 70 年代为"旅游科学专家国际联合会"(AIEST)所采用，故称"艾斯特(AIEST)定义"。

该定义指出："旅游是非定居者的旅行和暂时居留而引起的现象和关系的总和。这些人不会导致长期居住，并且不牵涉任何赚钱的活动。"这个定义将旅游活动与人类其他社会活动区别开来。

艾斯特定义阐明了旅游的如下特征：

第一，流动性。旅游产生于人们的外出运动和在不同地方或目的地的逗留活动。所以从严格意义上讲，在家里或在家附近的休闲活动不能算旅游。

第二，相依性。它指的是"旅"与"游"的相互依赖性。两个因素缺一不可，否则都不是现代意义上的旅游。有"旅"无"游"是出差；有"游"无"旅"是娱乐，是休闲。

第三，异地性。旅行和逗留发生在游客常居环境或定居、工作之外的地方。因此，旅游活动所带来的表现和结果与在居住地定居和工作的活动截然不同。旅游活动表现出自由、休闲、新奇的特点，在乎过程中的体验。

第四，暂时性。前往旅游目的地的活动是临时的、短暂的，最终是要回到原住地去的。

第五，非定居性和非就业性。旅游不是为了在访问地定居和就业。

艾斯特定义较全面地揭示了旅游的内涵和基本特征，但也存在着不足。其中关于"非定居者"和"不牵涉任何赚钱的活动"的表述，可能会使人对旅游的定义产生误解。因为现代旅游既包括以消遣度假为目的的消遣型旅游，也包括以工商事务为目的的差旅型旅游。而以工商事务为目的的差旅型旅游，如商务旅游、会展旅游等都是公司企业公关行动的重要组成部分，毫无疑问牵涉大量的"赚钱的活动"。

2. 经济学角度的定义

最早的经济学认为，"旅游的功能是从国外向国内输入资金，其意义在于旅游支出对该经济体中的各部门，尤其是饭店经营者所产生的影响"。显然，在这里旅游活动被视为与社会领域以及产业和贸易相互联系的一种经济现象，正是基于这种认识才产生了经济学中的旅游概念。比较典型的是奥地利经济学家赫尔曼（Herman Von Schullard）所阐述的观点："旅游是外国或外地人口进入非定居地，并在其中逗留和移动所引起的经济活动的总和。"这种从经济学角度审视旅游现象，从而对旅游所下的定义显然具有片面性，因为旅游不仅包括经济现象，还包括社会现象、文化现象乃至政治现象，旅游的内涵是综合性的。

（二）技术性定义

1979年，美国学者马丁·普雷博士提出定义："旅游是为了消遣而进行的旅行，在某一国逗留的时间至少超过24小时。"这类定义比较强调旅游活动的空间性（异地性）和时间性（时间限制）。

1991年，世界旅游组织（UNWTO）和联合国统计委员会对旅游的定义为："旅游是人们为了休闲、商务或其他目的，离开他们惯常的环境，到某些地方去以及在那些地方停留的活动。其访问的主要目的不应是所从事的活动从访问地获取报酬，暂时停留的时间不超过一年。"

1995年，世界旅游组织对旅游的定义为："旅游是人们为了休闲、商务或其他目的，离开他们惯常的环境，到某些地方停留在那里，连续不超过一年的活动。"

联合国的"官方旅行机构国际联合会"（AIGTO）认为，"旅游是指到一个国家访问，停留时间超过24小时的短期游客，其目的属于下列两项之一：悠逸（包括娱乐、度假、保健、研究、宗教和体育运动）；业务、出使、开会等"。这个定义强调了旅游活动的暂时性、异地性和消遣性，同时也强调了公务旅游、商务旅游和探亲访友等。本定义在时间和内容上给出了较具体的界定——"停留时间超过24小时"，主要是出于方便统计和技术性需要，但是存在不合理的地方，因为排除了当日往返的旅游活动。

根据上述有关旅游定义的分析，本书对旅游的概念作出如下理解：旅游是指人们离开常住地，前往异地的旅行体验和暂时逗留活动，以及由此所引起的各种现象和关系的总和。

三、旅游活动的基本特征

概括起来，旅游活动的基本特征体现在审美、休闲娱乐、异地流动三个方面。

(一)审美

旅游审美是指旅游为一种主要以获得心理快感为目的的审美过程。旅游是人类社会发展到一定阶段的最基本活动之一，审美性贯穿于旅游活动的各个方面。

从旅游主体看，审美追求是旅游者普遍的旅游动机之一，旅游活动的每一个主要环节都能给旅游者带来美感。

从旅游客体看，旅游资源是美的载体，是吸引旅游者出游的主要因素。

从旅游媒体看，旅游业是创造美和生产美的行业。旅游业的任务就是适应经济建设和旅游者的需要，生产和挖掘美的景观、美的商品、美的服务和管理，以满足旅游者高层次的物质文化需求，即审美需求。

审美不仅体现在保护、开发和利用旅游资源上，在民族文化和旅游商品的开发上，也要按美的规律进行，要在美学基础上提高服务质量和管理质量。

(二)休闲娱乐

旅游休闲娱乐是指旅游者求趣、求乐的目的贯穿于旅游活动的全过程。

从旅游活动的形式看，旅游者是把旅游活动当作一种特殊的娱乐方式来享受的。可以说，有了娱乐性，才有旅游。旅游活动的休闲娱乐性主要体现在以下两个方面：

一是旅游者利用闲暇时间从事旅游活动。即使是某些与工作结合得比较紧密的旅游形式，在时间上仍体现为闲暇时间，在内容上休闲娱乐是其中不可缺少的组成部分。

二是旅游的目的是休闲娱乐。旅游者以游览名山大川、欣赏文物古迹、体验异域风土人情、享受优质的旅游接待服务等形式，达到观光、消遣、休息、娱乐的目的，从而恢复体力、愉悦身心和增进健康。

对旅游者来讲，虽然旅游动机、旅游内容、旅游形式存在差异，但其追求身心的愉悦，想获得最大的审美享受却是一致的。把旅游当作一种特殊生活方式来享受，是人们忘情山水，慰藉身心的求趣、求乐本性使然。也就是说，有了休闲娱乐，才有了旅游。

(三) 异地流动

求新求奇是人们的本能，而人们对客观环境的认识和了解总是受时间和空间的限制。因此，人们借助旅游的形式，离开居住地去认识外面的世界，观赏异地风光，体验异域情调，使精神和身体得到充分的放松和休息，增长见识，这就产生了旅游的异地性。同时，由于人们外出旅游不满足于只在某一处逗留，而是不断地由一个景区到另一个景区，在空间位移过程中实现自己的旅游目的，这就使旅游具有了流动性。因此，一个地区的特殊性越强，对域外旅游者的吸引力就越大，旅游者的感受也会越深，该地区的旅游业也会越兴旺。

当然，旅游也不是全在"动"中进行的，而是"动"和"静"的结合，旅游的停留就是"静"。就旅游者的愿望而言，总是希望"静短动长"，以便在有限的时间内能游览更多的景点，获得更充实的体验；对旅游经营者而言，则希望"静长动短"，这是因为旅游者在旅游目的地停留的时间越长，旅游者的消费就越多，旅游经营者就会获得更多的商业机会。因此，认识旅游的异地流动性特点，就成为合理安排好旅游行程和时间，兼顾旅游者和旅游经营者双方的要求和利益，处理好旅游者和旅游经营者之间关系的重要因素。

> **知识扩展**　　　　　　　　**文明旅行宣传十句话**

1. 增强文明意识　保护游览环境

2. 文明旅游——请从不大声喧哗做起，请从遵守秩序做起

3. 文明礼让，传承美好风尚

4. 摒弃个人行为陋习　维护旅游良好秩序

5. 除了脚印什么都不要留下　除了照片什么都不要带走

6. 美丽中国　需要你我共同营造

7. 珍爱历史遗产　共创旅游文明

8. 告别不文明行为　做文明有礼的旅游者

9. 播种文明　收获快乐

10. 一草一木一风景　一言一行一文明

第二节 旅游活动的构成要素

旅游活动的构成要素，按开展要素或体系要素分，有主体、客体和媒体"三要素"说；按内涵要素分，有吃、住、行、游、购、娱"六要素"说。此外，还有系统说和特殊消费说等。

一、"三要素"说

旅游活动虽然是涉及众多方面的综合性社会现象，但按照"三要素"观点，它的主要组成要素包括旅游者、旅游资源和旅游业。其中旅游者是旅游活动的主体，旅游资源是旅游活动的客体，旅游业是旅游活动的媒体。主体、客体和媒体之间相互依存、相互制约、紧密结合，共同构成旅游这一复杂的综合体。

(一)旅游活动的主体——旅游者

在旅游活动的构成要素中，旅游者是旅游活动的主体，因为旅游是人的活动，是人们离开其常住地的外出旅行，以及在目的地停留期间所从事的全部活动，也因为旅游者与旅游企业及当地社会不可避免地接触，才引发了一系列错综复杂的社会现象和社会关系，所以，没有旅游者就不会有旅游活动，也不会有旅游这种社会现象。

旅游者作为旅游活动的主体，表现为在一定社会关系之中的具有一定社会文化背景的人。旅游者来自不同国度，属于不同民族，具有不同的生活方式和不同的思想感情。他们离开常住地前往异国他乡的过程中，不可避免地要与当地社会的人群接触交往，从而产生一系列复杂的社会关系。这种接触与交往，既是旅游者访问异国他乡的客观结果，同时也是旅游者外出旅游的重要动机之一。许多旅游者外出旅游就是为了体验异域风情，了解他乡文化。

旅游者旅游活动规模的不断扩大，即旅游者数量的增加、消费水平的提高、旅游方式的多样化等，都会直接地影响甚至决定旅游业的发展水平及其内部构成。

(二)旅游活动的客体——旅游资源

在旅游活动的构成要素中，旅游资源是旅游活动的客体，是满足旅游者旅游愿望的客观存在物。旅游资源是吸引旅游者并激发其旅游动机的直接因素，也是旅游业借以创收的前提。因此，旅游资源是一个国家或地区旅游业赖以存在和发展的最基本条件。

旅游者具备了旅游的主客观条件，在选择到某地或某国旅游之时，首先考虑的是旅游环境的吸引力。构成这种吸引力的可能是自然因素，也可能是文化因素、社会因素或其他因素，还可能是上述多种因素兼而有之。旅游资源对旅游者产生吸引力的基础，在于同他们的常住地或常住国所能进行某些活动的条件相比，旅游目的地所提供的环境能够使他们活动得更好，或者使他们能够从事某些在其常住地或常住国根本没有条件进行的活动。

旅游资源作为旅游活动的客体，不但构成要素多种多样，表现形式也是多种多样的，广泛存在和分布于客观世界中。事实证明，一个国家或地区旅游资源的特色、丰富程度、分布状况，以及旅游资源开发和保护的水平，直接影响着该国或该地区旅游客流的流向与流量、旅游业经营的规模及发展前景。

（三）旅游活动的媒体——旅游业

旅游活动构成要素中，旅游业是旅游活动的媒体。旅游业把旅游者和旅游资源联系在一起，使旅游活动顺利开展，成为实现旅游活动的条件和手段。

在近代旅游业产生之前，旅游活动主要是一种少数人参加的自发活动，旅游主体和客体直接联系。旅游者的外出旅游活动大多表现为漫游、探险等方式，缺乏对旅游客体的了解和认识。同时，由于基本的旅游设施和旅游服务的缺乏，旅游者的旅游活动缺乏组织性，存在诸多不便，因此早期旅游活动规模较小，范围也较小。

旅游业诞生之后，它在旅游者和旅游资源之间起到了媒介和桥梁的作用，通过提供各种旅游供给以及对旅游市场进行组织，使得旅游者的旅游活动方便易行，从而大大推动了旅游的发展。旅游业作为旅游活动的媒体，已经成为推动旅游活动开展的一个最积极、最活跃的因素。

二、"六要素"说

（一）传统"六要素"

旅游者的旅游活动要借助一定的交通工具实现空间的转移，前往异地，在旅游的过程中需要食宿和游览，还需要娱乐消遣和购物，因此，从旅游活动内容的类型上看，旅游活动基本要素包括饮食、住宿、交通、游览、购物、娱乐六大要素。考察旅游者消费的结构特征，有助于判断旅游地的性质，了解当地旅游发展所带来的经济效益的结构来源，认识旅游业的潜力所在，从而制定出适当的旅游发展政策。

（二）新"六要素"

随着旅游的发展，如今激发人们旅游动机和体验的要素越来越多，于是在食、住、行、游、购、娱等传统旅游的六大要素基础上，又拓展出"商、养、学、闲、情、奇"新六要素。"商"是指商务旅游，包括会议旅游、会展旅游、奖励旅游等类型的旅游活动；"养"是指养生旅游，包括养老、养心、体育健身等健康类旅游活动；"学"是指研学旅游，包括修学、科学考察、培训、拓展训练、摄影、采风、各种夏令营和冬令营等类型的旅游活动；"闲"是指休闲度假旅游，包括乡村休闲、都市休闲、山林休闲、海滨度假等各类休闲度假旅游活动；"情"是指情感旅游，包括婚庆、恋爱旅游、纪念日旅游、宗教朝觐等各类精神与情感的旅游活动；"奇"是指探奇旅游，包括探险、探秘、新奇体验等探索类的旅游活动。新"六要素"的提出反映了未来旅游发展的方向和主题，体现了旅游发展的新趋势和新业态。

第三节　旅游活动的类型

旅游活动由于旅游者的动机、活动范围、交通工具使用、旅游资源利用、经济条件不同，以及旅游业经营者组织的方式不一样，表现出不同的形式与类型。但任何一种标准划分出来的任何一种旅游类型，都会与使用其他标准划分出来的类型发生交叉或联系。所以，对旅游活动划分类型本身只是一种手段而不是目的。随着现代旅游的发展，还会有新类型旅游产生的可能性。根据人们常用的旅游活动类型的提法，可归纳出以下划分标准。

一、按地理范围划分的旅游活动类型

国内旅游和国际旅游在旅游统计中有重要意义。旅游活动通常是由近及远、先国内而后国外进行的，国内旅游是一个国家或地区发展旅游业的基础。

(一)国内旅游

国内旅游，是指常住国内的人们为了休闲、商务和其他目的，离开他们的惯常居住环境，到国内某些地方以及在某些地方停留不超过一年的活动。国内旅游的主要特征是常住国内和旅游界限不超出居住国的政治疆域。

根据旅游者游览距离的远近，国内旅游可分为地方性旅游、区域性旅游和全国性旅游。

地方性旅游，一般是指当地居民在本区、本县、本市范围的旅游，实际上是一种时间短、距离近、活动项目较少的旅游活动，常由亲戚朋友或家庭、小集体自发组织。区域性旅游，是指人们离开居住地，到邻省、邻市、邻县的旅游区(点)旅游的活动。如长沙居民去张家界三日游、在厦门组织的武夷山七日游就属于区域性旅游。全国性旅游，是指跨越多个省份的旅游活动，如从广州经湖南到北京、新疆等地的旅游活动，就属于全国性旅游。

(二)国际旅游

国际旅游,是指人们为了休闲、商务或其他目的,离开他们的常住国,到其他国家或地区,停留时间不超过一年的活动。国际旅游包括国际来访者的入境旅游和本国居民出境旅游两种情况。在我国,目前台湾同祖国尚未统一,香港、澳门虽已回归,但作为特别行政区实行高度自治,所以,港澳台同胞来大陆(内地)地区旅游被视为入境旅游。由于类似的原因,我国大陆(内地)地区的居民前往港澳台地区访问,也被视为出境旅游。

国际旅游又可分为跨国旅游、洲际旅游和环球旅游等形式。

跨国旅游,是指以不跨越洲界为界限的旅游活动。如西欧各国在欧洲内的跨国旅游就属于这一类型。洲际旅游,是指跨越洲际界限的旅游活动。如欧洲人到深圳来参加高新技术交流会,美国人到北京登长城,都属于洲际旅游。环球旅游,是指以世界各洲主要国家的港口风景城市为游览目的地的旅游活动。这种旅游需要充裕的时间和金钱,属于高收入群体的度假型观光旅游。

从一个国家的角度来看,国内旅游与入境旅游又称为境内旅游,即这两类旅游者的旅游活动均是在一国范围内进行的;而国内旅游和出境旅游则称为国民旅游,即这两类旅游活动的旅游者均为一国的国民。

二、按旅游目的划分的旅游活动类型

按人们外出的旅游目的划分,旅游活动有消遣性旅游和事务性旅游两种类型。

(一)消遣性旅游

消遣性旅游是指以消闲为主要目的而开展的旅游活动。这种旅游活动种类较多,主要有观光旅游、文化旅游、度假旅游、宗教旅游、探险旅游等。

1. 观光旅游

观光旅游主要是指旅游者到异国、异地游览名山大川、鉴赏人文古迹、领略风土人情的游览活动,并从中获得美的享受,满足其愉悦身心和增长知识的需要。它是最古老、最普遍的旅游活动方式,也是目前我国旅游接待中最基本的类型。

2. 度假旅游

度假旅游一般是为了追求闲适,寻求幽雅清净的生活环境,是以欢度假期、避暑防寒、治疗疾病和参加一些有特色的消遣娱乐活动为主要目的的旅游活动类型。度假旅游者去的地方,或是温泉,或是森林,或是海滩,或为乡村。

由于度假旅游可以消遣娱乐、消除疲劳，增进身心健康，且形式多样，因而越来越受到旅游者的关注和喜爱。如在号称"世界旅游王国"的西班牙，每年接待几千万国际旅游者，大多数旅游者到这里来进行游海滩、寻阳光和海水浴等度假消闲、保健相结合的活动。

知识扩展

分时度假

分时度假，是指一个人在每年的特定时期，对某个度假资产拥有使用权。它是一种度假资产的形式，是一个从国外传入中国的概念。

所谓分时度假，就是将度假酒店或度假村的一个房间的使用权，以周为单位分时段卖给多个客人，使用期限可以是 20 年、30 年，甚至更长的时间。顾客购买了一个时段(如一周)的使用权后，即可每年在此享受一个星期的度假。同时，顾客还享有时段权益的转让、馈赠、继承等系列权利，以及对公共配套设施的优惠使用权。顾客还可以用自己购买的时段，去"交换"同属于一个交换服务网络中的任何一家酒店或度假村的另一个时段，从而达到前往不同地方旅游住宿的目的。在一些发达国家，分时度假已成为普遍人生活中旅游休闲的重要组成部分。

3. 文化旅游

文化旅游是人们为了满足文化知识的需要，通过旅游来观察社会、体验民风民俗、了解异地文化，以丰富自己的文化知识为主要目的的旅游活动。文化旅游具体包括历史文化旅游、民俗文化旅游和区域文化旅游等。

4. 宗教旅游

宗教旅游主要是以朝圣、拜佛、求法、取经及宗教考察为主要目的的旅游活动。宗教旅游是世界上最古老的旅游形式之一，延续至今，仍然具有很大的吸引力。在现代，纯宗教目的的旅游已逐渐发展成为游山玩水和宗教活动相结合的旅游方式。

5. 探险旅游

探险旅游通常是指人们到人迹罕至的地方，以探险猎奇为主要内容的旅游活动。参加这类旅游活动的多为富于冒险精神的中青年旅游者。目前比较常见的探险旅游活动是登山探险和江河漂流。

(二)事务性旅游

事务性旅游是指因公务或个人事务而外出开展的旅游活动。这类旅游活动主要有公务旅游、商务旅游、会议旅游及家庭和个人事务旅游。

1. 公务旅游

公务旅游通常是指政府部门(部长以上除外)、党派组织和社会团体人员因公出访异国他乡的差旅性访问活动。这类访问活动在访问期间大多会有消遣性旅游活动,在目的地访问期间的消费被列入当地旅游收入。

2. 商务旅游

商务旅游是指以经商为主要目的,把商业经营活动与游览活动结合起来的旅游活动,它是旅游活动发展史上较早的形式之一。在现代社会中,由于经济活动的日益频繁,商务旅游者已成为旅游市场中的重要客源。

3. 会议旅游

会议旅游是指因会议而前往异国他乡的访问活动。随着世界经济的发展和国内外交流的日益频繁,各种类型的会议数量不断增加,会议旅游也成为各国旅游业普遍关注的市场之一。

4. 家庭和个人事务旅游

家庭和个人事务旅游是指因家庭和个人事务而外出开展的旅游活动。这类旅游活动有探亲访友、外出参加亲友婚礼、出席在外求学子女的开学或毕业典礼、外出参加短期修学或某种培训班等。

三、按旅行方式划分的旅游活动类型

按旅行方式划分,旅游活动主要有汽车旅游、自行车旅游、航空旅游、火车旅游和徒步旅游等形式。

(一)汽车旅游

汽车旅游是以汽车为主要交通工具的旅游方式。它可分为两种形式:一种是旅游者在整个旅游过程中,基本以乘坐或自己驾驶汽车的方式进行旅游活动。目前,我国城市居民私家车拥有量越来越多,自驾车出游成为有车族首选的出游方式。自驾车旅游多为亲朋好友结伴同行的休闲型家庭旅游,目的地主要是居住城市周边的景区(点)。另一种是在一定的旅游区域范围内,利用汽车作为交通工具而开展的旅游活动。

(二)自行车旅游

自行车旅游是以自行车为主要交通工具，依靠人的体力和机械的功能进行的旅游活动。此项旅游活动有强身健体、磨炼意志、节约能源、无污染等多种优点。有些自行车爱好者甚至骑车环游世界。

(三)航空旅游

航空旅游是以飞机为主要交通工具的旅游活动。航空旅游是各种类型旅游交通中速度最快的。旅游者可以居高临下观赏风光，同时飞机还是一部分旅游者娱乐享受的工具，因此航空旅游是集观赏和娱乐于一体的旅游活动。

(四)火车旅游

火车旅游是以火车为主要交通工具的旅游活动。例如，英国英格兰中北部的"金色铁路"之旅，就属于这种火车旅游项目。

(五)徒步旅游

徒步旅游是指离开定居地，以旅游对象为目标的，不使用任何交通工具，仅靠步行而进行较长距离的旅游游览活动。

四、按旅行距离划分的旅游活动类型

旅游活动按旅游客源地与旅游目的地之间距离的长短划分，有远程旅游、近程旅游。

(一)远程旅游

远程旅游是指旅行路程比较遥远的旅游活动，尤其是指到1000千米以外的国家或地区去旅游。在国际旅游中一般是指国际或环球旅游。这种旅游的特点是时间较长、花费较大。

(二)近程旅游

近程旅游又称短程旅游，即近距离旅游，通常是指在240千米以内的旅游活动。在国际旅游中，一般指邻国旅游。此种旅游相对耗时较短，支出较小。在多数情况下，人们出游的距离总是由近及远，这是因为社会经济的发展和人们收入的增加是逐步的。

五、按组织形式划分的旅游活动类型

按组织形式划分，旅游活动可分为团体旅游、散客旅游。

(一) 团体旅游

团体旅游也称团队旅游，是指一定数量的有着共同或相似目的的人们组织起来，以集体方式进行的旅游活动。按照欧美国家的行业惯例，团体旅游一次参与活动的人数一般在 15 人以上，而按照我国旅游行业的现行惯例，团体旅游人数至少为 10 人。典型的团体旅游是旅行社组织的团体包价旅游，旅游者的基本活动项目的费用按一次计算，先购买、后消费，一次购买、逐步消费。

团体旅游是 20 世纪 50 年代以来旅游活动中采取的主要方式，优点是有利于旅行社组织相关服务产品的批量生产，降低单位产品的生产成本，同时对旅游者来说安全感较强，价格相对便宜；缺点是自由度低。所以，团队旅游在国际旅游和国内旅游中都广泛存在。

(二) 散客旅游

散客旅游是相对于团体旅游而言的，主要是指个人、家庭或朋友结伴，不经过旅行社或只办理委托手续，并按零星价格承办，以非团体方式进行的旅游活动。

散客旅游分散客自助游和散客团队旅游。散客自助游是指旅游者自己选定或安排旅游行程和旅游活动，以零星现付的方式购买各项旅游服务的旅游形式，包括全自助游和半自助游。散客团队旅游是指旅游者以个人身份参加旅行社组织的各项服务，以单价为基础计算的团体游形式，包括小包价旅游和组合旅游。散客旅游的特点是参与的人数少，具有明显的分散性和随意性，活动自由灵活，自主性和选择性强，旅游者能根据个人意愿安排旅游行程、路线，选择节目和内容。近年来，世界散客旅游有日渐流行的趋势。

知识扩展　　　　　　**新型的特色旅游类型**

1. 乡村旅游

乡村旅游是 21 世纪一项特色旅游活动，深受城镇居民的青睐。随着城市现代化建设的加快，人们更希望能返璞归真，回归大自然，乡村旅游能充分满足人们的这种需要。在这些内动力的驱使下，在人们闲暇时间增多的情况下，城镇居民纷纷赶往农村，住农家屋、吃农家饭，既可观光，又可亲身感受耕作的乐趣，同时还可以参加采摘、垂钓、骑马、划船、狩猎等农事活动，充分满足人们体验乡村生活的心理需求。

2. 工业旅游

以参观、学习为目的，以工业景观、生产流水线、工艺流程及劳动场面为主要的旅游吸引物，是集知识性、科学性和教育性为一体的旅游活动。法国开展工业旅游最早，可以说是工业旅游的发祥地。早在 50 多年前，雪铁龙汽车制造公司就组织客人参观生产流水线，引起了许多厂家的效仿。工业旅游这一旅游方式不仅可以满足人们求知、求新、求奇的愿望，同时还可以创造新的经济增长点，提高企业的社会知名度。

3. 红色旅游

红色旅游是爱国主义教育与旅游产业相结合的一种新兴旅游类型。它是以革命纪念地、纪念物及其所承载的革命精神为吸引物，组织接待旅游者进行参观游览，学习革命历史知识，接受革命传统教育的活动。红色旅游资源有精品多、数量大、地区分布广但相对集中、类型多样等特点。从 2004 年下半年开始，红色旅游热潮席卷全国。

4. 冰雪旅游

冰雪旅游是体育旅游的一种，其特点是从休闲、健身、观战、刺激和竞技等不同方面来满足人们的旅游需要，具有客源量大、普及性强、趣味性浓等特点，是兼有旅游休闲与体育健身功能的旅游活动，在国外已有百年的发展历史。拥有阿尔卑斯山脉冰雪资源的法国、奥地利、瑞士等，都是世界上冰雪旅游业发达的国家。冰雪旅游在我国还是一种新兴的旅游项目，但由于其兼有旅游休闲与体育健身的双重功能，集趣味性与参与性于一体，适合当今旅游者的心理需求，因此很快就成为我国冬季旅游的热点，在我国旅游市场刮起了一股强烈的银色旋风。作为我国冰雪旅游发源地的黑龙江、吉林二省，其得天独厚的气候条件使冰雪旅游产品成为它们的招牌，带动了当地旅游经济的发展。

5. 会展旅游

会展旅游是以会议和展览为目的的旅游类型，属于商务旅游的范畴，包括会议旅游、展览旅游等各种出于工作需要的旅游和奖励旅游。从这个意义上来说，会展旅游与会展业是同一含义。目前，会议展览已成为我国旅游业的重要客源市场，因其综合效益高、客人档次高的特点，成为从业者们竞相开发的新的目标市场。

6. 野外拓展训练

野外拓展训练是指在自然地域(山川湖海)，通过探险活动进行的情景体验式心理训练。其功能是提高个体和环境的适应与发展能力，同时增进参与者之间的沟通和交流，培养互助互爱的团队合作精神。与传统的场地式训练不同，野外拓展训练借助自然地域，依托奇、秀、峻、险的自然地貌，很好地将拓展训练与旅游结合在一起，通过旅游的形式达到拓展的目的。拓展训练概念于 20 世纪 90 年代初引入中国，近几年来得到迅速发展，逐步被列入国家机关、国有大中型企业、外企和不少私营企业的培训日程。

7. 漂流

作为一种新兴的专项旅游项目，漂流具有强烈的冒险性、探险性和刺激性等特点，但有惊无险，而且旅游者的体验性强，符合广大中青年游客寻求刺激、尝试冒险、积极进取的心理。对旅游者来说，既可以体验浪遏飞舟的刺激，又可以欣赏沿河两岸的风光。在我国，漂流具有广阔的发展前景。

8. 购物旅游

是一种以到异地购物为主要目的，结合都市观光的旅游方式。它是随着社会经济发展、交通变得发达、人们的生活水平日益提高而兴起的。当前世界购物旅游主要有两种形式：一种是广泛存在于一些国家边境地区的短期购物旅游，主要采用两国间的物产、价格、税收的差异来吸引邻国旅游者；另一种是跨国、跨洲专线购物旅游。

9. 专项旅游

有时也称特殊兴趣旅游，它是针对各种特殊的旅游需求，根据各接待国或地区旅游资源的特点，精心设计和制作旅游活动项目，形成以某一活动内容为主的专项旅游活动。如南岳衡山的"寿"文化节、山东潍坊风筝节等。

10. 太空旅游

世界上第一位太空旅客蒂托乘坐的俄罗斯联盟号飞船安全而准确地返回地球，不仅标志着人类太空飞行史上一个新时代的来临，也意味着普通地球公民"九天揽月，上天摘星"的梦想可成为现实。航天技术的发展为人们带来了有关太空的信息，使人们对宇宙有了一定的了解，同时增加了太空对人们的吸引力。而世界航天技术的发展为满足人们的太空旅游需求提供了现实可能性。

11. 科考旅游

科考旅游的宗旨是强调求知与探索，立足于探索大自然的奥秘以及人类社会鲜为人知的知识，以满足人们的科学研究、普及各种自然科学和人文科学知识以及人们的探奇心理的需求。它不仅指相关专业人士的探究性科学考察旅游，还包括普及自然科学知识和人文社会科学知识，是集知识性、趣味性、参与性、探奇性于一体的科普性考察旅游。科考旅游的形式和内容是丰富多彩的，奇特的地貌，有特色的生物资源，独特的历史文化遗产、遗迹和民族风情等都可以作为科考资源，引起了世界各地自然科学家、社会科学家以及各类专业人士和科普旅游爱好者的极大兴趣，市场前景非常乐观。

第四节　旅游活动的属性

旅游是人类社会成员的一种特殊的暂时性生活方式，是人们以自己可以自由支配的收入和闲暇时间为条件，为达到求新、求奇、求趣、求知、求美等目的而旅行和暂时居留的活动。从旅游发展的历史演变过程来看，旅游是人类社会经济和文化发展到一定阶段的产物，无疑具有经济现象和文化现象的特点。但旅游活动是在具体的社会环境中进行的，涉及社会环境的方方面面，因而旅游活动便成了社会环境中多种现象的综合反映。由此，从属性上看，旅游应该是一种以文化为主，带有经济属性和政治色彩的综合社会现象。

一、旅游活动的社会属性

旅游活动涉及社会生活的多个层面，体现了多种社会现象和社会关系。对于旅游活动的社会属性，可从以下三个方面来理解：

（一）旅游活动是人类的一种高层次的消费活动

按照马斯洛（Abraham Harold Maslow）需要层次理论的解释，人们的需要可分为生理需要、安全需要、社交需要、受尊重的需要和自我实现的需要五个层次。这五个层次是逐级上升的，当低一级的需要获得相对满足以后，追求高一级的需要就成为人们继续奋进的动力。人在与客观环境的相互作用过程中，在积极的生产活动和社会活动中，会产生多种多样的需要，既有为延续和发展自己生命所必需的物质需要，也有为发展智力、道德、审美等方面的精神需要。而且，随着社会生产力的日益发展，人们对物质需要和精神需要的层次也会不断地提高。

旅游需要是人的总体需要的一个重要组成部分。当人们满足了日常的衣、食、住、行等基本需要之后，便自然而然地追求更高层次的享受，产生旅游的需要。这是因为在旅游中，人的社交、受尊重和自我实现的需要均可以得到很好的体现和满足。因而，旅游是人们生活需要层次提高的表现，是一种高层次的消费活动，并且正在发展成为人们生活中的一种基本需要。

（二）旅游活动是人类的一种积极健康的交往活动

交往是人类历史发展的必然现象，是人类生活中最基本的一种社会活动，它体现了人类所共有的心理需求。人类通过交往可以达到思想、观点和情感的相互交流，从而建立起和谐、友好的人际关系。人的交往途径是多向性、多渠道的。旅游是一种比较理想的交往方式，它可以让人们自由选择交往对象，走向社会的最大空间，不受地域、国界、种族、性别、年龄、职业和文化等的限制。在轻松、愉快的旅游中，人际关系较为和谐，较少受固有偏见所限，彼此容易畅所欲言、沟通思想感情，产生其他交往形式所达不到的良好效果。因而，旅游活动是人类的一种积极健康的交往活动。

（三）旅游活动是人类的一种以审美为特征的消闲活动

旅游从本质上可以说是一种以审美为突出特征的消闲活动，是综合性的审美实践。人之所以区别于其他动物，就是在物质需求之外，还有更高尚的追求，审美便是其中之一。审美活动是人类生活的基本内容之一，审美享受是人生中最有价值的财富。人们之所以喜欢旅游，就是因为旅游能够满足人们对自然美、艺术美、生活美的欣赏和享受。丰富多彩的旅游活动内容，能够满足旅游者各种不同层次的审美需求。通过旅游活动，旅游者体验了休闲、自然、随意和轻松愉快的过程，和日常的生活、工作相比，多的是欢快和愉悦，少的是责任和压力。所以说，旅游活动是人类的一种以审美为特征的消闲活动。

二、旅游活动的文化属性

恩格斯曾经把人类的需求划分为三个层次：一是生存的需要；二是享受的需要；三是发展的需要。生存的需要是人生存所必须满足的生活资料，包括衣、食、住、行等方面的需要。人在满足基本生存条件之后，才会产生带有享受性的旅游需求。所以，旅游是人们生活水平提高，超出生存需要的需求。这些需求有精神方面的，也有物质方面的，但更多的是表现为人们对自己知识视野扩大和个性满足方面的需求，也就是对文化的需求。这就是现代旅游客源国主要集中于经济和文化发达国家的原因所在。这种需求促进了探险旅游、修学旅游、观光旅游、民俗风情旅游等旅游活动的蓬勃发展。

就旅游目的地的旅游资源、旅游设施和旅游服务而言，正由于它们是一种地域文化的积淀和历史遗产的渗透，体现出鲜明的地域特色和民族个性，才对旅游者产生吸引力，形成旅游市场形象。例如宗教旅游、美食旅游、民俗旅游、文物古迹旅游等各种专项旅游，正越来越受到旅游者的青睐，这些专项旅游具有丰富的文化内涵，满足了旅游者的精神和文化需求。

三、旅游活动的经济属性

旅游是社会经济发展到一定历史阶段的必然产物。旅游从产生时期的极少数人的游乐消遣活动，发展成现代的大众化旅游，归根结底是社会生产力的发展使人们消费水平提高的结果。一个国家或地区只有经济发展起来了，人们有了可自由支配的收入，并且在满足了衣、食、住、行等基本生活需要之后，仍有可自由支配的资金，旅游的动机才会表现得强烈。如果具备了余暇时间、便捷交通等条件，人们的旅游动机就会变成旅游行动。

旅游者在旅游过程中，获得吃、住、行、游、购、娱等方面良好的接待服务，才能实现旅游的目的。这种服务需要和服务供给之间的关系，就是一种经济现象。

就旅游供给方面而言，旅游业凭借旅游资源而为国内外游客提供旅行和游览服务，包括旅游景区，旅行社，旅游餐饮住宿服务，交通运输服务，旅游娱乐服务，旅游地特产和纪念品的生产、推销及其他为满足游客旅游需要而提供的服务。由旅游活动的开展导致的旅游服务的供给，无论对客源国还是对东道地区的经济均有不同程度的直接或间接的影响，从而使旅游活动表现出经济现象的特征。

四、旅游活动的政治属性

在现代国际交往中，旅游素有"民间外交"的美称。这种民间外交比起正式外交，具有手续简便、出入方便的优点，对于国与国之间增进了解、消除误解，推动和维护世界和平有着明显的作用。另外，国际旅游活动也在一定程度上体现了世界局势和国际关系。例如，欧共体在建立欧洲联盟的进程中达成欧盟成员国互免签证的协议。这项协议实施后，欧盟各国公民可以自由选择在成员国内的任何一个国家入境、出境，通行无阻，这样极大地便利了欧盟成员国旅游者去欧盟各国从事商务和度假旅游。可见，旅游具有显而易见的政治色彩。

第五节　旅游活动的特点

旅游是一种内容丰富、形式多样、涉及面极广的社会经济现象，是人类社会一种短期性的特殊生活方式。旅游以其自身的本质特性，从一般的社会活动中脱颖而出，得到了全社会的积极参与。概括地说，旅游具有大众性、综合性、地缘性、持续性、季节性和脆弱性等基本特点。

一、大众性

现代旅游消费的需求已经打破了少数富人、特权者的特权垄断，日益大众化和生活化，旅游成为不受阶层、国家、民族、性别和年龄等限制的广泛的群众性活动。

(一)参与的广泛性——大众旅游的形成

第二次世界大战前，旅游是少数人享受的权利。"二战"以后，特别是在20世纪60年代以后，普通大众的物质生活水平逐渐提高，大众阶层成为旅游队伍的主力。世界旅游组织在1980年发表的《马尼拉宣言》中明确提出：旅游也是人类社会最基本的需要之一。

为了使旅游同其他社会基本需要协调发展，各国将旅游纳入了国家发展的内容之一，随之而形成的普通大众都能参加的、有组织的团体包价旅游，成为占主导地位的旅游形式。这种大众化旅游形式为现代旅游业的发展奠定了基础。

随着现代旅游的深入发展，旅游接待设施的建设出现包含多种档次的趋势，既提供高级豪华设施，也提供一般旅游者享用的普通设施，价格也出现豪华、标准、经济等不同的档次，拉开了消费的距离，使旅游活动得以更加广泛地普及。

(二) 奖励旅游的出现

这一旅游形式源于 20 世纪二三十年代的美国。该国企业采用旅游方式作为奖励办法激励员工，由此而发展形成了奖励旅游的独特模式，是高级旅游市场的重要组成部分。

奖励旅游有如下特点：一是一般都由公司企业的首脑人物出面作陪，这对参加者来说当然是一种殊荣；二是旅游的目的地都经过特别挑选，而且必须是要耗费大量旅费才可能前往的地方；三是旅游的活动内容也是由有关旅游企业特别安排，并且在旅游期间，公司首脑往往还组织受奖者共商公司的发展大计，因而这种经历是平时难以获得的。

(三) 社会旅游的出现

1936 年，国际劳工组织通过带薪休假公约后，社会旅游开始付诸行动。该公约的精神在 1948 年公布的《世界人权宣言》中也有所体现："人人有权享有休息和闲暇，即合理限制工作时间和定期带薪休假。"随着国际经济文化交流的发展，以及各国享受带薪假期职工的增多和时间的延长，各种形式的旅游成为人际交流和生活的必需活动。

二、综合性

旅游过程中的各项活动互为条件、互相影响，它们必须综合为一个整体，才能构成旅游。现代旅游活动的综合性主要表现在两个方面。

(一) 旅游活动内容的多样性和消费的综合性

旅游消费涉及吃、住、行、游、娱、购等多方面。旅游活动的内容不仅仅是观光，观光甚至不是主要的目的，如修学旅游和保健旅游。一次完整的旅游经历才是旅游产品的真正内涵，旅游活动的特殊经历中的新奇内容和旅途中所需要的日常生活的内容，都成为旅游活动中不可或缺的组成部分。所以才这样说：旅游是人们的旅行和暂时居留而引起的各种现象和关系的总和。它不仅包括旅游者的活动，还涉及旅游活动客观上带来的一切现象和关系的变化。

(二) 旅游产业的综合性

旅游是一项涉及经济、政治、文化等各个方面的社会活动。每年全球数以亿计的人口参与到旅游活动中来，这不仅表现在人们追求物质需求和精神需求的满足上，而且涉及政治、经济、文化等方面的交往，包括文化交流、人民往来、商业贸易、体育比赛等。因此旅游活动具有综合性的特点，是以经济形式表现出来的经济、文化、社会、政治等多元化和多层次的复杂综合体。

现代旅游业的发展需要相关行业的支持与配合。旅馆业、饮食业、商业、交通运输业、建筑业、文教、卫生、公安等行业和部门，都是现代旅游业形成与发展的重要组成部分。旅游业对相关行业、部门的广泛联系性和依赖性，使其成了一个难以独立存在的综合性产业。

三、地缘性

旅游的地缘性是由区域性旅游表现出来的。在世界旅游的发展过程中，区域性旅游一直保持绝对优势。在欧洲，区域性国际旅游者约占80%，而在北美与亚太地区约占50%。

旅游的地缘性在一些主要客源国表现得更为突出。美国与加拿大各自接待对方的旅游者占其接待入境总人数的50%左右。西班牙接待的旅游者中，来自法国、葡萄牙、英国与德国的旅游者达70%以上，如果再加上荷兰、比利时、意大利与瑞士的旅游者，则超过了80%。区域性国际旅游发生的原因是多方面的，主要有距离较近、交通便利、签证及旅游手续简便、时间和开销相对较少、文化传统相近和语言障碍少等。

地缘性旅游的发展，直接导致了地区间旅游发展的不均衡。无论从旅游者的人数上看，还是从旅游者的消费水平上看，欧洲一直占据着绝对优势，而非洲与中东的旅游产业则相对不发达。在一个国家内，各地旅游发展也具有地理上的集中性。

现代旅游的地缘性特点，对旅游业经营固然有其有利的一面，但旅游业是一项对生态环境依存度很高的产业，宏观生态环境的破坏，对旅游业所产生的不利影响比其他产业更为直接和显著。因此，旅游活动的地缘性也关系到旅游目的地的旅游容量，在进行旅游规划和旅游管理时，必须予以高度重视。

四、持续性

自20世纪50年代起，全世界旅游(包括国际旅游和国内旅游)活动的发展呈现持续增长的趋势。国际旅游经济的增长速度不仅远远超过经济发展速度，而且也超过了许多其他经济产业的发展速度。因为旅游业在世界经济中的作用日渐增强，它的发展受到了国际社会与各国政府的普遍重视，国际社会组织和各国政府也在不断完善旅游政策，进一步加强对旅游的宏观管理，这些都有利于旅游业的更好发展。

持续增长的总趋势是针对全世界整体情况而言的，局部地区和特殊的地区也许不符合这条规律。如当今世界局部地区的战争对旅游市场有很大负面影响。例如，20世纪70年代以前，中东地区曾是国际旅游的热点地区，但中东战争的爆发和政治局势的动荡，使这一地区许多国家的旅游业受到致命的打击。1997—1998年亚洲金融危机导致东亚地区旅游接待人数和旅游收入与1996年相比，分别下降1.6%、10.2%。但局部地区的停止和倒退并不能改变和影响整个世界旅游业持续增长的总趋势。

五、季节性

旅游的季节性，是指旅游者外出旅游时间的选择，旅游接待地企业经营业务上体现出明显的淡旺季的差异性。旅游的季节性受自然、社会及其双重因素的影响。

自然条件有季节的更替变化，以欣赏自然景观为主要对象的旅游活动，就随季节变化而表现出明显的季节差异性。这种由于自然条件的差异所导致的旅游目的地季节性特色景观，也就自然形成季节性特色旅游，如浙江钱塘江观潮、哈尔滨观冰灯、内蒙古的草原风情游等。

从社会文化背景来看，旅游者受所在地社会文化背景的影响，使旅游者客流的流向、流量集中于一年中相对较短的时段。传统的节假日旅游和宗教旅游的季节性变化最为明显，每个国家学校的寒暑假情况对旅游也会产生很大的影响。

旅游的季节性是旅游业本身无法避免的，因此，研究旅游的季节性，了解和掌握旅游供求关系的特点及其变化规律，借以制定出正确的经营方针和措施，对促进旅游业健康、协调发展具有重要意义。

六、脆弱性

旅游活动是一个涉及政治、经济、文化等各方面的综合体，它比其他活动更具脆弱性。换句话说，旅游活动极易受到外界的干扰和影响。如旅游活动很容易受到自然灾害、战争、疾病、恐怖主义等不利因素的影响。甚至一个地区的好客程度、跨边境地区游客的自由流动程度以及游客的安全程度等，都会对旅游活动造成很大的影响。

从旅游业的内部环境看，它是由多种部门构成的，这些部门之间存在着一定的比例关系，必须协调发展，其中任何一个部门脱节都会造成整个旅游供给的失调，进而影响旅游活动的正常进行。

从旅游业的外部环境看，各种自然、政治、经济和社会因素都可能对旅游业产生影响，其中有些因素的影响可能是举足轻重的。如自然因素中的地震、恶劣气候、流行性疾病，政治因素中的国家关系恶化、政治动乱、政府的政策变化及恐怖活动、战争等，经济因素中的世界经济危机、某些主要客源国经济衰退及社会时尚的变化等，都可能导致旅游业的萧条境况。如"9·11"事件使美国旅游业和相关产业承受了巨大的压力；2002年印尼巴厘岛恐怖爆炸事件给该地旅游业蒙上了阴影；2003年年初，一场突如其来的"非典"使全世界大部分地区的旅游业受到了重创。

☞ **课后思考与训练**

1. 试分析"艾斯特"定义的特点。
2. 试分析旅游活动的属性。
3. 试分析旅游季节性的成因。
4. 现代旅游的特点表现在哪些方面?

第二章
旅游的起源与发展

第一节 旅游的起源

罗贝尔·朗卡尔在《旅游和旅行社会学》中说，自有人类就有旅行。从某种程度上说，旅行是人类生命存在的一个部分，是生命系统的开放和拓展，旅游的历史和人类历史密切相关，这就为我们研究旅游起源问题提供了一种研究思路。

一、旅游起源的几种观点

旅游起源问题一直是旅游研究中的一个难点问题，尽管在古代文献典籍中有大量的旅行和旅游方面的记载，但由于缺乏科学的研究方法和统一的标准作为指导，相关的学术探讨一直较少，仅有的一些成果也是争议较多，可以说是众说纷纭。

(一)人类行迹说和迁徙说

这种观点认为旅游起源于史前传说时期，"人猿相揖别"，既是人类历史的开端，也是人类旅行史的开始，可作为旅游史的开端。对此，王淑良认为，人类行迹的开始就是中国旅游的开端，古猿走出森林，为生存所作的行路，是旅游的发端，元谋猿人的发现，揭开了我国历史的序幕，也揭开了中国旅游史的序幕。[①] 邵骥顺认为，原始社会先民们为了谋取生活资料，或因为其他原因所做的迁徙旅行是最原始的旅行。[②] 前者即为旅游起源的"人类行迹说"，后者便是"迁徙说"。但上述观点并没有得到广泛的认可，因为旅游、旅行、迁徙三者有着本质上的不同。旅游活动是人类的基本生存需要得到满足后产生的一种精神文化需求，主要目的是审美、求知、消遣，从旅游者的角度来看，旅游的根本属性是文化属性，由此看来，人类行迹说和迁徙说并不能作为人类旅行活动的起点。

(二)原始探险说

这种观点认为旅游起源于"原始探险"，在原始社会末期兴起的探险之风掀开了中

[①] 王淑良：《中国旅游史》(第 2 版)，旅游教育出版社 1998 年版。
[②] 邵骥顺：《中国旅游历史文化概论》，上海三联书店 1998 年版。

国旅游史的序幕。对此，章必功认为："原始探险由脱离集体生产劳动的少数人承担，从某地区出发又回到原来出发点，这是我国历史上最早形成的完整长途旅行，也是我国历史最早兼有旅游性质的旅行活动。"

（三）商贸起源说

这种观点认为旅游起源于古代的商贸旅行。随着社会的发展，在原始社会末期，出现了剩余劳动物，尤其是在第三次社会大分工出现后，出现了商人。商业的发展促使商人到处奔走，开创了旅行之先河，是旅行活动的萌芽，因此商人的旅行是旅游最原始的形态。20世纪90年代前后，我国出版的旅游学论著大多采用这一观点，认为旅行最初实际上并不是度假和消遣活动，而是为产品交换正常运行所必需的经济活动。

（四）游览起源说

这种观点认为旅游起源于古代的游览活动，是旅行发展多元化的产物。在原始社会末期，随着商务旅行的发展，旅行呈多元化发展趋势，逐渐出现了具有"游览"和"享乐"性质的旅行，这是旅游的最初形态。谢彦君指出，新石器时代晚期以祭祀为目的的旅行发展起来，随着人类旅行活动的发展，带有游览性质的旅行开始出现，这是旅游的最初形态。[①]

（五）市场起源说

这种观点认为古代不存在旅游活动，旅游从游乐性旅行发展而来，但现代性质的旅游起源于19世纪初期或19世纪中叶，持这种观点的学者主要是李天元和申葆嘉。[②] 李天元认为，就整个世界的发展状况来看，到了19世纪初期，旅行在很多方面都已具有了今天意义上的旅游的特点。申葆嘉指出，旅行是市场经济发展的产物。申葆嘉认为人类早期的旅行，是一种生产性质的活动。古代的少数特权阶层利用旅行追求游乐玩赏的活动，如古代帝王的封禅、巡游和游猎活动，士大夫的游山玩水，都是当时社会经济发展到一定高度时的产物，虽然作为经济性质的旅行中出现了非经济性质的活动，但旅行在当时仍旧是一种追求财富、追求经济利益和生存的手段。旅行的性质取决于它对整个社会所产生的广泛经济作用，而不取决于少数人的游乐活动，少数人的活动仅仅是旅行中的个别现象，并不具有普遍的社会意义。因此，申葆嘉认为，旅游的起源和发展要满足三个条件：首先，旅游现象的出现必须在社会大生产的条件下才有可能；其次，旅游

---

① 谢彦君：《旅游学概论》，东北财经大学出版社1999年版。

② 参见李天元：《旅游学概论》，南开大学出版社1994年版；申葆嘉：《旅游学原理》，学林出版社1999年版。

现象的出现必须在社会意识有了巨大的改变的条件下才能出现；再次，旅游是一种开放性质的活动，只可能存在于开放性社会中。而这三个条件，只有在英国产业革命后发展起来的市场经济社会中才具备。

不难发现，上述关于旅游起源问题的观点，主要分为两种思路。第一种思路主要从经济史观的角度分析旅游的起源问题。经济史观认为，人类社会的发展和演进受到技术进步、经济发展和意识演变三方面相互作用的决定性影响，其中技术进步又起着主导的推动作用。从这一角度出发，通过考察人类社会中剩余劳动物的出现与社会分工的发展过程，必然得出旅行起源于产品交换，是一种经济活动，而旅游是从旅行中分化出来的，是旅行多样化发展的产物。在这种思路下，关于旅游起源的时间又有两种不同的观点，其一认为旅游起源于原始社会末期，主要表现形式为游览性旅行和享乐性旅行；其二认为旅游起源于工业革命时期，它强调古代所谓的旅行仅仅是少数人的个别现象，并不具有普遍的社会意义。第二种观点是从社会学的角度来探讨旅游的起源问题，试图通过对古代社会生活结构的考察，探求旅游的起源。谢彦君认为，"个别的旅游现象可以追溯到原始社会中人们初具审美意识的历史阶段，完整的旅游现象出现在我国南朝时期，正值人们的审美意识趋于成熟时期"。

二、旅游起源的历史现象考察

探究旅游的起源，先要明确旅游的概念，严格区分迁徙、旅行和旅游。这三者都与人的空间移动有关，但本质上又有很大的区别。因此，只有将这三者区分开来，才能更好地认识旅游现象并探究其起源。

迁徙是指个人出自生活或生存的目的而移居异地的经历，是为了摆脱饥饿和自然灾难，具有求生性和被迫性。迁徙最大的特点就是离开居住地，但并不计划再回来。

旅行是随着社会生产力不断发展而产生且具有明确目的意识的一种"自由行为"。旅行可以理解为个人出自除迁徙以外的任何目的前往异地并在该地做短暂停留并按原计划返回的经历，包括古代的游说、经商、出使、皇帝巡行，也包括出自审美和悠闲目的而到异地逗留的情况。由此可见所有的旅游都要经过旅行过程，但不是所有的旅行都是旅游。

旅游是个人以前往异地寻求审美和愉悦为主要目的的一种具有社会、休闲和消费属性的短暂经历。旅游是一种经历，一种活动，是它本身，而不是它所引起的什么"关系"或"综合现象"，其根本目的在于寻求审美和愉悦体验，最突出的外部特征是异地性和暂时性。

(一)迁徙的产生

在原始社会前期，由于生产工具的落后和生产力水平的低下，人类主要靠石块、木棍等简陋的生产工具,在自然分工的基础上,靠渔猎和采集为生。在这个阶段,人类面临着各种各样的严酷的自然灾难和随时都会发生的食物匮乏。人们终日都在为如何生存下来而与自然界进行着坚持不懈的斗争。人们没有劳动剩余,没有私有观念,唯一要做的事情就是战胜自然界这个最大最残酷的敌人,使自己能够活下来。在新石器时代,虽然社会生产结构产生了革命性的变化,但生产工具和生产技术的进步,都未能改变当时人类社会的落后面貌。人们的劳动所获除了供给自己食用外,几乎没有什么劳动剩余物。人们的社会活动基本上只限于在自己的氏族部落中进行。这个阶段,人类也有从一个地方转移到另一个地方的空间移动,那就是迁徙。但它主要是当时人类面对自然环境的压力而做出的被动反应,是为在残酷的自然环境中更好地生存而发生的行为。原始人类的迁徙,在许多情况下,是一种单向的非往复运动,目的是寻找新的定居地,即我们今天所说的"移民",故不具备时间上的暂时性。总之,直到新石器时代中期为止,客观上缺乏劳动剩余物,没有物质条件的支撑,主观上人类还不存在有意识地外出旅行的愿望。迁徙也只是为了生存而被动地适应自然的一种"自然行为"。

（二）旅行的产生

原始社会末期,随着社会分工的不断发展,物品交换和生产力发展,而生产力发展促进了物品交换的种类、范围和数量的扩大。人们逐渐开始为生产和交换活动而来往于不同地区。这样的流动是为适应日趋复杂的经济生活和社会生活自主发展起来的一种新的生存方式,而不再是人面对自然压力而做出的本能被动反应,是一种完全的社会性行为,符合现代意义上的把旅游作为一种综合性的社会活动的界定。同时,在此期间,生产力发展到新的水平,人们基本上可以解决温饱问题。生产力的发展为旅行的产生提供了基本的物质条件。所以说,早期的旅行活动产生于原始社会末期,它是当时社会生产和生活的一部分,主要目的是进行商品交换。

中国古代旅行到了奴隶社会时期得到了迅速发展。私有制的出现,使人们有了更多的劳动剩余物,物质生活得到了保障,人们也有了可以部分地选择自己的生活方式的自由。不同的生活方式便在这种情况下逐步走进人们的生活,并且由于剩余物品属于私人所有,人们可以按照自己喜欢的方式对剩余物品进行消费,这自然包括旅行。奴隶社会初期,车马舟楫的发明,为人们进行旅行提供了交通上的方便,使旅行的可行性倍增。技术的进步成为旅行发展的一个重要的客观原因。奴隶制社会出现后,世界各地先后建立了统一的国家政治系统,使得交通道路、语言文字、货币度量衡等都获得了一定程度的统一,为旅行的开展提供了良好的客观环境。尤其是阶级以及货币的产生,使这一阶段的少数人的旅行具有了休闲属性和消费属性,也就是奴隶主阶级的"享乐旅行"。所谓"享乐旅行"是指出于消遣娱乐和享受人生价值的需要而进行的非功利性的旅游活动。实质上,这种享乐旅行就是具有现代旅游本质特征的古代旅游。

追溯历史，在我国文献中出现与"旅游"一词意义相通的"观光"一词，是在春秋战国时期。也就是从这个时期起，旅行活动形式日趋多样化，出现了带有一定游娱色彩的和文化内涵的旅游活动。这段时间的旅行活动有天子的游猎之旅，士大夫的讲学、修学和游说之旅，等等。并且，也是在这个时期，产生了对后世旅游活动发展有着极大影响的儒家功利旅游思想和道家崇尚自然的审美观。公元前 770 年，周平王迁都洛邑之后，国家形态发生变化，"礼崩乐坏"，宗族宗法松弛，社会上出现了数量很大的离开了自己的宗族，离开了物质生产劳动，又未进入统治集团的"游士"，社会分工出现了新形态。这是中国历史上第一次文化大发展时期。由于社会和文化的分化，人的生存形态呈现出了前所未有的大丰富。这种生存形态的丰富，培养并极大地刺激了人对异地的好奇心。士大夫的讲学、修学、游说之旅，促进了各地人民的文化交流，使不同地区人的文化差异显现出来，与现代意义上旅游的文化属性和审美属性遥相呼应。

我们知道旅行是个人出自除迁徙以外的任何目的前往异地，在该地做短暂停留并按原计划返回的经历，包括古代的游说、经商、出使、皇帝巡行，也包括出于美和休闲目的而到异地逗留的情况。由此可见，所有的旅游都要经过旅行过程，但不是所有的旅行都是旅游。明显，上述的这些出行目的尚缺乏自觉性，活动规模有限，因此这些活动只能被称为旅行，而非纯粹意义上的旅游。

(三) 旅游的产生

经过秦汉时期旅行的进一步发展，中国古代旅游活动在魏晋南北朝时期趋于成熟。首先，在我国"旅游"一词是在南朝问世。在我国古代典籍中，"旅""游"两字出现很早，而且使用频率很高，但大多数情况下是分开使用，直到南朝梁沈约《悲哉行》中的"旅游媚年春，年春媚游人"，"旅"与"游"第一次合成词，并在以后的唐宋明清诗词中多次再现。"旅游"一词最初在沈约的诗中出现有历史的偶然性，但又是历史的必然。其次，在这期间，旅游活动规模大而且内涵丰富。魏晋南北朝是中国封建社会大分裂和民族大融合时期，使天下大乱，民族矛盾和阶级矛盾尖锐复杂。由于王朝残酷的政治权力斗争，一些上层人士不得不考虑保全自身，远离是非之地。大部分知识分子也产生了消极的遁世思想，无心仕途，而把注意力转向大自然，走上寄情山水，游赏自然风光，以追求适意娱情的漫游道路。例如，有"竹林七贤"的纵酒悠游，王羲之的兰学游，谢灵运的"愤然遨游山水""泄为山水诗"。此外，由于在此期间，中国的佛教道教发展迅速，宗教旅游逐渐兴起，并且伴有郦道元探察山川江河的考察之行。最后，随着社会生活的重大变化，景物从神的笼罩下慢慢解放出来，山水、花鸟、树石开始被作为独立的审美对象。自然山水的审美欣赏相对而言具有了一定的规模。在文人士大夫阶层中，留恋山水成为一种心理需要和情感追求。可以说，这时候在旅游的审美动机上，已经存在着社会审美和自然审美意识。这意味着旅游审美意识已经趋于完整，这时的旅游较之以前任何时期的旅游，都更具有经常性、自觉性的特点，内涵也更为丰富。

综上所述，得出以下两个结论：

(1)个别的旅游现象可以远溯到原始社会中人们已初具审美意识的历史阶段(大约在旧石器时代晚期，约1.5万年前)。所谓个别，有两层含义。一是指个人的偶然的行为，在无阶级的生产力极不发达的原始社会，主要表现为这种形式。社会所有成员的余暇近乎相等，也没有人有更多的经济上的剩余足以支持其远行，人人如此，所以，如果旅游行为存在或发生，对谁而言都只是极偶然的事情。二是指个别人的不经常的行为。这决定于以下几个因素：①审美情趣的差异导致旅游注定是个别人的事；②当社会的发展使阶级得以分化时，财富和余暇的积聚只发生在个别人身上，只有他们(如部落的首长)拥有比别人更优越的旅游条件；③即使对这些相对富裕和有闲的人来说，休闲在那个社会里也可能是一种违反道德或背离本性的奢侈，因此，对他们来说，旅游也就只能是偶尔为之了，至于那些以游为乐、逍遥自在的诗家哲人，直至先秦时期也还是佼佼者，孰堪与比？

(2)旅行是旅游的前奏，旅游是由旅行发展而来的。中国旅游活动萌芽于春秋战国，成熟于魏晋南北朝，因为这时在旅游的审美动机上，已可以证明存在着社会审美和自然审美意识。而在此前，审美的主要对象是社会美。这意味着旅游审美意识已达到完整。此时的旅游行为及其背景，存在着与今天的旅游几乎完全统一的性质，有限的差异仅仅表现在形式或方式上。这时的旅游较之以前任何时期的旅游，都更为经常、自觉，内涵也更为丰富。

第二节 古代旅行与旅游

这里所讲的古代，是指19世纪中期以前的时期。这一时期主要包括奴隶社会和封建社会。古代旅行同人类古文明连在一起，是人类文明的标志。埃及、印度、中国、巴比伦、古希腊和古罗马是人类文明发源地，也是古代旅行活跃地区。特别是古罗马、阿拉伯和处于封建社会时代的中国，旅行活动丰富多彩。

一、国外的古代旅行与旅游

(一)奴隶社会时期

在奴隶制社会中，奴隶制国家的发展与繁荣客观上为旅行的发展提供了便利的物质条件。就以国家而论，人类的旅行和旅游活动首先在埃及、巴比伦、印度、中国和古希腊、古罗马等这些最早进入文明时代的国家兴起。一般认为，早在公元前 30 世纪，被称为"海上民族"的腓尼基人就有了比较发达的手工业和商业。他们那时就开始在地中海和爱琴海进行商业旅行。其旅行范围，西越直布罗陀海峡，北至北欧波罗的海区域，东达波斯湾、印度等地。

古埃及早在公元前 30 世纪就实现了统一，其金字塔是举世闻名的建筑工程之一，吸引着大批前往旅行游览的人。公元前 800 年，世界宗教最早出现于古埃及，宗教朝圣旅行由此兴起。古埃及每年都举行 12 次重大的宗教集会。世界性的旅行活动也先由古埃及兴起。

公元前 23 世纪至公元前 21 世纪，两河流域出现了苏美尔、巴比伦等奴隶制国家。曾游历过巴比伦城的著名希腊历史学家希罗多德赞誉巴比伦城"壮丽超过了世界上任何城市"。被后人誉为"世界七大奇迹之一"的"空中花园"是巴比伦当时享有盛名的旅游胜地。

公元前 5 世纪，古希腊奴隶制高度发展，宗教、公务、贸易、考察旅行者络绎不绝，其中宗教旅行的发展最为突出。提洛岛、特尔斐和奥林匹斯山是当时世界著名的宗教圣地。在建有宙斯神庙的奥林匹亚，"奥林匹亚庆典"成为当时世界上最大的宗教、体育和旅游盛会。宙斯神大祭之日，前来参加者不绝于道。节庆期间，举行赛马、赛车、赛跑、角斗等体育活动。持续到今天，发展成现代奥林匹克运动会。

公元前 1 世纪，古罗马帝国诞生。至此，在古代奴隶制政治、经济、文化发展基础上产生的古代旅行进入了全盛时期。希腊、罗马作为欧洲文明的发祥地，创造了光辉灿烂的人类文化。巴特农神庙、埃雷赫修神庙、奥林匹亚宙斯神殿、露天剧场、科洛西姆斗兽场、万神殿等成为古代旅行者向往的地方。

在奴隶制社会时期，虽然促发人们外出旅行的主要原因一直是产品交换和经商贸易，但这并不意味着没有以消遣为目的的旅游，这主要表现为奴隶主阶级的享乐旅游。当然，生产力的发展所带来的劳动剩余物归奴隶主所有，这些劳动剩余物除用于奴隶主祭祀活动外，其余则供奴隶主及其家庭成员享用，包括在外出巡视和游历时挥霍。在西方除了奴隶主享乐的旅游外，一些自由民也参加到消遣旅游的行列中来。一些富有者甚至远行到埃及金字塔去刻他们的名字，但是这些能够参加消遣旅游的自由民绝非一般的体力劳动者，而且他们在当时人口中也只是为数很小的一部分。

(二) 封建社会时期

进入中世纪，人类由奴隶社会跨入了封建社会，出现了一大批中央集权统治的封建王国，采取了一系列推动社会发展的政策与措施，包括统一货币、制定法规、建造驿站驿道等，这些举措有力地促进了商品经济与旅行活动的发展。

这个时期，一系列事件对古代旅行产生了重大影响。一是地理大发现。新航线的开辟大大推动了旅游活动,并由此产生了一大批探险家、航海家、旅行家。二是三大宗教即佛教、基督教和伊斯兰教的确立和宗教旅行的开展。在整个中世纪,宗教渗透到社会活动的各个领域,极大地推动了宗教徒朝圣朝拜的旅行活动,并在朝圣的路上兴建了许多旅店客栈。三是文艺复兴运动使人类对世界、宇宙有了新的认识,文学艺术家们及科学家们的旅游经历对当时旅游活动与旅馆业的发展起了积极的推动作用。四是马可·波罗的中国之行。马可·波罗是意大利著名旅行家,在元朝做官 17 年后返回威尼斯,并将东方见闻口述成《马可·波罗游记》,该书对以后新航路的开辟产生了很大的影响,而且将中国旅馆的先进技术介绍给西方,对欧洲旅馆的发展起到了积极的推动作用。16世纪下半叶,欧洲出现了保健旅行。17 世纪,欧洲出现了"大游学",它对旅游市场的开拓和旅游活动的发展起到了一定的推动作用。

二、中国的古代旅行与旅游

中国是世界文明古国,也是旅游发生最早的国家之一。在先秦古书中就有关于华夏先民在遥远古代的旅游传说,而有文字记载的旅游活动也可以追溯到公元前 2250 年以前。随着朝代的更迭,社会经济、政治和科技文化的发展变化,旅游活动也经历着兴衰起伏的发展变化过程。在春秋战国时期,旅行和旅游的形式主要是帝王巡游、政治旅行、商务旅行。秦汉时代旅行和旅游的形式是帝王开创性的全国巡游、开拓海外商务的外交旅行、探险旅行和学术考察。魏晋南北朝时期,旅行和旅游的形式以宗教旅游为主。隋唐时期,士人漫游成风,宗教旅行盛行,国际旅游活跃,旅游文学创作繁荣。宋元时期,游记文学进入繁荣时代。明清时期,游记的内容主要为风光鉴赏、旅游经验的总结。

(一)帝王巡游

帝王巡游是我国历代最高统治者对自己的国家或领土所进行的巡视游览活动。中国古代封建帝王,为了维护统治,弘扬功绩,震慑臣民,往往巡游各地。帝王巡游有一个突出的特点,就是热衷于封禅和祭祀活动。据载,西周时期的穆王应为帝王巡游的第一人;秦始皇统一了中国,他一生五次巡游,在七个地方立巨石刻字,建碑以记其功绩;雄才大略的汉武帝生前也进行了相当频繁的巡游活动,且其行程、耗时、规模与秦始皇相比有过之而无不及。此外,还有隋炀帝下扬州观琼花;康熙、乾隆生前都六下江南,成为千古传诵的佳话。

(二)官吏宦游

官吏宦游也称外交旅行,指的是中国古代封建官吏,常受帝王派遣,为完成某项任务而出使各地。其中以张骞出使西域和郑和七下西洋影响最大。

张骞，西汉杰出的外交家、探险家和旅行家，汉建元三年(前138)，奉武帝之命，带100多人出使大月氏(今新疆西部伊犁河流域)。他从长安出发，经陇西(今甘肃临洮)，穿河西走廊，出阳关，走大宛(今乌兹别克斯坦费尔干纳)，过康居(今巴尔喀什湖一带)，到大月氏，行程7000多千米。在大月氏，他考察了那里的山川地形、风土民情、特有产品、政治军事，并涉足大夏(今阿富汗北部)许多城市。然后，他取道葱岭(原帕米尔高原和喀喇昆仑的总称)，从祁连山过羌人区，进入陇西，于元朔三年(前126)返回。元寿四年(前119)，他又率300人前往乌孙(今新疆伊犁和巴尔喀什湖一带)，走访了大宛、康居、大月氏、大夏、安息(今伊朗、伊拉克等地)，于元鼎二年(前115)在乌孙使节的护送下返回。他两次出使西域，为"丝绸之路"的畅通建立了不朽功绩。

郑和，明代伟大的航海家，在世界航海史上具有重要地位。从永乐三年至宣德六年(1405—1431)，他奉命率船队七下西洋(南洋群岛婆罗洲以西的南中国海、印度洋及其沿海地区)，完成了举世瞩目的壮举。他南到爪哇，北到波斯湾和伊斯兰教圣地麦加，西到索马里摩加迪沙，航行5万多千米，经历了亚非30多个国家和地区。此举，比1487年欧洲人迪亚士发现好望角，比1492年哥伦布发现新大陆，比1498年达·伽马绕过好望角到达印度洋早半个多世纪，比1519—1522年的麦哲伦环球旅行早1个多世纪，可以说在世界史上是前无古人的。

(三)商务旅游

往返各地做买办的活动被称作"商旅"，做买卖所经之路为"商路"。在中国古代社会，不仅各地漕运水路四通八达，驿道遍及各地，而且西南各省有栈道，沿海地区有海运。商路的开辟，为商旅的兴起提供了条件，是商务旅行发达的重要标志。据翦伯赞《中国史纲》记载，早在商代时期，东北到渤海沿岸乃至朝鲜半岛，东南达今日浙江，西南到今日鄂皖乃至四川，西北达陕甘宁乃至新疆，到处都有商人的足迹。春秋战国时期的陶朱公、吕不韦等都曾周游天下。

历史上被称为"海上丝绸之路"的是海上商贸旅行线路。据《汉书·地理志》记载，汉武帝曾派遣官员率领"应募者"带着大量黄金和丝织品，从雷州半岛乘船驶过南海，进入暹罗湾，绕印度支那半岛和马来西亚半岛，通过孟加拉湾到印度半岛东海岸的黄支国(今印度东南海岸之康契普腊姆)，与当地交换明珠和璧琉璃(宝石名)等物品。

(四)士人漫游

士人漫游主要指文人为了各种目的而进行的旅行游览活动。士人漫游的代表人物主要有屈原、陶渊明、李白、杜甫、欧阳修、陆游等。士人漫游起始于先秦，各个时期漫游的士人的目的又各有侧重，其形式和内容也有相应的变化，如先秦时期漫游的士人主要是从政、游说之士较多；魏晋南北朝士人漫游主要是政治上不得志而追求消遣排忧，故多走上寄情山水的漫游道路;唐以后因科举制度调动了中下层知识分子的从政热情,因此为谋取官职的旅游和考察旅游十分盛行。

(五)高僧云游

中国古代社会的高僧云游非常盛行,它是以朝拜、取经、求法、布道等为目的的一种古老的旅游活动形式,至今仍有很大的吸引力,其代表人物主要是法显、玄奘、鉴真等。唐代高僧玄奘,13 岁就出家为僧,先后在四川、湖北、河南、陕西等地,拜会高僧名师,寻求佛教真谛,通晓大乘小乘佛教。他深感国人对佛教众说纷纭,为解惑释疑,提高佛教地位,他于太宗贞观三年(629)从长安出发,经秦州(今甘肃天水)、兰州、凉州(今甘肃武威)、瓜州(今甘肃安西)出玉门关,沿天山南路西行,经西域 16国,最后到达天竺(古代印度)。他遍游天竺五部(即东、西、南、北、中印度),尽取佛学要义,著有《会宗论》和《制恶论》。642 年,他应邀主持了有 18 个国家、近万名僧侣和教徒参加的经术辩论大会,显露出他渊博的知识。645 年,他从印度回国,带回650 多部佛教书籍,在长安、洛阳集结高僧、学者进行佛经翻译,并把中国道教哲学著作《老子》译成梵文,传入印度等地,还奉唐太宗之命著《大唐西域记》,记述了他 16 年间亲自游历的 110 个国家和传闻中的 28 个国家的地理、历史、宗教、习俗。

纵观我国古代旅行和旅游,可以看出以下五个特点:

(1)古代旅行和旅游多属于少数人的个人活动。游者主要有帝王、贵族、官僚、地主等人及其附庸士大夫阶层。平民百姓仅在佳庆节日到近地出游,如踏青、赶庙会等。

(2)国内旅行家多以学术考察旅行为主,是在古代"读万卷书,行万里路"的思想影响下进行的。

(3)古代旅游活动都和当时的社会政治、经济、文化的发展密切相关。当社会安定、强盛的时候,旅游活动就特别活跃;反之,便一蹶不振。因此,不同的历史时期,旅游具有不同的时代内容和特点。

(4)国际旅游以政治交往(如互派使者)、宗教求法和经商贸易等形式为主。游程比较艰险,历时比较长。游历的成果多以"游记""见闻"等题材出现。

(5)旅游基本上停留在旅行的阶段,与以获得经济收入为目的的旅游业有本质的不同。但是某些私人旅馆和观光业,已具有旅游业的雏形。

第三节 近 代 旅 游

近代旅游主要是指 19 世纪中期到 20 世纪中期的旅游活动。从全世界来看,这个时期旅行活动的发展在很多方面开始具有了今天意义上的旅游的特点。其主要特征有二:

一是因消遣目的而外出观光或度假的人数超过传统上的商务旅行；二是为旅游服务的行业，作为一个独立的部门而逐渐发展起来。

一、国外的近代旅游

在欧洲，18世纪中后期，发生了产业革命。产业革命是指资本主义机器大工业代替工厂手工业的过程，是资本主义政治经济发展的必然产物。它不仅促进了资本主义生产力的发展，提高了生产社会化程度，同时也使资本主义最终战胜封建统治而居于统治地位。产业革命给人类社会带来了一系列的变化，社会财富极大地增长，民权意识彰显，各国政府对民众休息权益日渐重视。火车、汽车、飞机等交通工具的出现，使人们出行更加便捷，这些变化促进了旅游的近代化。

(一)近代旅游产生和发展的条件

(1)产业革命加速了城市化的进程，使人们工作和生活的重心从农村转移到工业城市。这一变化导致人们有了逃避节奏紧张的城市生活和拥挤嘈杂的城市环境的需要，产生了对自由、宁静的大自然环境的追求。因而这种工作和生活地点的变化对产业革命后的旅游发展是一种新的刺激因素。

(2)产业革命还改变了人们的工作性质。随着大量人口涌进城市，原先那种多样性的农村劳动被工业劳动所取代。这促使很多人强烈要求假日，以便能从中获得喘息和调整的机会。

(3)产业革命也带来了阶级关系的新变化。过去只有地主和贵族才有时间和金钱从事非经济目的的消遣旅游活动，而产业革命的发生造就了资产阶级和工人阶级，这两大阶级都有可能加入旅游的行列，因为资产阶级有一定的财力和时间，而工人阶级的不懈斗争，使资产阶级有可能提高他们的工资待遇以及给予他们带薪假期。

(4)科学技术的发展，促进了先进的交通工具的诞生。在铁路客运问世之前的近两个世纪中，欧美人外出旅行以公共马车为主要交通工具。铁路时代的到来，使人们逐渐抛弃这一陈旧的旅行工具，越来越多的人开始乘轮船或者乘火车外出旅行和旅游。

(二)近代旅游出现的标志

1841年7月5日，托马斯·库克包租了一列火车，将多达570人的游行者从英国中部地区的莱斯特送往拉巴夫勒参加禁酒大会。托马斯·库克组织的这次活动被公认为世界第一次商业性旅游活动，因此，他本人也就成为旅行社代理业务的创始人。这是人类第一次利用火车组织的团体旅游，也是近代旅游活动的开端。

1845年托马斯·库克正式创办了世界上第一个旅行社——托马斯·库克旅行社，开始尝试从事具有商业性质的旅游组团业务代理，成为世界上第一位专职的旅行代理商。同年，出于商业营利目的，他组织了一次真正意义上的团体消遣旅游。这次团体旅游是从莱斯特出发，途中经过若干地点停留访问，最终目的地是英格兰西部的海港城市利物浦。全程历时一周，共 350 人参加，并编发了导游手册——《利物浦之行手册》，分发给旅游者。这次旅游的组织方式更具现代包价旅游的特点，体现了现代旅行社的基本特征，开创了旅行社业务的基本模式。

1855 年，库克组织了从英国莱斯特前往法国巴黎参观第二届世界博览会的团体旅游，这次旅游活动被称作"铁路旅游史上的创举"。事实上这也是世界上组织出国包价旅游的开端。到 1864 年，经托马斯·库克组织的旅游人数已累计 100 多万。1872 年 9 月，库克成功组织了第一次 9 人团体的环球之旅，历时 222 天。托马斯·库克作为世界近代旅游业的创始人，被公认为是近代旅游业之父。

二、中国的近代旅游

中国的近代旅游指的是 1840 年鸦片战争到 1949 年中华人民共和国诞生这一历史时期的旅游。这一时期中国由一个独立的封建国家沦为半殖民地半封建社会，虽然有一些先进人士和革命先行者如孙中山、严复等人多次到西方国家考察和游历，但这一时期我国外无民族独立，内无民主自由，因此我国的旅游也未能获得较快发展。

在 20 世纪 20 年代，我国出现了现代意义上的旅游，例如，开办旅行社、出版旅游杂志、开发旅游资源、参加旅游博览会等活动。当时的上海交通较为发达，民族资本集中，是中国与国际联系密切的城市。1923 年 8 月，上海商业储蓄银行的陈光甫在国外旅行社蓬勃发展、外国旅游企业入侵中国市场的情况下，在银行内部设立"旅行部"。此旅行部一经成立，很受国内外人士欢迎。1924 年春，该部组织了第一批国内旅游团，由上海赴杭州游览。1925 年春，该行旅行部开始承办出国旅游业务，第一次组织由 20 余人组成的赴日本"观樱"旅行团。1927 年，陈光甫将附设于银行内部的旅行部分离出来，正式成立了"中国旅行社"。除了上海的中国旅行社外，中华人民共和国成立前的中国还出现过多家地方性的旅行社，组织以集体旅游为唯一业务的旅行团，但规模都不大。这一时期的中国旅游，除了出现旅行社外，在旅游资源开发方面，也曾利用外资，在庐山、北戴河、鸡公山等地建设避暑区。在旅游促销方面，参加过芝加哥、伦敦博览会，另外在上海、杭州举办过相当规模的国货博览会和西湖博览会。

以上是这一时期所取得的相关成就。但总体而言，由于这一时期特殊的历史背景，近代旅游只是刚刚起步，在列强干预、内政腐败、战火连绵的情况下，未能获得较大发展。

第四节 现代旅游

现代旅游业崛起于第二次世界大战以后，加快发展则从 20 世纪 60 年代开始，它是"后工业化社会"发展最快的行业之一。现代旅游的旅游主体更加大众化，旅游目的更加悠闲化，旅游形式更加多样化，旅游空间更加扩大化。

一、现代旅游迅速发展的原因

综观现代旅游业蓬勃发展的历程，可以看出，决定现代旅游业迅速发展的原因是多方面的，但主要原因不外乎两个方面：一是相对持续和平的国际环境；二是现代科技革命的成功促进了社会生产力的发展。

(一)相对持续和平的国际环境是前提条件

第二次世界大战结束以后，出现了联合国和许多国际组织，加强了国际的协调和联合。在经历了第二次世界大战的灾难后，各国进一步认识到和平的重要性。尽管局部战争时有发生，但就世界范围而言，和平与发展成为世界人民的共识与国际政治形势的主流，以对话方式处理矛盾和冲突，使和平环境成为世界发展的前提。这种和平环境一方面十分有利于各国进行经济建设，提高人民生活水平；另一方面促进了各国人民之间开展政治、经济、文化的交流。这为世界旅游发展提供了必要的前提和保证，使得世界旅游迅速崛起。

(二)现代科技革命的成功，极大地推动了社会生产力的发展，也促进了现代旅游业的崛起

具体表现如下：

(1)"二战"后世界经济得到了迅速恢复和发展，无论是发达国家还是发展中国家，经济都快速发展，国民收入水平不断提高，人民生活大为改善，旅游消费支付能力大大增强，造就了众多的旅游者。

(2)现代科技革命的成功，极大地提高了生产效率，加上工人阶级不懈地斗争，个人闲暇不断增多，大众的带薪假日开始普及，这为旅游大发展提供了时间保障。20 世纪 60 年代以后，很多国家都在不同程度上规定了带薪假期制度，这种变化使人们的闲暇活动得以更多地开展。旅游在时间上有了保证，参加旅游活动的人数迅速增加，并且出游的距离和在外逗留的期限也大大加长。

(3)现代科技革命使交通工具日益现代化。除火车、轮船外，飞机和汽车成了主要

交通工具。交通更加高效、便利、快捷，不但相对缩短了旅游的时空距离，也极大地消除了人们的时空心理障碍，促进了现代旅游的发展。

（4）人们旅游意识增强，旅游需求增多。一方面经济发展，人们满足了基本的生存需要后，对旅游这种高层次精神文化需要的动机增强；另一方面城市化进程加快，客观上使得人们需要进行旅游，提高生活质量。此外，人口基数增大也会带来旅游总需求的增长。第二次世界大战以来，工业化和城市化改变了人们的生活方式，大批人口涌向城市，城市数量不断增多。在城市环境中，居民生活比农村居民忙闲有致的生活方式要紧张和单调得多，城市空气污染比农村严重，城市的视觉环境、声光电环境更易使人心理疲惫和情绪紧张，城市生活的拥挤、嘈杂、紧张促使人们产生旅游的愿望和需求。因而人口稠密的城市成了重要客源地。

（5）伴随着世界经济一体化，各国之间的经济往来日益频繁，跨国公司、集团迅速兴起，商务旅游者不断增加，也使国际旅游普及开来。此外，还有信息技术进步和旅游宣传效果增强的影响。信息技术的迅速发展，使人们可以随时随地掌握世界各地的情况，为旅游者提供便利服务，帮助他们更精确地制订旅游计划，圆满地完成旅游活动。

（6）旅游业得到了各国政府的鼓励和支持。旅游活动的巨大经济和社会作用，使有条件的国家都在支持本国旅游业的发展。多年来，世界各国政府为发展现代旅游，便利接待外国旅游者来访，加强国内旅游而采取了支持态度和鼓励措施。发展旅游，可以创收外汇，增加国家财政收入；可以增加就业机会，平衡地区之间的经济差别；还可以改善和提高一个国家的政治形象，不断提高其国际地位。旅游业在不少发达国家的经济中占有非常重要的地位，甚至是国家的经济支柱，如旅游王国——西班牙。各国支持旅游业的手段很多，有政府投资基础设施建设、贷款优惠、税收优惠、减少出入境手续、以政府力量对外进行宣传推销、主办大型群众性活动等。世界各国不仅扶持旅游业，也鼓励国民积极参与旅游活动，以起到扩大消费、增加就业、提高国民素质的作用。

二、现代旅游的特点

（一）旅游主体大众化

旅游活动已成为大众的消费形式，参加旅游的人数越来越多。现代旅游度假已经不再是富人独享，已成为普通大众人人都可以享有的权利。世界旅游组织在1980年发表的《马尼拉宣言》中明确提出，旅游是人类社会基本需要之一。为了使旅游同其他社会基本需要协调发展，各国应将旅游纳入国家发展的内容之一，使旅游度假真正成为人人享有的权利。以我国为例，据文化和旅游部发布的2018年文化和旅游发展统计公报，2018年国内旅游人数55.39亿人次，比2017年同期增长10.8%；入境旅游人数1.41亿人次，比2017年同期增长1.2%。中国公民出境旅游人数1.5亿人次，比2017年同期增长 14.7%。全年实现旅游总收入 5.97 亿元，同比增长 10.5%。

(二)旅游目的休闲化

现代旅游者的旅游目的多种多样，休闲性旅游已占绝对优势。据统计，以娱乐、消遣为目的的休闲旅游占比达 75%。

(三)旅游形式多样化

在交通工具的选择上，现代旅游者既可乘飞机、汽车、火车、轮船旅游，也可自己驾车、骑自行车和徒步旅游。除了观光、商务度假和会议旅游外，生态旅游等各种专项旅游活动更是精彩纷呈。

(四)旅游空间扩大化

科学技术的进步和交通工具的发展，使得世界各地的距离日趋"缩小"，加上人们求知、探秘和猎奇欲望的增长，使旅游活动的空间范围日益扩大，甚至严寒的南极洲和广袤的太空也留下了旅游者的足迹。

(五)旅游增长持续化

第二次世界大战以后，旅游业产业化程度日益提高，产业规模不断扩大，成为持续增长的"朝阳产业"。1950—2000 年，国际旅游收入从 21 亿美元增到 4760 亿美元，年平均增长率约 11%。

此外，现代旅游还表现出科技含量不断增加和信息化程度不断提高等特点。

☞ **课后思考与训练**

1. 简述中国古代旅游的主要表现形式。
2. 简述现代旅游的特点及其快速发展的原因。

第三章
旅 游 者

第一节 旅游者的定义及产生条件

旅游者是旅游学研究的基础。研究旅游者，不仅有重要的理论意义，还有重要的实际意义。旅游者的定义涉及旅游活动广度的划分，从而涉及旅游业范围的划分。在实际工作中，有两个问题最为重要，一是对旅游业发展形势的估计，因为对旅游者的定义不同，所统计出的旅游者人数和旅游收入也就不同，对旅游业在经济社会发展中的作用的评估也就不同；二是旅游业管理体制的确定，因为对旅游者的定义不同，旅游业的范围划分也就不同，同时还要涉及旅游业与有关行业的关系问题。

一、旅游者的定义

(一)旅游者

对旅游者下定义应该把握旅游者的以下特征：

1. 异地性

旅游者必须是离开常住地，去异国他乡参观访问的人。

2. 短暂性

旅游者前往异国他乡进行参观访问具有暂时性的特点，不可永久性居留(为此，为了统计方便起见，我们不妨规定最长为一年)。

3. 娱乐性

旅游者外出旅游，主要动机是为了获得精神上的满足。

基于以上认识，文化和旅游部及国家统计局给出的定义是：旅游是指离开惯常居住地、不以谋生为目的，出行6小时、10千米以上的活动。从事这种活动的人，就是旅游者。中国对外公布的旅游统计数据都是以此为口径和依据进行统计的，统计成果收录于每年的《中国旅游统计年鉴》中。

同样基于以上认识，我们认为旅游者有广义与狭义之分。狭义的旅游者是指以休闲、观光、度假为主要目的，暂时离开常住地到异国他乡旅行游览的人。而广义的旅游者则是指基于任何目的，暂时离开常住地到异国他乡以获得精神满足的人。为了统计的方便，不妨规定旅游者在异国他乡连续停留时间不超过 12 个月。①

(二)世界旅游组织的概念界定

按照世界旅游组织的定义，"旅行者"(traveler)按照是否离开惯常环境、是否持续停留少于 12 个月，以及旅行的主要目的是否为从访问地获得报酬，分为"游客"(visitor)和"其他旅行者"。而游客则按照是否在访问地过夜，分为"旅游者"(tourist)和"短途游览者"(或一日游客，excursionist)。另外，根据旅游者的活动范围，可将其划分为国际旅游者和国内旅游者，其中，国际旅游者又可根据流向的不同分为国际入境旅游者和国际出境旅游者。

知识扩展　　　　　　　　**有关国际组织对旅游者的定义**

国际组织对旅游者的定义，较有影响力的有以下两个：

1. 国际联盟定义

20 世纪上半叶，由于国际旅游作用日益增长，国际联盟(The League of Nations)对这一问题产生了特殊兴趣。因而，国际联盟专家统计委员会于 1937 年对"外国旅游者"作出如下定义，即"外国旅游者就是离开自己的常住国到另一个国家访问超过 24 小时的人"。并且确认下列几种人属于旅游者：

(1)出于娱乐、健康和家庭原因而外出旅行的人。

(2)为出席会议或作为任何种类包括科学、管理、外交、宗教、体育等活动代表而旅行的人。

(3)为商业原因而旅行的人。

(4)在航海沿途停靠，即使不超过 24 小时的人。

(5)其他。

同时，该委员会还确认以下几类人不属于旅游者范围：

(1)有或没有工作合同去某国或某地区接受某一职业，并从事任何商业活动的人。

(2)到另一个国家或地区定居的人。

----

① 刘伟与朱玉槐等合著的《旅游学概论》(西北大学出版社 1993 年版)一书中最早提出旅游者是"暂时离开常住地(最少 24 小时，最多一年)，在异国他乡吃、住、行、游、购、娱，从而达到物质上和精神上满足的人"(第 34 页)，首次将旅游者在外旅行时间界定为"最少 24 小时，最多一年"，这与世界旅游组织 1995 年的定义不谋而合。世界旅游组织将旅游者界定为"在访问地停留最少一夜，最多不超过一年"。

（3）到国外学习，膳宿在校的学生。

（4）边境地区居民，户籍属于一个国家但去另一个国家工作的人。

（5）临时过境而不停留的旅行者，即使超过 24 小时的也不算旅游者。

2. 罗马会议定义

1963 年在罗马举行的联合国旅行和旅游会议（简称罗马会议），在国际联盟对旅游者定义的基础上，做了修改和进一步补充，提出了游客（visitor）、旅游者（tourist）和短途游览者（excursionist）三种概念，并规定旅游者和短途游览者都包括在游客之内。

罗马会议规定，"游客"是"除为获得报酬和从事某项职业以外，基于任何原因到一个非常住国去访问的人"。游客包括：

（1）旅游者。到一个国家去暂时逗留至少 24 小时的游客。其旅行目的是消闲（如从事娱乐、度假、宗教和体育运动等）、健康、研究、工商业务、探亲、出差和开会等。

（2）短途游览者。到一个国家去暂时逗留不足 24 小时者（包括乘游船在海上旅行的人）。

1967 年，联合国统计委员会召集的专家统计小组采纳了 1963 年罗马会议的定义。1968 年，联合国统计委员会正式通过了这一定义。同年，国际旅游联合会也通过了罗马会议的定义。

二、旅游者产生的条件

（一）可自由支配的收入

旅游活动是一种经济支出活动，旅游活动要建立在某些经济关系的基础上。从经济角度讲，旅游活动的过程就是旅游者在食、住、行、游、购、娱各环节上发生各种经济关系的过程。在现代市场经济条件下，旅游者的需求及其实现过程要受一定经济条件的限制。旅游者的个人可自由支配收入是旅游者产生和旅游需求得以实现的重要条件。

个人可自由支配的收入是指扣除全部税收及社会消费（健康人寿保险、老年退休金和失业补贴的预支等）及生活之必需消费部分（衣、食、住、行等）之后余下的收入。旅游支付就是从此产生的，但基本生活费用的数量标准则依国家不同而异，所以对个人可自由支配的收入水平也就存在着不同的认识。

旅游者的可自由支配收入水平可以通过恩格尔系数进行相对衡量。

恩格尔系数是一个家庭或个人收入中用于食物支出的比例，系数越低，则表明可自由支配收入水平越高，形成的旅游者越多，旅游者在旅游中所跨越的距离越远，花费总量越大，反之则成相反方向变化。根据联合国粮农组织提出的标准，恩格尔系数在 59% 以上为贫困，50%~59% 为温饱，40%~50% 为小康，30%~40% 为富裕，低于 30% 为最富裕。据有关资料，1986 年，中国居民的恩格尔系数在 50% 左右，而在同期，美国和日本仅为 25% 上下。如此低的恩格尔系数表明，美国和日本旅游者具有很高的旅游支付水平。2017年，中国居民的恩格尔系数已下降至29.3%，降到了30%以内，已经达到了发达国家的水平(发达国家恩格尔系数一般为20%~30%)，根据旅游业发展的客观规律，此时，已具备产生大量旅游者的经济条件，中国的国内旅游和出境旅游的井喷式发展就是很好的证明。

衡量人们收入水平的另一个指标是国内生产总值(Gross Domestic Product，GDP)。根据各国旅游的发展规律，通常一个国家人均GDP超过1000美元时，便开始产生出境旅游消费的动机；人均GDP超过3000美元时，出境旅游会有较大的井喷。2010年，中国GDP已经超过日本，成为世界第二大经济体，人均GDP超过4000美元，达到4382美元。而到了2017年，中国人均GDP已超过8800美元，出境游对于许多中国公民来说已成为家常便饭。

(二)闲暇时间

人们的时间可分为四类：工作时间、生理上需要调剂的时间、家务和社会交往时间、闲暇时间。闲暇时间是指"个人完成工作和满足生活要求之后，完全由他本身支配的一段时间"(联合国《消遣宪章》)。

闲暇时间按时间长短可分为如下三种：

(1)每日工作之后的闲暇时间。

(2)周末闲暇时间。

(3)假日闲暇时间。

时间长短不同，使用也就不同。第一种只能用于诸如看电影、看电视、闲谈等时间不长的活动项目上；第二种则可以用于近距离旅游度假；第三种一般是指长于周末的闲暇时间，这种时间可用于中长距离旅游。显然，对闲暇时间的研究重点应放在第二种和第三种闲暇时间上。不论是国内旅游还是国际旅游，都需要有第二种和第三种闲暇时间。闲暇时间是旅游者产生的必要条件。

近年来，中国出现的火爆异常的"黄金周"旅游(春节、"十一")现象，就是人们对闲暇时间的利用。"黄金周"旅游已经取得了显著的经济效益和社会效益。

2017年，在"十一"黄金周期间，全国共接待旅游者人数高达6.63亿人次，旅游收入达5494亿元，有力地带动了铁路、民航、交通、商业、餐饮等行业的发展，使黄金周旅游成为假日经济中的龙头和亮点。

一个国家闲暇时间多少与该国经济发展程度有关，如美国、日本等发达国家每周工作时间一般是35小时，每周两个闲暇日。在此值得一提的是，自1936年以后，西方各国都推行带薪休假制度。除周末和法定假日以外，西方发达国家公民一般享有20天左右的带薪休假时间，而且，西方国家对公民的休闲权利有严格的法律保障。2011年，法国巴黎13区的华人超市、商铺就因在星期天照常营业，违反了自1906年以来"商店周末不得开门营业"的法律，因而遭到法国劳动、就业和卫生部下属劳动监察局的调查，并收到当地政府的警告函，如再在周末营业将面临罚款。

中国自 2008 年起开始实行《职工带薪年休假条例》，按照该条例，职工累计工作已满 1 年不满 10 年的，年休假 5 天；已满 10 年，不满 20 年的，年休假 10 天；已满 20 年的，年休假 15 天。一些地方政府甚至明确规定，"对于职工应休未休的年休假天数，单位应按照该职工日工资收入的 300% 支付报酬"。另外，《中华人民共和国劳动法》也规定了职工享受法定的休假权，国务院颁布了节假日调整方案和职工带薪年假规定，但是实行起来仍然困难重重，尤其是法定节日加班支付 3 倍工资、假日加班支付双倍工资和带薪休假制的执行，成为我国实施国民休闲旅游计划的最大障碍。

第二节 旅游动机及其分类

个人可自由支配的收入和闲暇时间是旅游者产生的客观条件，只有同时具备这两个条件，才能产生旅游者；只具备其中的一个条件的，只能是潜在的旅游者。旅游者产生除以上客观条件之外，还需要主观条件，即旅游动机和旅游需求。

一、旅游动机

心理学研究表明，人的动机和行为是相互联系的，有什么样的动机，就有什么样的行为。动机是指推动和维持人们进行某种活动的内部原因和实质动力。动机是需要的具体化，是需要和行为的中介，动机转换为行为后，通过最终结果来满足动机的需要。

旅游动机是推动人们从事旅游活动的内在原因。关于旅游动机的形成原因，西方学者认为，人天生具有好奇心，寻求新的感受的动机驱使人们走向国内各方和世界各地，了解各方面知识，得到新的经历，身临其境地接触各地人民，欣赏多种多样的自然风光，体验异地文化，考察不同社会制度等，从而成为人们外出旅游的原始动力。当人们具备了外出旅游的支付水平和闲暇时间条件后，旅游就是一件必然的事情了。

二、旅游动机的分类

人们的旅游动机虽然千差万别，但也可大致分为以下几种类型。

1. 观光型旅游动机

观光型旅游动机者以观赏自然景色为目的去旅游，他们对自然风景有着浓厚兴趣，愿意去具有独特山水风光的名胜区。

2. 度假型旅游动机

度假型旅游动机者以外出度假的方式，在工作、学习后以放松头脑和保健、娱乐为目的去旅游。随着经济、社会的发展和进步，从事度假旅游的人数在旅游者中所占比例日益提高，以休闲、放松和享受为目的的度假旅游将取代传统的走马观花式的观光旅游。

3. 文化型旅游动机

文化型旅游动机者以了解不同的文化为目的去旅游。由于人们所处环境的影响，接触面有限，通过旅游可以扩大知识面，特别是增加一些直接的感性认识。例如，参观一些古迹、博物馆，体察某地的风俗民情等，都可以达到这种效果。

4. 社会关系型旅游动机

社会关系型旅游动机者以探亲访友为目的，他们想通过旅游逃避日常社会关系，摆脱日常事务，同时在旅游中广交益友。

5. 宗教型旅游动机

宗教型旅游动机者以到宗教圣地朝圣为主要目的去旅游，如阿拉伯国家的伊斯兰教信徒去麦加朝圣，中国青海、西藏等地的佛教徒爬行去拉萨的布达拉宫朝圣等，均属此类。另外，中国的九华山、峨眉山、普陀山、五台山等佛教名山，也吸引着众多香客与广大旅游者朝圣和观光。

6. 经济型旅游动机

经济型旅游动机者以从事各种商业经济活动为主要目的去旅游。随着现代经济的发展，各国、各地区间的经济往来日益加强，商务旅游者也日益增多。

7. 会议型旅游动机

会议型旅游动机者以参加国际国内各种会议、会展为主要目的，同时去当地各旅游景点参观游览。

8. 特种旅游动机

特种旅游动机者以追求刺激、浪漫，挑战自我为目的进行各种形式的旅游活动，如野营、漂流、登山、自驾车旅行等均属此类。

9. 休闲型旅游动机

有一种特殊的"旅游者"，他们外出旅游，不是为了观光，也不是为了度假，就是为了放松，逃离日常的生活环境和工作压力，独自或与友人一起去一个环境优美的地方，在河边、湖边或安静的村庄住上一段时间，看看天空，晒晒太阳，工作电话一律不接，目的就是为了放松。随着社会的发展，工作和生活节奏加快，这种具有休闲型旅游动机的旅游者的数量在不断增加。

以上几种分类基本上概括了旅游者的全部动机。对于旅游者来讲，几种旅游动机会以各种组合方式形成一种综合动机。例如，去承德避暑山庄的旅游者，既是为了避暑，也是为了欣赏那里的自然景色，还可能是为了了解历史文化知识。

第三节　旅游者的权利和义务

旅游者在异国他乡从事旅游活动，享有一定的权利，同时也承担一定的义务。对此，有关国际组织及我国政府有不同的规定，作为旅游者，应该对此有清醒的认识和了解。

一、有关国际组织规定的旅游者的权利和义务

随着旅游在各国人民生活中的重要性的提高及其对各国社会、经济、文化、教育领域所产生的影响不断扩大，世界旅游组织第六次一般性全体大会于 1985 年 9 月 17 日至 26 日在保加利亚首都索非亚召开。这次大会在回顾了《联合国宪章》《马尼拉世界旅游宣言》《世界人权宣言》和《经济、社会与文化权利国际公约》等的精神以后庄严重申：正如人们有工作的权利一样，每个人的基本权利自然也包括在居住国和海外享有休息、娱乐和带薪假期的权利，以及享受旅游带来的好处的权利。

根据大会所提出的《旅游权利法案和旅游者守则》，旅游者在旅游活动中的权利和义务如下：

（一）旅游者的权利

（1）世界各国承认，每个人都有休息和娱乐的权利，有合理限定工时的权利，定期带薪休假的权利，并在法律范围内不加限制地自由往来的权利。

（2）旅游者在本国或外国，应能自由地进入旅游景点和旅游地；在过境地和逗留地，除现有规定和限制之外，应能自由往来。

（3）在进入旅游景点、旅游地时，以及在过境地和在某地逗留时，旅游者应该在以

下方面受益：

①官方旅游机构和旅游服务供给商向旅游者客观、准确和完整地提供关于他们在旅行和逗留期间所有条件和设施的信息。

②旅游者人身和财产的安全，以及保护消费者的权利。

③令人满意的公共卫生，尤其在住宿、食品和交通等方面，并提供关于如何有效地预防传染病和事故的信息，以及可以随时使用的健康服务设施。

④能够使用迅速、有效的国内或国际公共通信设施。

⑤为保护旅游者权利所必要的行政和法律程序及保证。

⑥有权进行宗教活动，并为此目标使用现有的设施。

⑦有关政府放宽对旅游者的行政和金融控制。

（4）每个人都有权让立法代表和公共当局了解自己的需要，从而行使自己休息和娱乐的权利，这是为了在最佳条件下享受旅游带来的益处，并在可能和法律的范围内使之与其他人相联系。

（二）旅游者的义务

旅游者应通过自身的行为，在国家和国际范围内促进各国人民的理解和友好，从而对持久的和平作出贡献。

（1）旅游者必须尊重过境地和逗留地在政治、社会、道义和宗教方面已确立的秩序，并遵守所实行的条法和规定。

（2）对东道国的习俗、信仰和行为显示出最大的理解，并对其自然和文化遗产显示出最大的尊重。

（3）不过分强调存在于旅游者和当地人之间的经济、社会和文化差异。

（4）对东道国的文化应持接受的态度，因为这是构成人类共同遗产的一个组成部分。

（5）不能从事娼妓活动而剥削他人。

（6）不能买卖、携带和使用麻醉品和其他被禁毒品。

二、中国政府规定的旅游者的权利和义务

依据《中华人民共和国旅游法》的相关规定和精神，原国家旅游局于 2013 年 9 月 10 日发布了《旅游者的主要权利和义务指南》，提出旅游者享有如下权利和义务：

（一）旅游者的主要权利

1. 知悉真情权

旅游者有权知悉其购买的旅游产品和服务的真实情况。旅游者有权就包价旅游合同

中的行程安排、成团最低人数、服务项目的具体内容和标准、自由活动时间安排、旅行社责任减免信息，以及旅游者应当注意的旅游目的地相关法律、法规和风俗习惯、宗教禁忌，依照中国法律不宜参加的活动等内容，要求旅行社作详细说明，并有权要求旅行社在旅游行程开始前提供旅游行程单。

2. 拒绝强制交易权

旅游者有权自主选择旅游产品和服务，有权拒绝旅游经营者的强制交易行为。旅行社未与旅游者协商一致或未经旅游者要求，指定购物场所、安排旅游者参加另行付费项目，以及旅行社的导游、领队强迫或者变相强迫旅游者购物、参加另行付费项目的，旅游者有权拒绝，也可以在旅游行程结束后 30 日内，要求旅行社为其办理退货并先行垫付退货货款、退还另行付费项目的费用。

3. 合同转让权

除旅行社有正当的拒绝理由外，旅游者有权在旅游行程开始前，将包价旅游合同中自身的权利和义务转让给第三人，因此增加的费用由旅游者和第三人承担。

4. 合同解除权

包价旅游合同订立后，因未达到约定人数不能出团时，旅游者不同意组团社委托其他旅行社履行合同的，有权解除合同，并要求退还已收取的全部费用。

旅游行程结束前，旅游者解除合同的，组团社应当在扣除必要的费用后，将余款退还旅游者。

因不可抗力发生或者旅行社、履行辅助人已尽合理注意义务仍不能避免的事件，导致旅游合同不能继续履行，旅行社和旅游者均可以解除合同；导致合同不能完全履行，旅游者不同意旅行社变更合同的，有权解除合同；合同解除的，旅游者有权获得扣除组团社已向地接社或者履行辅助人支付且不可退还的费用后的余款。

5. 损害赔偿请求权

旅游者有权要求旅游经营者按照约定提供产品和服务。旅游者人身、财产受到损害的，有依法获得赔偿的权利。

景区、住宿经营者将其部分经营项目或者场地交由他人从事住宿、餐饮、购物、游览、娱乐、旅游交通等经营的，旅游者有权要求景区、住宿经营者对实际经营者给旅游者造成的损害承担连带责任。

旅行社具备履行条件，经旅游者要求仍拒绝履行合同，造成旅游者人身损害、滞留等严重后果的，旅游者还可以要求旅行社支付旅游费用 1 倍以上、3 倍以下的赔偿金。

6. 受尊重权

旅游者的人格尊严、民族风俗习惯和宗教信仰应当得到尊重；旅游者有权要求旅游经营者对其在经营活动中知悉的旅游者个人信息予以保密。

7. 安全保障权

旅游者有权要求旅游经营者保证其提供的商品和服务符合保障人身、财产安全的要求。

旅游者有权要求为其提供服务的旅游经营者就正确使用相关设施设备的方法、必要的安全防范和应急措施、未向旅游者开放的经营服务场所和设施设备、不适宜参加相关活动的群体等事项，以明示的方式事先向其作出说明或者警示。

8. 救助请求权

旅游者在人身、财产安全遇有危险时，有权请求旅游经营者、当地政府和相关机构进行及时救助；中国出境旅游者在境外陷于困境时，有权请求中国驻当地机构在其职责范围内给予协助和保护。

9. 协助返程请求权

包价旅游合同在旅游行程中被解除的，旅游者有权要求旅行社协助旅游者返回出发地或者旅游者指定的合理地点，由于旅行社或者履行辅助人的原因导致合同解除的，旅游者有权要求旅行社承担返程费用。

10. 投诉举报权

旅游者发现旅游经营者有违法行为的，有权向旅游、工商、价格、交通、质监、卫生等相关主管部门举报；旅游者与旅游经营者发生纠纷的，有权向相关主管部门或旅游投诉受理机构投诉、申请调解，也可以向人民法院提起诉讼。

(二)旅游者的主要义务

1. 文明旅游义务

旅游者在旅游活动中应当遵守社会公共秩序和社会公德，尊重当地的风俗习惯、文化传统和宗教信仰，爱护旅游资源，保护生态环境，遵守旅游文明行为规范。

2. 不损害他人合法权益的义务

旅游者在旅游活动中或者在解决纠纷时，不得损害当地居民的合法权益，不得干扰他人的旅游活动，不得损害旅游经营者和旅游从业人员的合法权益；造成损害的，依法承担赔偿责任。

3. 个人健康信息告知义务

旅游者购买、接受旅游服务时，应当向旅游经营者如实告知与旅游活动相关的个人健康信息，审慎选择参加旅游行程或旅游项目。

4. 安全配合义务

旅游者应当遵守旅游活动中的安全警示规定，不得携带危害公共安全的物品。

旅游者对国家应对重大突发事件暂时限制旅游活动的措施以及有关部门、机构或者旅游经营者采取的安全防范和应急处置措施，应当予以配合；违反安全警示规定，或者对国家应对重大突发事件暂时限制旅游活动的措施、安全防范和应急处置措施不予配合的，依法承担相应责任；接受相关组织或者机构的救助后，应当支付应由个人承担的费用。

5. 遵守出入境管理义务

出境旅游者不得在境外非法滞留，入境旅游者不得在境内非法滞留；随团出、入境的旅游者不得擅自分团、脱团。

第四节　旅游者的素质修养

旅游活动是旅游者在不同国家和地区之间的流动，不仅是一种经济现象，而且是一种社会和文化现象。旅游活动和旅游行为不仅会影响旅游目的地国家和地区的文化，同时也会反映旅游者的素质，体现旅游客源地国家和地区的文化和文明程度。因此，发展旅游业必须加强对旅游者的文明、礼貌教育，不断提高旅游者的素质。

一、旅游者的不文明行为

近年来，中国出境旅游发展十分迅猛，这反映了我国的经济发展水平，扩大了中国的国际影响，值得国人引以为豪。但同时，个别旅游者在国外旅游目的地的所作所为，却有损国格和人格，与我国 5000 年文明古国的文化背景格格不入，严重损害了国人的国际形象，引起旅游目的地居民的反感。目前，中国游客出境游的常见不文明行为有以下几个方面：

1. 不修边幅，行为不检

这类行为如下：夏天男性光着上身招摇过市，穿上 T 恤的时候打领带，跷起二郎腿；在酒店大堂蹲在地上；在自助餐厅，吃饱之后，还拿走餐厅的食物。

2. 高声喧哗，旁若无人

这类行为如下：在酒店大堂高声呼唤和交谈；在餐厅里面，把中国敬酒的习俗搬出国门，大声轮番敬酒，猜拳行令，把餐厅内其他客人都吓走；在不打折的商店高声讲价；在其他公共场所三五成群，叽叽喳喳。

3. 争先恐后，不自觉排队

办理入境手续时，总有人从"蛇形"通道的栏杆下钻来钻去，找熟人插队。在购物和旅游景点拍照时争先恐后，不自觉排队的现象也很常见。

4. 乱扔垃圾，随地吐痰

随地吐痰，乱抛垃圾，随地吐口香糖，触犯卫生条例。有的人甚至随地小便。为了防止游客在街道、花坛、草丛随地吐痰，一些导游甚至煞有介事地说："毒蛇会从中蹿出来咬你的！"很多景区不得不请志愿者或专业捡拾垃圾人（"蜘蛛人"）在风景区和名山大川捡拾垃圾。

5. 大摇大摆，扎堆吸烟

虽然导游三令五申，不要以为在户外就可以吸烟，而且特别强调到处都有监控的探头，违规者罚款上千元人民币，但是，在禁烟区内吸烟者有之，叼着香烟大摇大摆者有之，扎堆吸烟，弄得烟雾缭绕、满地烟蒂者有之。

6. 不遵守公共秩序，爱占小便宜

这类行为如下：在机场办手续和进行安检的时候，踩踏黄线；在飞机上，抢夺行李箱空位；和空姐争吵，导致整班飞机延误，甚至被驱逐离开飞机；顺手牵羊，拿走飞机厕所的牙膏、剃须水、纸巾，拿走酒店的毛巾、烟灰缸等物品。

7. 在风景地点乱刻乱涂，损毁文物

比如在景点、文物上写上"某某到此一游"字句。2013 年 5 月，中国一网友在游览埃及一处世界文明的神庙古迹时，发现浮雕上刻上了"丁锦昊到此一游"的中文，感到十分丢脸，将其发到网上后，引起国人的愤怒和广大网友的口诛笔伐。

8. 不爱护环境和公共设施，践踏草坪如入无人之境

在一些明确告知"不得入内"的地方，有些游客照样进入，摆弄风姿，大拍其照。其实，他们与涂鸦者"到此一游"的心态如出一辙。

国外的公园、草坪大多未设置栏杆，有些游客则无拘无束，进进出出，如入无人之境。

上述行为，除了第一类之外，可能都会触犯当地法律、公园管理规定和公共交通工具条例。欧洲某些酒店和公园，甚至用中文在大堂或者显眼的地方写明"不准吐痰"等字样。

二、提升旅游者素质的途径

1. 做好文明教育

公民素质的提高必须从教育入手，从学校抓起，从家庭抓起，把公德建设、文明建设作为重要教学内容。文明是一种习惯，而习惯要从小养成。因此，对青少年来说，尤其要重视对其进行养成教育，把怎样做人、怎样与人和自然相处，做到自强、自爱、自律，作为养成教育的重要内容，使其养成自觉遵守社会道德和行为规范的习惯。儿童、青少年的文明行为，反过来会影响和教育其父母和成人的行为举止，从而使全社会公民的文明素质得以提高。

2. 出游前，对旅游者进行文明旅游行为培训

无论是国内游还是境外游，旅行社在组团出游之前，都要专门进行行前告知或培训。告知内容主要应包括目的地的法律法规、风俗习惯、礼仪规范、民族禁忌及行为方式等。告知方式要多样化和生动化，可包括旅行社出团说明会，举办文明礼仪培训，进行目的地法律法规和文化习俗、民族禁忌的专题讲座，播放专门的文明礼仪教育片等。必要时还可以组织文明旅游考试，签订相关"文明旅游承诺书"。

3. 加强对旅行社导游和领队的管理

加强旅行社管理是文明旅游建设的重要环节和内容，而旅行社管理中又必须以加强导游管理和领队管理为重点。

要进一步使文明旅游建设中专门针对旅行社、导游和领队等人员的相关规定及措施

形成制度，进行相关考核，纳入日常管理。要抓好旅游企业文明规范服务工作，在旅游过程中，旅行社、导游和领队要有意识地及时提醒和制止旅游者的不文明行为。要抓好导游和领队文明示范工作，建立相关的奖惩制度，对旅游行为中做得好的旅行社、导游、领队典型要进行宣传、表彰，给予物质奖励。要抓好文明旅游的监督和考核工作，对不履行职责、造成不良影响的旅游企业和有关人员，要进行通报批评；对出现严重问题的旅行社和旅游从业人员，要取消其从业资格。

4. 加强景区管理，培养文明意识

景区是旅游者的旅游目的地，加强景区管理是约束旅游者行为、培养文明旅游意识的重要途径。

首先，旅游景区可以适当的形式设置引人注目的标语牌、宣传画和公益广告，使旅游文明行为潜移默化、深入人心。在印制的门票和导游图上加印提醒旅游者文明行为的提示语句，使旅游者一进入景区就开始接受旅游文明教育和提示。

其次，景区内的各种指示牌、垃圾桶及厕所等的设置要方便、科学、合理，设计要有美感、有艺术性。要创造温馨美好的旅游环境，让旅游者在其中能感受到文明的氛围，使文明旅游成为旅游者的自觉行动。

5. 加强公众宣传，曝光不文明旅游行为

充分利用报纸、广播、电视、网络、宣传栏等大众传媒以及电视宣传片、文学创作、卡通、漫画、摄影、话剧、公益歌曲、公益广告等艺术形式，进行文明旅游宣传，同时揭露不良陋习，曝光不文明行为，促进全体公民的文明素质提高。例如，可由官方机构专门制作统一的文明旅游宣传片、宣传画册和宣传歌曲，在飞机、列车、汽车、轮船等交通工具和各旅行社及景区景点滚动播出；举办文明旅游征文、演讲、摄影和 DV 短片大赛等活动；定期开展问卷调查活动、青年志愿者劝导活动等。

6. 培育旅游者的国民意识

在文明旅游建设中，必须全面培育国民意识。在出境游时，到达旅游目的地国家之后，每个旅游者都在一定程度上代表了自己国家的形象，都是国家的"形象大使"，自己的一言一行，在很大程度上影响着目的地所在国家的人民对本国的看法，因此，每个旅游者都有义务在"以热爱祖国为荣、以危害祖国为耻"的思想指导下，树立国民意识，尊重他国的法律法规、风俗习惯，主动维护旅游客源国的国际形象。

7. 建立长效机制，强化惩罚措施

建立长效机制，一方面要对旅游者加强宣传教育；另一方面要有惩罚措施。有些陋习单靠教育是不能改变的，必须有罚款和硬性的制裁。对有令不行、有禁不止、多次犯规的旅游者要给予处罚，有效制止其不文明行为。新加坡、韩国对不文明行为的惩罚帮助国民形成了良好的习惯，值得借鉴。

三、中国关于文明旅游的文件

为提高公民素质，塑造中国公民良好国际形象，中央精神文明建设指导委员会办公室(以下简称中央文明办)、原国家旅游局联合颁布了《中国公民出境旅游文明行为指南》和《中国公民国内旅游文明行为公约》。

(一)《中国公民出境旅游文明行为指南》

中华人民共和国外交部(以下简称外交部)提醒每位公民出境旅游时要努力践行《中国公民出境旅游文明行为指南》，克服旅游陋习，倡导文明旅游行为。该指南内容如下：

> 中国公民，出境旅游，注重礼仪，保持尊严。
> 讲究卫生，爱护环境；衣着得体，请勿喧哗。
> 尊老爱幼，助人为乐；女士优先，礼貌谦让。
> 出行办事，遵守时间；排队有序，不越黄线。
> 文明住宿，不损用品；安静用餐，请勿浪费。
> 健康娱乐，有益身心；赌博色情，坚决拒绝。
> 参观游览，遵守规定；习俗禁忌，切勿冒犯。
> 遇有疑难，咨询领馆；文明出行，一路平安。

(二)《中国公民国内旅游文明行为公约》

由中央文明办、原国家旅游局颁布的《中国公民国内旅游文明行为公约》内容如下：

(1)维护环境卫生。不随地吐痰和口香糖，不乱扔废弃物，不在禁烟场所吸烟。

(2)遵守公共秩序。不喧哗吵闹，排队遵守秩序，不并行挡道，不在公众场所高声交谈。

(3)保护生态环境。不踩踏绿地，不摘折花木和果实，不追捉、投打、乱喂动物。

(4)保护文物古迹。不在文物古迹上涂刻，不攀爬触摸文物，拍照摄像遵守规定。

(5)爱惜公共设施。不污损客房用品，不损坏公用设施，不贪占小便宜，节约用水用电，用餐不浪费。

(6)尊重他人权利。不强行和外宾合影，不对着别人打喷嚏，不长期占用公共设施，尊重服务人员的劳动，尊重各民族宗教习俗。

（7）讲究以礼待人。衣着整洁得体，不在公共场所袒胸赤膊；礼让老幼病残，礼让女士；不讲粗话。

（8）提倡健康娱乐。抵制封建迷信活动，拒绝黄、赌、毒。

☞ **课后思考与训练**

1. 什么样的人属于"旅游者"？
2. 旅游者产生的条件有哪些？
3. 旅游者的旅游动机有哪些类型？
4. 在现代社会，旅游者有哪些基本的权利和义务？
5. 常见的旅游者不文明行为有哪些？如何加强对其不文明行为的管理？

第四章
旅 游 资 源

　　旅游资源是旅游活动的客体，旅游活动是凭借旅游资源而展开的。旅游资源的特色、丰富度、分布状况以及开发和保护水平，直接影响着一个国家或地区旅游业的发展水平。因此，旅游资源及其开发与保护成为现代旅游科学研究的一项重要内容。

第一节　旅游资源的概念与特点

一、旅游资源的概念

(一)关于旅游资源的各种解释

　　旅游业发展迅速，为旅游业提供理论指导的旅游科学目前却还不成熟。对旅游资源的概念尚未形成全面统一的认识，学术界和旅游界各执一词，莫衷一是。

　　李天元、王连义认为，凡是能够造就对旅游者具有吸引力的环境的自然因素、社会因素或其他任何因素，都可构成旅游资源。[1]

　　陈传康、刘振礼认为，旅游资源是在现实条件下，能够吸引人们产生旅游动机并进行旅游活动的各种因素的总和。[2]

　　郭来喜认为，凡是能为人们提供旅游观赏、知识乐趣、度假休闲、娱乐休息、探险猎奇、考察研究以及人民友好往来和消磨闲暇时间的客体和劳务，都可称为旅游资源。[3]

　　保继刚认为，旅游资源是指对旅游者具有吸引力的自然存在和历史文化遗产，以及直接用于旅游目的的人工创造物。旅游资源可以是有具体形态的物质实体，如风景、文物，也可以是不具有具体物质形态的因素。[4]

　　甘枝茂、马耀峰认为，凡能够吸引旅游者产生旅游动机，并可能被利用来开展旅游活动的各种自然、人文客体和其他因素，都可称为旅游资源。[5]

①　李天元、王连义：《旅游学概论》，南开大学出版社 1991 年版。
②　陈传康、刘振礼：《旅游资源鉴赏与开发》，同济大学出版社 1990 年版。
③　郭来喜：《旅游地理学》，科学出版社 1985 年版。
④　保继刚、楚义芳：《旅游地理学》，高等教育出版社 1993 年版。
⑤　甘枝茂、马耀峰：《旅游资源与开发》，南开大学出版社 2000 年版。

孙文昌认为，凡是能激发旅游者的旅游动机，能为旅游业所利用，并能够产生经济效益、社会效益和环境效益的现象和事物，均可称为旅游资源。①

国家旅游局对旅游资源的定义是：自然界和人类社会凡能对旅游者产生吸引力，可以为旅游业所开发利用，并可产生经济效益、社会效益和环境效益的各种事物和因素，都可视为旅游资源。

（二）旅游资源概念内涵的界定

从上述各种定义可以看出，虽然它们各自的出发点和强调的重点有所不同，但无论是哪种解释，都强调了产生旅游吸引力和有客观实物的共同点。旅游资源必须具备以下两个特点：

1. 产生旅游吸引力

旅游资源必须是能激发旅游者产生旅游动机，并能为旅游业所利用，由此产生经济效益和社会效益的资源。也就是说，事物能否成为旅游资源，要看其能否对旅游者产生吸引力，能否吸引游客到异地进行旅游观赏、消遣娱乐、休憩疗养、登山探险、科学考察和文化交流等旅游活动；看其能否被旅游业所利用，并产生良好的经济效益和社会利益。

但是，不是一切能引起人们兴趣的事物都可以成为旅游资源。比如火星，世界上有很多人想探访火星，但目前却无法实现，因为条件还不具备，无法为旅游业所利用。

2. 客观存在的实在物

旅游资源与其他资源一样，属于客观存在的实在物。无论是自然界的名山、大川、湖泊、森林、动物等，还是人工创造的园林、宫殿、文化名城、珍贵文物等，这些有形的、易感知的客观实体均是物质的。诗词曲赋、神话传说、寓言故事等是无形的和不易感知的，但究其实质，也是物质的，因它们是在物质基础上产生的，并依附于物质而存在。

（三）旅游资源概念的权威解释

2003 年 5 月，《旅游资源分类、调查与评价》（GB/T 18972—2003）国家标准颁发，对旅游资源的概念给予了权威的解释：自然界和人类社会凡能对旅游者产生吸引力，可以为旅游业所开发利用，并可产生经济效益、社会效益和环境效益的各种事物和因素就是旅游资源。

---

① 孙文昌：《旅游学导论》，青岛出版社 1992 年版。

二、旅游资源的特点

吸引力是旅游资源区别于其他资源的本质属性，是旅游资源的核心要素。认识旅游资源的特点对于发展旅游业，特别是对于一个国家或地区的旅游规划和开发、旅游市场营销以及旅游资源的保护等工作都具有一定的实际意义。

（一）多样性

旅游资源是一个内涵非常广泛的集合概念，能够造就对旅游者具有吸引力的环境的因素都可成为旅游资源。此外，旅游资源在表现形式上也具有多样性的特点。它可以是自然的，也可以是人文的；可以是历史的，也可以是当代的；可以是有形的，也可以是无形的。旅游资源的这一特点，是旅游者形成条件和心理特点的多样性以及由此决定的千差万别的旅游需求推动下的产物。总之，旅游资源的多样性特点是由客观世界的复杂性决定的，也与人们旅游动机的多样性分不开。

（二）区域性

旅游资源的区域性，是由自然地理和人类社会活动的一般规律所决定的，并由此形成了旅游资源的地带性分布特性和垂直地带性分布特性。由于旅游资源的区域性特征产生于宏观尺度的背景之下，就使得旅游资源产生于一种特有的宏观环境之中，致使各种旅游资源和区域旅游资源往往都离不开其生成的环境，也难以与原来存在的背景相剥离。如社会风情旅游资源不仅具有时间上的长期性和文化上的遗传性，更具有空间上的相对封闭性，人们无法把构成一地独特社会风情的综合因素加以分解；勉强分解的结果，只能是使之成为失去旅游价值的一般社会现象。实际上，这种区域分异是造成人们以旅游形式达到愉悦目的的根本原因。正是由于旅游资源在区域上的差异分布，才形成了旅游者的空间流动。

旅游资源的这种区域性特征，使得一国或一地区对该种旅游资源具有了不可替代的地域垄断性。简单的仿制由于脱离了历史和环境，无法与本体旅游资源相比拟。

（三）不可转移性

旅游资源大多是自然形成、客观存在的，既有其时间发展的必然性，也有其空间位置的客观性。

旅游活动产生之前，自然资源是人类赖以生存的根本条件。从旅游活动发展历史来看，人类与大自然的关系经历了恐惧—回避—崇拜—赞美的过程。自然资源的发展是自在自然的，是客观存在的，对自然资源旅游属性的发现和利用是人类自身发展成熟的表现。人文旅游资源也有其存在的历史轨迹，是历史发展的必然产物，是不以当今人类的意志而转移的客观存在。无论是皇陵、庙宇还是文物，其产生的历史大多与旅游无涉。只有当其历史的沉淀与当今的文化形成强烈的对比和反差，对当今的旅游者构成足够的吸引力时，其旅游资源的价值才会客观形成。

所以，旅游资源的不可转移性包含了三方面的内容：一是旅游资源的本体不能朝向旅游者移动，否则从根本上就不存在旅游者了，该种资源也不会成为旅游资源；二是当旅游资源被开发成旅游产品并被出售时，资源乃至产品的所有权不能转移；三是旅游资源个体的小尺度搬迁，如塔、庙等的近距离迁移，并没有在根本上改变旅游资源的不可转移性。旅游资源的不可转移性与旅游的异地性，是互为前提、缺一不可的。

(四)定向性

旅游资源的吸引力在某种程度上涉及主观效用。就某项具体的旅游资源而言，它可能对某些旅游者吸引力颇大，而对另外一些旅游者则无多大吸引力甚至根本没有吸引力。所以，任何一项旅游资源都具有定向吸引力的特点，只能吸引部分市场，而不可能对全部旅游市场都具有同样大的吸引力。

(五)易损性

旅游资源的客观性和垄断性，使其自然地排斥人造的资源和人为的痕迹。改动(甚至移动)痕迹过重的文物被称为伪文物，对旅游者的吸引力大大降低。所以，旅游资源如果利用和保护不当，其旅游价值是很容易遭到破坏的。有形的旅游资源是如此，无形的旅游资源也有同样的问题。一项使用过度的有形资源可能被毁坏，甚至不可再生。一项维护不当的无形资源一旦遭到破坏，在短期内也难以修复。任何旅游景区景点日接待游客量大大超过其环境承载的能力，其生态系统就会受到无可挽回的损坏。少数民族旅游地过度商业化的民俗表演，长期下来也难以体现民俗文化原始的魅力。

(六)可创新性

旅游资源在不断地被发现、利用，甚至创造。随着时间的推移和人们的兴趣、需要以及时尚潮流的变化，资源的创新就成为必要和可能。此外，一些传统旅游资源匮乏的地区为了发展旅游业，也可能会凭借自身的经济实力而人为地创造一些旅游资源。如各类主题公园、花会、节会等旅游活动，都是人造旅游资源创新的例证。

> **知识扩展**　　　　　　　　**旅游资源的羡余现象**
>
> 在不少旅游区内，并非每个景区景点都能吸引游客，一些较高品质的旅游资源在经营中显得"多余""无用"，这种现象被称作旅游资源的羡余现象。

一、旅游资源羡余现象产生的原因

旅游资源羡余现象产生的原因是多方面的，它们往往交互作用。

1. 阴影效应

"在高等级的吸引物旁出现同类型的低等级吸引物时，该低等级吸引物将失去市场。"即使是吸引物类型不同，可以在一定程度上互补的风景区也会产生阴影效应。安徽南部的黄山、九华山、天柱山和齐云山四个山岳型国家重点风景名胜区中，列为佛教四大名山之一的九华山、道教四大名山之一的齐云山、曾被称为"南岳"的天柱山，各具特色，但它们都只能委屈于世界文化与自然双重遗产——黄山的阴影内。号称"黄山情侣"的太平湖，各方投巨资想把它打造成客人游罢黄山之后的度假地，丰富目前以观光为主的产品形态，却没有多少游客领情。

2. 互代性

相似的旅游资源互代性强，容易引起游客的心理疲劳。云南石林县发育有近20处集中成片的石林，其中的大小石林(通常所讲的路南石林)和乃古石林相距8000米，可进入性一样好，在景观质量上，大小石林丰富多姿，乃古石林地上、地下喀斯特景观融于一体，更是气势磅礴。但是在知名度上，两个石林有天壤之别。大小石林有数百年的游览史，成为同类景观的典型代表，是云南王牌景区；而乃古石林被发现才20年，虽然品质优、可进入性好，但完全被大小石林的光芒掩盖，经营不善，濒于关闭。西安的大雁塔和小雁塔同为唐朝古都长安留存至今的重要标志，建筑艺术各具特色。大雁塔从唐朝起即有"雁塔题名"的传统，自古就是登临胜地，在现代更是西安的代表性景点、游客的必游之地，而小雁塔则往往被忽视。

3. 旅游效率

缩短时间，延长距离，是旅游发展的趋势。受游程、游线、区位和可进入性的限制，区域或景区内往往有些高品质的景点被舍弃。漩塘是贵州龙宫景区很有特色的景点，经营者当初开发漩塘，是想用漩塘吸引游客停留在龙宫风景区，但实际上游客稀少。因为贵州西线一般把黄果树瀑布、龙宫安排为一日游，游了漩塘，便无法保证龙宫水溶洞和黄果树瀑布的游览时间，游客只好割舍漩塘。温州雁荡山方圆几百里，分8个景区，有500多个景点，而多数游客只去雁荡"三绝"，即灵峰、灵岩和大龙湫，其他景点虽有罕见的绝妙景色，游人却很少到访。

二、羡余旅游资源的作用

羡余的旅游资源，只是在一定的条件下不能直接产生旅游收益，但不是多余、无用的资源。它仍有很大的作用：

1. 提高旅游地旅游资源的丰度

在一个旅游地，羡余的旅游资源可以提高旅游地旅游资源的丰度，构成旅游地氛围，提升旅游地水平，增强吸引力。正是有羡余旅游资源充当了"无名英雄"，营造出浓厚的旅游地氛围，旅游目的地的形象才显现，"非羡余"的旅游资源才突出。如长城，最吸引人的只有几段，假定没有其他处于"阴影"下的地段部分，现在最著名的游览段只是一些孤立的古堡，其旅游价值、文物价值将不可与万里长城同日而语。

2. 转变为"非羡余"

处于羡余状态的旅游资源也可设法冲破阴影，改变被替代、被忽视的地位。杭州西湖中的三岛，小瀛洲最大，构筑精巧，犹如盆景，抢尽湖中各岛风光。"资历"最浅、面积最小的阮公墩则很少有人上去。20世纪80年代中期，阮公墩上增建了仿古游乐园，弥补了西湖参与性、动态性旅游项目不足的缺陷，成为夜晚湖中游乐之处。"阮墩环碧"成为西湖新十景之一。但是，如果市场总量没有扩大，这种地位的改变可能导致处于有利位置的竞争产品沦为羡余，呈现此长彼消的现象。

3. 作为后备资源

羡余的旅游资源作为后备资源，在热点景区、景点超过容量时，可起分流作用。如随着旅游业的发展，游客出游的规模越来越大，苏州拙政园等名园已不堪重负，艺圃、藕园、怡园等园林也渐渐热了起来。而仍然处于"羡余"地位的其他园林，依旧发挥着提高整体旅游资源丰度、支撑着苏州"东方园林之郁"美誉的作用。

第二节　旅游资源的分类

旅游资源几乎涵盖了自然、经济、社会等领域的一切事物和现象，因此其内容十分丰富。为了合理经营、科学管理旅游资源，我们应充分认识与理解旅游资源。对旅游资源进行分类，是认识旅游资源的一种最常用的方法。所谓旅游资源分类，就是根据旅游资源存在的同质性和差异性，按一定目的、一定需要进行集合归类的科学区分过程。

一、旅游资源分类的方法

由于旅游资源的属性、特点，以及各资源之间的关系具有多样性，因而分类标准也具有多样性，人们可以根据不同目的要求，选取不同的标准进行分类。关于旅游资源的分类，大体有以下几种划分方法：

(1)按旅游资源基本属性，划分为自然旅游资源和人文旅游资源。

(2)按旅游资源价值与管理级别，分为国家级、省级和市(县)级旅游资源。

(3)按旅游资源的功能，分为观光游览型旅游资源、参与型(体验型)旅游资源、购物型旅游资源、保健休疗型旅游资源、文化型旅游资源和感情型旅游资源。

(4)按旅游资源的开发利用状态，分为已开发旅游资源、正在开发旅游资源和潜在旅游资源。

(5)按旅游资源的可持续利用潜力，分为可再生性旅游资源与不可再生性旅游资源。

(6)按旅游资源的客体属性，分为物质性旅游资源、非物质性旅游资源和(物质与非物质)兼容性旅游资源。

(7)按旅游资源的科学属性,分为自然景观旅游资源、人文景观旅游资源和服务性旅游资源。

(8)按旅游资源的发育背景,分为天然赋存性旅游资源、人工创造性旅游资源和两者兼具的复合性旅游资源。

从不同的角度出发,旅游资源的分类形成了不同的分类体系,并分别满足不同需要。常见的旅游资源分类方案,见表4-1。

表 4-1   旅游资源主要分类方案

分类依据(标准)	主要类型	分类依据(标准)	主要类型
旅游资源基本属性	自然旅游资源 人文旅游资源	旅游资源的客体属性	物质性旅游资源 非物质性旅游资源 (物质与非物质)兼容性 旅游资源
旅游资源价值与管理级别	国家级旅游资源 省级旅游资源 市(县)级旅游资源	旅游资源的科学属性	自然景观旅游资源 人文景观旅游资源 服务性旅游资源
旅游资源的功能	观光游览型旅游资源 参与型(体验型)旅游资源 购物型旅游资源 保健休疗型旅游资源 文化型旅游资源 感情型旅游资源	旅游资源的发育背景	天然赋存性旅游资源 人工创造性旅游资源 复合性旅游资源
		旅游活动的性质	观赏型旅游资源 运动型旅游资源 休(疗)养型旅游资源 娱乐型旅游资源 特殊型旅游资源
旅游资源的开发利用状态	已开发旅游资源 正在开发旅游资源 潜在旅游资源		
旅游资源的可持续利用潜力	可再生性旅游资源 不可再生性旅游资源	游客的体验性质	原始地区 近原始地区 乡村地区 人类利用集中地区 城市化地区
旅游动机	心理方面,如宗教圣地等 精神方面,如艺术欣赏等 健身方面,如休疗院等 经济方面,如特产地等 政治方面,如革命圣地等	旅游资源特性、旅游活动性质	利用者导向型游憩资源 资源基础型游憩资源 中间型游憩资源

二、旅游资源的分类

根据中国科学院地理所编制的《中国旅游资源普查规范》和国家标准《旅游资源分类、调查与评价》（GB/T 18972—2017），以旅游资源的性状，即现存状况、形态、特性、特征为划分原则，将旅游资源划分为自然旅游资源和人文旅游资源，见表 4-2；再分为主类、亚类、基本类型三个层次，共有 8 个主类、31 个亚类、155 个基本类型，每个层次的旅游资源类型均有相应的代码，见表 4-3。

表 4-2　　　　　　　　**《中国旅游资源普查规范》的旅游资源分类结构**

层次	数量	自然旅游资源	人文旅游资源
主类	8	地文景观 水域风光 生物景观 天象与气候景观	遗址遗迹 建筑与设施 旅游商品 人文活动
亚类	31		
基本类型	155	大部分按自然单元分类	大部分按人工建设单元分类，少部分按人类活动方式或活动结果分类

表 4-3　　　　　　　　**《旅游资源分类、调查与评价》的旅游资源分类**

主类	亚类	基 本 类 型
A 地文景观	AA 自然景观综合体	AAA 山丘型景观　AAB 台地型景观　AAC 沟谷型景观 AAD 滩地型景观
	AB 地质与构造形迹	ABA 断裂景观　ABB 褶曲景观　ABC 地层剖面 ABD 生物化石点
	AC 地表形态	ACA 台丘状地景　ACB 峰柱状地景　ACC 垄岗状地景 ACD 沟壑与洞穴　ACE 奇特与象形山石　ACF 岩土圈灾变遗迹
	AD 自然标记与自然现象	ADA 奇异自然现象　ADB 自然标志地 ADC 垂直自然带
B 水域景观	BA 河系	BAA 游憩河段　BAB 瀑布　BAC 古河道段落
	BB 湖沼	BBA 游憩湖区　BBB 潭池　BBC 湿地
	BC 地下水	BCA 泉　BCB 埋藏水体
	BD 冰雪地	BDA 积雪地　BDB 现代冰川
	BE 海面	BEA 游憩海域　BEB 涌潮与击浪现象　BEC 小型岛礁

续表

主类	亚类	基本类型
C 生物景观	CA 植被景观	CAA 林地　CAB 独树与丛树　CAC 草地　CAD 花卉地
	CB 野生动物栖息地	CBA 水生动物栖息地　CBB 陆地动物栖息地 CBC 鸟类栖息地　CBD 蝶类栖息地
D 天象与气候景观	DA 天象景观	DAA 太空景象观赏地　DAB 地表光现象
	DB 天气与气候现象	DBA 云雾多发区　DBB 极端与特殊气候显示地　DBC 物候景象
E 建筑与设施	EA 人文景观综合体	EAA 社会与商贸活动场所　EAB 军事遗址与古战场 EAC 教学科研实验场所　EAD 建设工程与生产地 EAE 文化活动场所　EAF 康体游乐休闲度假地 EAG 宗教与祭祀活动场所　EAH 交通运输场站 EAI 纪念地与纪念活动场所
	EB 实用建筑与核心设施	EBA 特色街区　EBB 特性屋舍　EBC 独立厅、室、馆 EBD 独立场、所　EBE 桥梁　EBF 渠道、运河段落 EBG 堤坝段落　EBH 港口、渡口与码头　EBI 洞窟 EBJ 陵墓　EBK 景观农田　EBL 景观牧场　EBM 景观林场 EBN 景观养殖场　EBO 特色店铺　EBP 特色市场
	EC 景观与小品建筑	ECA 形象标志物　ECB 观景点　ECC 亭、台、楼、阁　ECD 书画作 ECE 雕塑　ECF 碑碣、碑林、经幢　ECG 牌坊牌楼、影壁 ECH 门廊、廊道　ECI 塔形建筑　ECJ 景观步道、甬路　ECK 花草坪 ECL 水井　ECM 喷泉　ECN 堆石
F 历史遗迹	FA 物质类文化遗存	FAA 建筑遗迹　FAB 可移动文物
	FB 非物质类文化遗存	FBA 民间文学艺术　FBB 地方习俗　FBC 传统服饰装饰 FBD 传统演艺　FBE 传统医药　FBF 传统体育赛事
G 旅游购品	GA 农业产品	GAA 种植业产品及制品　GAB 林业产品与制品 GAC 畜牧业产品与制品　GAD 水产品及制品 GAE 养殖业产品与制品
	GB 工业产品	GBA 日用工业品　GBB 旅游装备产品
	GC 手工工艺品	GCA 文房用品　GCB 织品、染织　GCC 家具　GCD 陶瓷 GCE 金石雕刻、雕塑制品　GCF 金石器　GCG 纸艺与灯艺 GCH 画作
H 人文活动	HA 人事活动记录	HAA 地方人物　HAB 地方事件
	HB 岁时节令	HBA 宗教活动与庙会　HBB 农时节日　HBC 现代节庆

三、旅游资源的基本类型

从旅游资源的基本属性出发，旅游资源可分为自然旅游资源和人文旅游资源两大类，而随着现代旅游的发展，有一些学者从人文旅游资源中另划分出一类社会旅游资源。

(一)自然旅游资源

自然旅游资源是指以自然物为吸引力本源的旅游资源。它具有明显的天赋性质，即是天然形成的。它给旅游者提供自然界中各种事物和现象的自然美，使旅游者产生美感和愉悦心情的效果。自然旅游资源主要分为以下几种：

(1)天象与气候，如充足的光照、清新的空气、气象奇观等。

(2)地文景观，如罕见的地质结构、风沙地貌、海滨沙滩、火山以及奇特的洞穴等。

(3)水域风光，如江河、湖泊、瀑布、温泉、冰川等。

(4)生物景观，如森林、草原、珍稀树种、奇花异草、珍禽异兽等。体现在具体环境上，如优雅的垂钓环境，供打猎的天然猎苑，或供拍照、观赏的野生动物园，供参观游览的国家公园及野生动植物自然保护区等。

(二)人文旅游资源

人文旅游资源是指以社会文化事物为吸引力本源的旅游资源，也称为人文景观，是人类文化与自然景物结合的表现，是人类创造的景观，是人类活动的艺术结晶和文化成就。人文旅游资源的构成比较复杂，包括有形的和无形的两种。有形的人文旅游资源又可分为历史的人造资源和现代有意识建造的人造旅游资源。人文旅游资源内容广泛、类型多样，可作如下划分：

(1)历史遗址遗迹，如不同时代遗留下来的历史建筑、文明遗迹等。这些建筑和遗迹往往是一个国家或民族历史发展的物证，在设计和建筑风格上都有自身明显的特点。

(2)民族文化及有关场所，主要指民族历史、民族艺术、民族工艺、风俗习惯以及与此有关的传统节日庆典活动等。集中表现这些内容的场所，就是西方学者称为旅游吸引物的重要组成部分，如博物馆、美术馆、纪念馆、藏书馆、民俗展览和表演馆、民族工艺品生产场所、反映民族特色的园林等。特别是可供游客亲自参与的节日庆典活动，以及让游客亲身体验的民族生活方式和传统的民俗活动，往往对游客具有更大的吸引力。

(3)有影响力的国际性体育和文化盛事，或称"重大节事活动"。如国际奥林匹克运动会、世界贸易博览会、世界杯足球赛、洲际运动会，以及国际性的音乐节、戏剧节、电影节等。

(4)以主题公园为代表的、富有特色并具备一定规模的现代人造游乐场所或其他消遣娱乐型的现代人造旅游景点。如深圳市的锦绣中华、世界之窗、民俗文化村、欢乐谷等。

(三)社会旅游资源

社会旅游资源通常包括能够表现目的地的社会、经济以及科学技术发展成就，从而能对外来旅游者产生吸引作用的各种事物。主要包括：

（1）经济建设成就。旅游目的地的经济成就集中体现在该地的城市建设上，知名度高的大城市往往成为旅游发达的中心地，吸引着大量的游客前来观光。商务旅游者的目的地多是工商业发达的现代化城市，那里的经济发展成就促使他们产生访问和考察的兴趣。除城市建设外，一些超级工程往往也可以成为这类旅游资源的构成部分，如三峡水电站。

（2）科技发展成就。如美国国家宇航中心以及我国的卫星发射基地都是游客感兴趣的事物。

（3）社会发展成就。很多来我国访问的外国游客之所以要参观学校、幼儿园、养老院、居民社区等，就是因为他们对我国的社会发展感兴趣。

（4）旅游目的地居民对外来访问者的友善和好客态度也可构成当地的旅游资源。如夏威夷旅游管理当局在对外促销中，经常以当地人民的"阿罗哈（热情好客）"为宣传主题。

自然旅游资源与人文旅游资源具有相对的稳固性和长期性，具有供人们反复、永久使用的价值，是静态的；而社会旅游资源与人类社会生活息息相关，不具有稳固性与长期性的价值，随着社会的发展而不断变化，是动态的。社会旅游资源与上述两种旅游资源的主要区别也在于此。

此外，旅游资源还可以划分为可再生性和不可再生性两种。可再生性旅游资源指那些在使用过程中，如果出现耗损过大或遭受毁坏的情况，可通过适当的途径进行人工再造的旅游资源。不可再生性旅游资源是指那些在漫长的历史过程中形成，并保留至今作为旅游资源的自然遗存和文化遗存，这类旅游资源一旦因使用过度或管理不善而遭到破坏，其损失将无法挽回。因此，对于不可再生性旅游资源，如典型的生态环境、古建筑、古墓葬、古文化遗址等，应在保护的前提下进行合理开发和利用。

第三节　旅游资源的评价

所谓旅游资源评价，是指在旅游资源调查的基础上，对一定区域内旅游资源的规模、质量、等级、开发条件等进行科学的评价，为旅游资源合理经营、科学管理提供依据。旅游资源的评价是一项极为复杂的工作，它涉及自然、历史、地理、生态、经济、文学、艺术、技术等各方面的知识，要求参与旅游资源评价的工作人员必须有多方面的知识修养，充分掌握各个领域的资料和成果，以保证评价结果的科学性和准确性。

一、旅游资源评价的意义

没有旅游资源的可持续利用，旅游业的发展将成为"无源之水、无本之木"。因此，旅游资源的可持续利用，是旅游业可持续发展的基础与前提，合理经营、科学管理旅游资源，是实现旅游资源可持续利用的根本保障。要合理经营、科学管理旅游资源，就必须在充分调查旅游资源的基础上，对其进行系统认识和评价。

(一)旅游资源评价的调查

做好旅游资源评价工作的基础是旅游资源的调查。旅游资源是一个动态的概念，任何一地所赋存的旅游资源都会随着时间的推移和外部环境的变化而相应地发生数量性、结构性或功能性的变化。旅游资源调查的内容如下：

1. 旅游资源形成的背景条件

旅游资源形成的背景条件包括：自然背景条件，如气候条件、地质地貌、水体环境、生态环境等；人文背景条件，如历史沿革、经济状况、社会文化环境等。

2. 旅游资源赋存的现实条件

旅游资源赋存的现实条件包括：旅游资源类型、旅游资源规模、旅游资源组合结构、旅游资源开发现状等。

(二)旅游资源评价的意义

旅游开发的成效取决于旅游资源的特色和质量，因而对旅游资源进行正确评价是旅游开发的前提。对旅游资源进行科学系统的评价，包括明确旅游资源是否值得开发，是否具有开发的可行性，怎样去开发，开发方向如何，开发会引起哪些不良后果等方方面面的因素。因此，通过对相关旅游资源的评价，可以为旅游地区的旅游资源开发和规划建设，以及区域旅游业发展决策提供科学依据。

(1)通过对旅游资源的类型、规模、结构、质量、功能和性质的评估，为旅游区的开发和改造提供科学依据。

(2)通过对旅游资源规模水平的鉴定，为国家和地区进行旅游资源分级规划和管理提供系统资料和判断对比的标准。

(3)通过对区域旅游资源的综合评价，为合理利用旅游资源，发挥整体、宏观效应提供可行性论证，为确定不同旅游地的建设顺序提供依据。

二、旅游资源评价的基本原则

(一)依纲靠本的原则

《旅游资源分类、调查与评价》国家标准，对旅游资源的评价作了比较全面和详细的规范。对旅游资源的评价，必须在遵循国家有关规定的前提下开展，才能使评价结果有据可寻、有理可依，得到国家和公众的认可。因此，旅游资源的调查与评价应主要以《旅游资源分类、调查与评价》国家标准为依据。

（二）系统全局的原则

旅游资源的价值和功能是多层次、多形式、多内容的，决定旅游资源开发的因素也是多方面的。对旅游资源进行评价时，不仅要注重旅游资源本身的美学价值、游憩价值、科学文化价值等要素的评价，还要将该旅游资源所处地域的区位、环境、客源市场、交通、经济发展水平等开发利用条件作为旅游资源开发系统的重要因素进行综合衡量、全面考虑，方能确切地反映旅游资源的整体价值。

（三）客观性的原则

旅游资源是实实在在的客观事物，而旅游资源的评价工作是人们的主观意识活动。在旅游资源评价过程中，要坚持尊重客观事实的原则，就是要求评价者运用美学、地理学、经济学、生态学、建筑学、历史学等相关学科的理论知识，对旅游资源的形成、本质、属性、价值以及开发的可行性等，作出实事求是的评价。

同时，旅游资源的自身特征和外界的社会经济、政治、文化环境都是不断变化的，这就要求旅游资源评价工作者必须具有动态发展的观点，用发展和变化的目光看待旅游资源的评价工作，使之不断地为旅游资源的开发和管理服务。

（四）协调发展的原则

旅游资源的评价要综合考虑经济效益、社会效益、生态效益三大效益。在过去的旅游资源开发中，经济效益既是出发点又是归宿点，以致旅游资源的评价过多地考虑经济效益，而忽略了其他两方面的效益。三大效益在一定的时间内会存在尖锐的矛盾，但从长远的角度来看，它们是统一的、相辅相成的和互相促进的。它们之间的关系如果处理不好，就很可能导致旅游资源开发的最终失败。因此，在旅游资源的评价中必须未雨绸缪，尽可能兼顾三大效益。

三、旅游资源评价的内容

旅游资源评价的目的是确定旅游资源的开发价值和开发顺序，明确建设方向。按照评价客体的不同，其内容分为三部分。

（一）对资源本身的评价

对资源本身的评价包括：旅游资源的质量特征，如其美感度、奇特度、医疗价值、体育价值等；丰度和集聚程度；环境容量；开发利用现状和开发潜力分析。

（二）开发利用可行性分析

开发利用可行性分析包括：气候条件对旅游业的影响（表现为旅游旺季和淡季的节

律性变化），环境质量现状，铁路、公路和航空交通现状及交通建设的难易程度，服务、配套设施建设现状，旅游资源所在的区位距中心城市的距离，地区经济发展水平及对发展旅游业的扶持能力。

(三)客源市场分析

客源市场分析包括：旅游资源对各层次游客的吸引力，确定目标市场、潜在市场及市场的地理区域。

四、旅游资源评价的方法

旅游资源评价工作在国外始于 20 世纪 70 年代，在我国是从 20 世纪 80 年代开始的。初期多采用直观判断，以定性描述为主的经验法。当前的评价方法具有指标数量化、评价模型化、标准评定公众化三大特点。

(一)定性评价法

定性评价法，就是评价者在对旅游地资源进行详细考察的基础上，凭借自己的经验知识，对旅游地资源所作的主观色彩较浓厚的结论性描述。这种方法一般没有具体数量指标，也叫经验性评价法。该方法简单易行，见效快，但存在评价者个人意见的局限性。

1."六字七标准"评价法

"六字七标准"评价法，为黄辉实提出，是从旅游资源本身及其所处环境两方面对旅游资源进行评价。

对旅游资源本身的评价采用六字评价指标，即美、古、名、特、奇、用。

(1)美，是指旅游资源给人的美感。美感是欣赏者对美的认识，以及由美引起的主观感情。美具有历史性和阶级性。在评价时，既要对美的欣赏共同性进行评价，又要对其差异性作出分析。

(2)古，是指具有悠久的历史。如古庙、古塔、古城等古建筑，古墓、古战场、古书院等遗址，这些旅游资源反映了古代文化和古人类生活，可以使人产生联想，增加新的感受。古的评价，要与美的评价相结合，以领略历史文物的艺术价值。

(3)名，是指具有名声或与名人有关的事物。如比萨斜塔、韶山等。

(4)特，是指某地特有的、别处没有或少见的资源。如四川大熊猫、陕西临潼的兵马俑等。"特"来源于资源的差异性，正是这种差异性对旅游者构成了极大的吸引力。

(5)奇，是指能给人以新奇之感的旅游资源。如峨眉山金顶佛光、云南大理的蝴蝶泉、广东仁化的丹霞阳元石等。这些资源多是由当地诸多自然条件偶合形成，在时间上不易掌握，因此对游客有奇特的吸引力。

(6)用，是指对人有使用价值的旅游资源。在人文旅游资源中，如各种手工艺品、日用品；在自然旅游资源中，如温泉、森林的新鲜空气、供观赏食用的奇花异果等。

在评价资源所处的环境时，采用季节性、环境污染状况、与其他旅游资源之间的联系、可进入性、基础设施、社会经济环境、客源市场七项标准进行评价。

2. "三三六"评价体系

"三三六"评价指标体系，为卢云亭提出，是指"三大价值""三大效益""六大开发条件"评价体系。

（1）"三大价值"，是指旅游资源的历史文化价值、艺术观赏价值和科学考察价值。

（2）"三大效益"，是指旅游资源开发之后的经济效益、社会效益和环境效益（生态效益）。

（3）"六大开发条件"，是指旅游资源所在地的地理位置与交通条件、景象地域组合条件、旅游环境容量、旅游客源市场、投资能力、施工难易程度六个方面。

3. 三项评价方案

三项评价方案，是指旅游资源及其开发的吸引力、开发条件和效益。

（1）吸引力评价，包括观赏价值、文化价值、科学价值、观赏内容、环境评价、季节要素、特殊价值（土特产品等）等项目。

（2）开发条件评价，包括地区经济条件、可进入性、依托城市、通信条件、地方积极性和已有服务设施情况等项目。

（3）效益评价，包括投资和收入、客源预测和社会效益。

4. 一般体验性评价

一般体验性评价是评价者根据自己的亲身体验，对某个或某一系列的旅游资源，就其整体质量进行定性评估。通常是通过问卷调查、专家评判、资料统计等方法，对有关旅游资源进行优劣排序。这种方法只局限于少数知名度较高的旅游资源开发地，无法用于一般类型或尚未开发的旅游资源。我国曾评选出"中国十大名胜""中国旅游胜地四十佳"，就是运用该方法得出的。

5. 美感质量评价

美感质量评价，属于专业性旅游资源美学评价法。这类评价通常是基于对旅游者或专家体验的深入分析，建立规范化的评价模型，评价结果多具有可比性的定性尺度或数量指标。其中对自然旅游资源的视觉美评价技术较成熟。

（二）定量评价法

定量评价法是通过统计、分析、计算，用具体的数量来表示旅游资源及其环境等级的方法。数量化是现代科技发展的趋势，定量评价较之定性评价，结果更直观、更准确。

1. 技术性单因子评价

技术性单因子评价，是评价者在进行旅游资源评价时，针对旅游资源的旅游功能，集中考虑某些起决定作用的关键因素，并对这些因素进行适宜性评价或优劣评判。

这种评价的基本特点是：运用大量技术性指标，一般限定于自然旅游资源评价，如登山、滑雪、海水浴等专项旅游项目。目前比较成熟的有气候适宜性评价、地形适宜性评价、旅游湖泊评价、海滩评价、海水浴场评价、溶洞评价、滑雪旅游资源评价等。

2. 综合性多因子定量评价

该评价方法是在考虑多因子的基础上，运用一些数学方法对旅游资源进行综合评价。较成熟的方法有层次分析法、指数表示法、综合评分法、模糊数学评价法、价值工程法、综合价值评价模型法、旅游地综合评估模型法等。

3. 原国家旅游局旅游资源评价方法

2017 年新版《旅游资源分类、调查与评价》国家标准，给出了旅游资源评价的赋分标准，见表 4-4。

表 4-4　　　　　《旅游资源分类、调查与评价》的旅游资源评价赋分标准

评价项目	评价因子	评 价 依 据	赋值（分）
资源要素价值（85分）	观赏游憩使用价值（30分）	全部或其中一项具有极高的观赏价值、游憩价值、使用价值	30~22
		全部或其中一项具有很高的观赏价值、游憩价值、使用价值	21~13
		全部或其中一项具有较高的观赏价值、游憩价值、使用价值	12~6
		全部或其中一项具有一般观赏价值、游憩价值、使用价值	5~1
	历史文化科学艺术价值（25分）	同时或其中一项具有世界意义的历史价值、文化价值、科学价值、艺术价值	25~20
		同时或其中一项具有全国意义的历史价值、文化价值、科学价值、艺术价值	19~13
		同时或其中一项具有省级意义的历史价值、文化价值、科学价值、艺术价值	12~6
		历史价值、或文化价值、或科学价值、或艺术价值具有地区意义	5~1
	珍稀奇特程度（15分）	有大量珍稀物种，或景观异常奇特，或此类现象在其他地区罕见	15~13
		有较多珍稀物种，或景观奇特，或此类现象在其他地区很少见	12~9
		有少量珍稀物种，或景观突出，或此类现象在其他地区少见	8~4
		有个别珍稀物种，或景观比较突出，或此类现象在其他地区较多见	3~1

续表

评价项目	评价因子	评价依据	赋值(分)
资源要素价值（85分）	规模、丰度与几率（10分）	独立型旅游资源单体规模、体量巨大；集合型旅游资源单体结构完美、疏密度优良级；自然景象和人文活动周期性发生或频率极高	10~8
		独立型旅游资源单体规模、体量较大；集合型旅游资源单体结构很和谐、疏密度良好；自然景象和人文活动周期性发生或频率很高	7~5
		独立型旅游资源单体规模、体量中等；集合型旅游资源单体结构和谐、疏密度较好；自然景象和人文活动周期性发生或频率较高	4~3
		独立型旅游资源单体规模、体量较小；集合型旅游资源单体结构较和谐、疏密度一般；自然景象和人文活动周期性发生或频率较小	2~1
	完整性（5分）	形态与结构保持完整	5~4
		形态与结构有少量变化，但不明显	3
		形态与结构有明显变化	2
		形态与结构有重大变化	1
资源影响力（15分）	知名度和影响力（10分）	在世界范围内知名，或构成世界承认的名牌	10~8
		在全国范围内知名，或构成全国性的名牌	7~5
		在本省范围内知名，或构成省内的名牌	4~3
		在本地区范围内知名，或构成本地区名牌	2~1
	适游期或使用范围（5分）	适宜游览的日期每年超过300天，或适宜于所有游客使用和参与	5~4
		适宜游览的日期每年超过250天，或适宜于80%左右游客使用和参与	3
		适宜游览的日期每年超过150天，或适宜于60%左右游客使用和参与	2
		适宜游览的日期每年超过100天，或适宜于40%左右游客使用和参与	1
附加值	环境保护与环境安全	已受到严重污染，或存在严重安全隐患	-5
		已受到中度污染，或存在明显安全隐患	-4
		已受到轻度污染，或存在一定安全隐患	-3
		已有工程保护措施，环境安全得到保证	3

根据对旅游资源单体的评价，得出该单体旅游资源共有综合因子评价赋分值。依据旅游资源单体评价总分，将其分为五级，从高级到低级为：五级旅游资源，得分值域≥90分；四级旅游资源，得分值域≥75~89分；三级旅游资源，得分值域≥60~74分；二级旅游资源，得分值域≥45~59分；一级旅游资源，得分值域≥30~44分。此外还有：未获等级旅游资源，得分≤29分。其中：五级旅游资源称为"特品级旅游资源"；五级、四级、三级旅游资源被通称为"优良级旅游资源"；二级、一级旅游资源被通称为"普通级旅游资源"。

第四节　旅游资源的开发

旅游资源的开发是一项目的性很强的人为活动。旅游开发的一个非常重要的目的，就是将旅游资源的潜在价值转化为现实，以发挥经济效益。因此，一个国家或地区的旅游业的发达程度，不仅取决于客观上拥有的旅游资源的数量和质量，更关键的还取决于对旅游资源的开发和利用。

一、旅游资源开发的含义

旅游资源开发，是指人们根据旅游资源的特性，为了发挥、改善和提高旅游资源的吸引力，运用适当的资金和技术手段进行的旅游景区建设过程。旅游资源的开发，不仅能使旅游资源的特性和吸引力进一步增强，而且能把旅游资源潜在的特性和吸引力转变为现实吸引力，从而吸引更多的旅游者，增加旅游消费，以获得经济效益和其他多种效益。

因此，旅游资源开发是为了巩固、改善和提高其吸引力，创造出新的更多和更高的价值，促进旅游业的发展。

二、旅游资源开发的可行性研究

旅游资源开发的可行性研究，主要是对旅游资源的开发前途、必要性、可行性、客源市场的稳定性等进行分析和探讨。研究的目的是为投资决策提供可靠的客观依据，然后再进行实际的规划设计工作。具体内容包括以下几方面：

1. 开发者的实力和资格分析

即分析、了解开发者的经济实力和经营资格。即使是由政府投资，也应根据量力而行的原则，对当地的经济实力和技术资格进行分析和评价。

2. 市场需求分析和预测

这是经济可行性研究的核心，主要通过市场调查研究，预测项目开发后的市场需求数量、游客来源、消费层次结构、竞争形势、价格趋势等，以及开发地周围一定距离内有无竞争的同类型旅游点等。

3. 分析项目开发和经营中的微观条件

例如劳动力条件、工程技术条件、有关旅游资源本身的条件等，以及开发后投资回收前景的预测。

4. 分析当地宏观社会经济条件

即项目经济效益的论证和研究，如开发后的经济效益情况及对当地社会经济发展的影响力。

严格地讲，可行性研究工作还包括不可行性论证，即从正反两方面进行论证，然后得出相同的结论。

三、旅游资源开发的基本原则

旅游资源是对旅游者有着旅游愉悦价值的客体，而不是必须借助于开发才被赋予旅游价值的。开发的过程仅仅改变旅游资源的可接近性或可进入性，而并不是从根本上改变该资源的旅游价值结构。在旅游资源开发实践中，正是由于一些人缺乏这种认识，才出现一边不惜重金在旅游资源分布区内搞所谓景观建设，做一些画蛇添足、弄巧成拙的事情，另一边同时破坏着旅游资源的现象。因此，在旅游资源开发过程中，一定要坚持正确的原则。

(一)保护性开发原则

开发旅游资源是为了利用。但在某种意义上，对某些旅游资源，特别是对自然旅游资源和历史旅游资源来说，开发的本身就意味着一定程度的破坏。不过，如果处理得当，开发未必会破坏，甚至能起到保护这些资源的作用。因此，关键问题是如何将开发工作处理得当，也就是说，在开发旅游资源的同时，要注意对旅游资源的保护，不能单纯地强调开发而不顾对环境的破坏问题。

旅游资源的保护性开发，既体现在开发的工程建设阶段，也体现在后期的运行阶段。在工程建设阶段，要通过严格的环境效应评估，从可持续发展的高度对项目的环境、经济、社会文化效应进行评价，以避免项目运行带来的环境破坏、资源耗竭、社会震荡和文化颓败。在建设内容上，一方面不能过多地增加足以改变资源价值结构的景观项目，对包括道路、通信设施、住宿设施等附属设施的投资，虽能改变旅游资源的可进入性，但要以不破坏旅游资源的审美与愉悦价值为前提；另一方面，在有限地增加一些景观时，要注意其内涵和形式也要与资源的整体风格相协调。

（二）突出独特性的原则

旅游资源贵在稀有，其质量在很大程度上取决于与众不同的独特性。这是它们能够对旅游者产生吸引力的根本所在。因此，突出旅游资源本身原有的特征，有意识地保存和增强这些特征具有十分重要的意义。

（1）尽可能保护自然和历史形成的原始风貌。任何过分修饰或全面毁旧翻新的做法都是不可取的，这种做法只会削弱它们对旅游者的吸引力。对于那些虽有记载或传说，实物遗迹却不存在的历史人文资源，可以根据史料或传说复建，但也要注意尽量反映其历史风貌，而不能用现代的建筑材料和建筑风格仿建。

（2）尽量挖掘当地特有的旅游资源，即所谓"人无我有，人有我佳"，以突出自己的优越性。不论是自然和历史遗产的开发，还是当代人造旅游资源的创新，都要通过强化旅游资源的独特性，以确保旅游资源的吸引力和竞争力。

（3）努力反映当地的文化特点。突出民族化，保持某些传统格调，是为了突出自己的独特性，同时也有利于当地旅游形象的树立。突出民族文化和地方文化，主要是指在环境外观上要有民族和地方的特点。而旅游服务设施的内部环境，则非但不宜"旧"，还必须符合现代游客的生活习惯，以使其具有熟悉感为原则。总之，应力求外"旧"而内"新"，使来访游客在精神上有置身于异国他乡的新奇感，在生活上又享有如居故里之便利。

（三）效益性的原则

旅游资源大多是十分脆弱的资源，再生能力差，一旦失去，很难恢复。旅游活动既有毁坏自然生态环境的可能，也有破坏传统文化的倾向，这对旅游本身可能是致命的。所以，旅游资源作为一种人类共有的极其稀缺的资源，应根据当地经济发展的需要和可能，有选择性地开发，这样，旅游企业才有持续发展的可能。

以效益性原则进行旅游资源开发，应使经济、社会、环境三大效益相统一。对此，有学者提出旅游资源在开发时必须满足以下几个条件：

（1）经济贡献。旅游资源开发能带来经济价值和就业机会的增加。

（2）环境影响。旅游资源开发应在环境保护法律法规允许的范围内。

（3）社会文化影响。旅游资源开发没有危及当地居民的道德和社会生活。

（4）竞争影响。旅游资源的开发应对现有的旅游业形成互补的形势，而非形成同类旅游资源开发恶性竞争的局面。

（5）可行性。旅游资源开发的具体项目必须在经济上可行，并遵守地方政策和发展战略。

（四）综合性原则

综合开发通常是指在突出作为某地区形象的重点旅游资源的同时，对其他各类旅游资源也要根据情况逐步进行开发。这是充分发掘某个旅游目的地对外吸引力和努力克服来访旅游需求季节性波动的重要途径之一。通过综合开发，将吸引力各异的不同旅游资源结成一个吸引群体，从而使游客可以发现其他方面的价值。对于一个地域较小的旅游目的地而言，综合开发则多指在开发其旅游资源的同时，从行、游、住、食、购、娱等多方面考虑旅游者的需要，做好有关的设施配套和供应工作。

四、旅游资源开发工作的主要内容

旅游资源的开发，包括某一单项旅游资源的开发、多项旅游资源的综合开发、某一旅游点或旅游地的开发等。要将潜在的旅游资源转变成现实的经济优势，不仅要对旅游资源本身进行开发、利用，还要进行旅游配套设施的建设、相关外部条件的开发改造、旅游环境的建设等。

（一）景点或风景区的开发

旅游资源在开发之前，大多处于潜在状态，一般都缺乏现代旅游活动所需要的基本条件而难以融入旅游业，被用于开展大规模的旅游接待活动。因此，对旅游资源的开发和建设即景点景区的开发和建设，是客观必要的。这种建设，从内容、形式上说，不仅指对尚未利用的旅游资源的初次开发，也可以是对已经利用了的景观或旅游吸引物的深度开发，或进一步的功能发掘；不仅指对一个从无到有的新景点的创造，也可以是对现实存在的旅游资源的整合加工。从其性质来看，既可以以开发建设为主，也可以以保持维护为主。并且这种开发建设活动的内容、性质是发展变化的，在旅游点生命周期的不同阶段表现出不同的侧重点。

（二）提高旅游地的可进入性

可进入性是指旅游目的地同外界的交通联系，以及旅游目的地内部交通运输的畅通和便利程度。在旅游地的开发上，交通是首先要解决的问题。但可进入性并不只是指旅游者由外界抵达旅游地，还包括旅游者进入旅游地后要"进得来，出得去，散得开"。也就是说，要使旅游者来得方便，在旅游目的地逗留期间活动方便以及旅游结束后离去得方便。

（三）建设和完善旅游配套设施

旅游者在旅游活动中的主要目标虽然是旅游吸引物，但在旅游过程中还有基本生活需要，这就决定了旅游地必须向旅游者提供相关服务所需要的旅游配套设施。旅游配套设施包括旅游服务设施和旅游基础设施。

旅游服务设施，是指可供当地居民使用，但主要是供外来旅游者使用的服务设施。这类设施主要包括宾馆饭店、旅游问讯中心、旅游商店、某些娱乐场所以及其他服务设施，其中一部分也为本地居民的生活需要提供服务。

旅游基础设施，是指为了旅游地居民生产生活需要所提供使用的设施。如一般公用事业设施中的供水系统、供电系统、供热系统、供气系统、排污处理系统、邮电通信系统、道路系统，以及与此有关的配套设施，如停车场、机场、火车站、汽车站、港口码头、夜间照明设施等。还有满足现代社会生活需要的基本设施或条件，如医院、银行、食品点、公园、治安管理机构等。这些基础设施，也是旅游服务部门和企业必不可少的一部分。

（四）完善旅游服务

旅游服务，是由各种单项服务组合而成的综合服务，提供服务的人是来自旅游业各部门的从业人员及当地群众。服务质量的好坏，直接取决于服务人员自身素质的高低，同时又影响到旅游地对旅游者的吸引力。

因此，必须通过各种方式，根据客源市场的变化以及旅游业发展的要求，对从业人员不断进行培训，以提高其服务水平和质量，达到完善旅游服务的目标。

（五）开拓旅游市场

开拓旅游市场，要做好以下两方面工作：一方面，景点建设及旅游活动的设置要与旅游需求趋向联系起来，即根据旅游者的消费行为特征进行旅游资源开发的具体工作；另一方面，通过多种媒介加强宣传促销，将旅游产品介绍给旅游者，不断开拓市场，扩大客源，实现旅游资源开发的目的。

知识扩展　　　　　　旅游资源一体化及其实现形式

所谓"旅游资源一体化"，是指在尊重游客对旅游资源整体感知和遵循旅游业自身发展规律的前提下，结合各地实际，采取相应的方法来打破部门或区域的分割管理，统筹协调各方面力量，实现旅游资源的整体管理和开发，从而全国提高旅游资源保护和利用水平的一种措施。重要旅游资源是旅游业发展的主要依托，通过旅游资源一体化促进重要旅游资源的有效保护和科学利用，是发展旅游业比较有效的做法。旅游资源一体化实现形式主要有三种：

一是职能一体化。这是目前推进旅游资源一体化的主要方式，也是被旅游业界熟知的方式。由行政职能分割造成的旅游资源低效利用，是当前旅游业发展中比较突出的问题。如在一个旅游景区内，旅游资源可能分属建设、林业、水利、宗教、文物等部门，旅游部门作为行业管理部门很难协调各方利益，"各自为战"的结果不利于旅游资源的有效保护，同时也必然会削弱当地旅游业的整体竞争力。因此，通过整合部门职能的方式来实现旅游资源的一体化，可以使部门之间的外部矛盾在机构内部得到协调和化解。

二是区域一体化。这是通过调整行事权限或区划，将旅游资源富集地区单独划出来进行管理和开发，从而实现旅游资源一体化的做法。与"职能一体化"主要涉及与旅游相关部门职能的整合不同，区域一体化则是以更广泛和更深入的方式来打破旅游资源的区域分割和部门分割。对旅游业发展需求迫切，旅游资源丰富但旅游资源分割又很严重的区域而言，区域一体化的方式值得尝试。但由于这种方式牵涉面太宽，并不适宜作为旅游资源一体化的主要方式推行。

三是规划一体化。从理论上讲，以规划一体化促进旅游资源一体化不涉及区域和职能的调整，推行起来比较容易，但从实际情况看，通过总体旅游规划促进跨区域旅游资源整体利用成功的例子很少。伴随《全国主体功能区规划》（国发〔2010〕46号）的出台，规划一体化有可能成为功能区开发建设的置顶性规划，在促进旅游资源一体化中发挥重要作用。

第五节　旅游资源的保护

一、旅游资源保护的含义

旅游资源保护，是指维护旅游资源的固有价值，使之不受破坏和污染，保持自然景观和人文景观的原有特色，对已遭损坏的旅游资源进行治理。

旅游资源保护包括对旅游资源所形成的景物、景观、环境和意境的保护。其中，景物就是奇峰异石、林木植被等自然风景物体，以及古今人为的活动物体、历史文物等；景观就是与景物并存的画面，包括衬托景物的其他次要景物；环境就是景物存在的空间环境；意境指的是环境气氛，即环境给人的感受。

二、旅游资源保护的必要性

旅游资源是旅游开发的必备条件之一，是构成旅游产品的重要组成部分。没有旅游资源，也就没有旅游业存在和发展的基础。而旅游资源是脆弱的，常常会受到不同程度的破坏，有些可以在一定时间后自行修复，有些被破坏后则会造成无法挽回的影响，减弱损毁旅游目的地的吸引力。因此，保护旅游资源就是保护旅游业的发展。

旅游资源涵盖的范围十分广泛，既包括自然界中的自然旅游资源，也包括人类活动所创造的人文旅游资源。其中，前者是生态环境的重要组成因素，后者则是重要的文化遗产。保护旅游资源，对实现生态环境的保护和旅游地文化的保护起到决定性作用。

三、旅游资源遭受破坏的原因

旅游资源常常受到许多不利因素的影响而遭到破坏。自然性破坏和人为性破坏是旅游资源遭受破坏的两大原因。

（一）自然因素的影响

1. 缓慢性的侵蚀

自然界的风化、溶蚀、侵蚀、氧化、流水切割，以及温度变化和生物的生命规律等，对旅游资源都会产生影响。这些因素的影响比较缓慢，但影响的范围极其广泛。如风吹、日晒、雨淋、水浸等，对历史文物古迹造成的破坏尤其严重。体量较小的，可以用防腐剂浸泡、喷洒防腐剂、架棚构屋以遮风避雨等方法来防止和减轻影响，而对于体量极大的物体，目前还没有比较有效的办法。

2. 突发性的灾难

自然界的某些突发性变化，如地震、台风、水灾、火山喷发、山体滑坡、泥石流、地层断裂或塌陷等自然灾害，至今多难以预测和有效制止。这些情况虽然不是经常性的，但一旦发生，破坏是非常严重的，对旅游资源来说，有时甚至是毁灭性的。

3. 生物原因的破坏

细菌和病虫害对动植物和某些文物古迹的影响是比较明显的。如白蚁、鸟类等会使古建筑受到破坏，目前，对这类破坏主要通过人工方法或生物方法加以防止。更重要的是应加强平常的防治意识。

（二）人为因素的破坏

1. 战争和政策失误的影响

战争会对社会的各个方面造成巨大损失，对旅游资源也不例外。中国历史上的辉煌建筑，毁于战争的比毁于其他任何原因的都多。在和平时期，由于政策失误、人类不合理的生产活动，也可能导致难以挽回的损失。如泉城济南曾因长期开采深层地下水而使地下水位下降，造成泉水断流。对森林的过度砍伐、炸山采石、填湖造地，现代经济建设中对珍贵历史文物古迹的破坏等，都属此类。

2. 旅游发展中造成的破坏

(1)旅游开发中的破坏性建设。由于缺乏知识和考虑不周，建设不适宜工程，破坏了旅游资源景观及其环境。如为修建道路进行大规模的开山劈石，在风景区内乱建房舍，紧邻海滨或湖滨修建大体量、外形呆板的旅游接待设施，过分绿化而隔断观赏视线，旅游开发中的房地产倾向，旅游度假区规划中的城市化倾向，自然风景区中的园林化倾向，中西杂陈、古今混合的建筑布局等，都破坏了旅游资源，有损于它们各自的风格。

(2)超负荷接待。为了追求高利润，或由于旺季，景区内超负荷地开展旅游活动，游客人数超过合理的容量，导致旅游资源破坏，环境质量降低，有时甚至造成游人伤亡事件。

(3)旅游管理中的失误。旅游资源管理部门管理不善或不严，对某些破坏行为听之任之，对旅游资源缺乏必要的维修保护措施。

(4)游人增多造成的破坏。旅游者对地面的践踏，影响了植物吸收水分和营养，使一些旅游景区内古树生长不良。游人呼出的二氧化碳以及散出的体热，造成封闭空间的环境变化，会对文物造成不利影响。游人对野生动物的惊扰，打乱了它们的生活规律，以致它们被迫迁徙。交通工具所产生的废气、噪声污染，都会造成旅游环境恶化。

对上述情况，要采取相应的措施予以避免。如严格限制游人的数量，限制汽车接近旅游点中心，用围栏等在古树附近进行保护等。

(5)部分游人的不文明行为。部分旅游者的不当行为，如随地乱扔废物垃圾、随地吐痰、乱刻乱画、攀木折枝，在禁烟区内吸烟和其他一些不文明的举止，都会影响旅游环境和其他游人的游兴。对此，旅游管理部门应加强检查监督，及时制止；同时加强宣传，提高民众的素质，自觉抵制不文明行为。

四、旅游资源保护的方式和内容

(一)旅游资源保护的方式

世界各国在旅游资源保护方面所采取的方式大致有两类：一是运用法律手段，实行立法，加强法治；二是根据旅游资源质量，将其划分为不同的级别加以保护。应当以"防"为主，以"治"为辅，防治结合，运用法律、行政、经济和技术等手段，加强对旅游资源的管理。

(二)旅游资源保护的内容

处理好旅游资源与环境的关系,合理地开发与保护,是旅游业可持续发展的保证。因此,旅游资源的保护内容分为旅游资源和旅游环境两部分。

旅游资源保护,是指对具有旅游开发价值的景点、景物进行保护,主要包括文物、古迹、建筑、碑刻等人文旅游资源的保护,以及山峰、象形石、水体和树木等自然旅游资源的保护。

旅游环境保护,是指对影响文物保护、游客旅游行为的周围环境进行保护,主要包括气候、水体、地形、林木及社会文化环境等。

五、旅游资源保护的规划

(一)旅游资源的保护

1. 旅游资源的保护等级划分

一级旅游资源具有较高的观赏价值、历史价值和科学价值以及不可再生性的特点,属于旅游区内核心景观的景观资源;二级旅游资源是其他旅游资源。

2. 旅游资源的保护措施

(1)一级旅游资源的保护措施:在旅游资源开发中,必须保护其原有风貌及环境氛围,有效预防自然和人为破坏,保持文物古迹和自然景观的真实性和完整性。严禁随意开发建设。

建筑物体量和布局合理,色彩和风格一致,并与周边景观格调协调。建筑物墙面整齐,无污垢。游览场所无污水、污物,无乱建、乱堆、乱放现象。

在其周围划出一定范围,此范围内不得建设任何影响景观视角完整和美感的建筑,不得在此范围内摆摊设点。

区内造型地貌众多,在建设施工及开展旅游活动的过程中应特别加以保护,以免造成永久性破坏。

(2)二级旅游资源的保护措施:在一级旅游资源保护措施的基础上适当放宽,但也不能造成永久性破坏。

(二)旅游环境的保护

1. 等级划分

将景区分为重点保护区、一般保护区和外围保护区三部分。

（1）重点保护区：指旅游资源周围的环境，保护内容包括绿化、污染、施工、采石等活动涉及的问题。

（2）一般保护区：指旅游区内重点保护区以外的整体环境，保护内容包括大气、水质、噪声、垃圾及山体等方面的问题。

（3）外围保护区：指位于旅游区内，但又处于各景区之外的旅游环境氛围营造地带。

2. 保护措施

（1）空气中二氧化硫、氮氧化物浓度要符合环境空气质量二级标准，总悬浮颗粒物浓度基本符合环境空气质量二级标准。

（2）区内各项设施设备符合国家环保要求，不造成环境污染和其他公害，不破坏游览气氛。

（3）对林木病虫害坚持"以预防为主，综合防治"的原则，与林业部门配合，及时掌握林木病虫害的发生发展动向，采用生物、化学、物理等措施，控制与消除其危害。

3. 卫生措施

垃圾箱标识明显，数量能满足需要，布局合理，造型美观、实用，与环境相协调。垃圾及时清扫，日产日清。

餐饮服务符合国家关于食品卫生的规定，配备消毒设施，禁止使用对环境造成污染的一次性餐具。

厕所引导标识醒目，数量满足需要，造型、色彩及格调与环境协调。所有厕所具备冲水、通风设备或使用免水冲生态厕所。厕所便池洁净，无污垢、无堵塞。室内整洁，无破损、无污迹、无异味。

公共场所需全部达到国家规定的卫生检测标准。

4. 安全措施

交通、机电、游览、娱乐等设备完好，运行正常，无安全隐患。危险地段防护设施齐备有效，标志明显。

认真执行旅游、公安、交通等有关部门的安全保卫制度。

建立紧急救援体系，或设立医务室，配备专职医务人员，配备游客常备药品，有较强处理突发事件的能力。

建立健全防火制度，配备必要防火器材，并在醒目处设立防火宣传牌，指导游客如何防火。

部分山体滑坡现象严重，对游客人身安全造成威胁，规划应采用生物与物理防治相结合的方式予以解决。

任何开挖山体的行动，都要得到有关部门的特别批准，在施工中还应特别小心，把对山体的破坏降到最低程度。

(三)社会文化的保护

旅游资源的开发、旅游业的发展会给社会文化带来一定的负面效应。这就要求旅游地在进行旅游资源开发以发展旅游业时，注意并加强对当地社会文化的保护。国际上，旅游地应对旅游业对社会文化产生的负面效应的方法有：

(1)抗拒国际旅游者前来旅游，或尽量避免与外国旅游者接触，以保护当地文化。

(2)划清外来文化与当地文化的界线。

(3)复兴传统文化，使当地的文化能够很好地保存和流传下来。

☞ 课后思考与训练

1. 旅游资源有哪些特点?

2. 决定一项旅游资源价值大小的主要因素有哪些? 为什么?

3. 简述旅游资源开发工作的基本内容。

4. 旅游资源开发工作应遵守哪些原则? 为什么?

5. 谈谈保护旅游资源的意义。

6. 简述旅游资源的保护办法和对策。

第五章
旅　游　业

第一节　旅游业概述

旅游业是旅游的媒介，是旅游的三个基本构成要素之一。旅游业并不是自然就有的，它是社会经济发展到一定阶段的产物，也是旅游发展到一定阶段的产物。20世纪50年代以来，现代旅游业蓬勃发展，"旅游业"这个词也越来越为大家所熟知。在世界范围内，旅游逐渐成为人们生活中不可缺少的重要内容，是人们主要的生活方式之一。目前旅游业已成为全球第一大产业，且还在不断壮大，是名副其实的"朝阳产业"。

一、旅游业的定义及构成

(一)旅游业的定义

尽管我们经常在各种场合使用"旅游业"这一概念，但人们对它的认识并未统一。一般认为，旅游业是以旅游资源为依托，通过一定的旅游设施为旅游者创造便利的旅游条件并提供旅游者所需商品和服务的综合性产业。这一定义明确了三点：第一，旅游资源是旅游目的地发展旅游业的前提和基础；第二，旅游业的服务对象主要是旅游者，虽然部分旅游企业的服务对象可能也包括当地居民，但其主要服务对象是旅游者；第三，旅游业是一个综合性产业，由多个行业和部门组成，这些行业和部门向旅游者提供各自的产品和服务，满足旅游者的需要。

旅游业以为旅游者提供服务为核心，成为联系旅游者和旅游资源的桥梁。这些服务简单地说就是满足旅游者在"食、住、行、游、购、娱"六个方面的要求。因此，旅游业也应由多个行业和部门组成，包括旅行社、旅游饭店、旅游交通、旅游景区(点)、旅游购物商店、旅游康乐设施等。此外，旅游业的发展还有赖于工业、农业、商业、电信、金融、文教、卫生、环保、公安、海关等诸多部门和行业的配合，它们共同构成了旅游业发展的客观环境，当旅游者有需要时，这些部门与行业同样要提供相应的服务。在上述所有的部门和行业中，除了旅行社是纯粹服务于旅游业以外，其他行业中的各个企业很难说是纯粹为旅游业服务的，因此，旅游业的行业界定并不十分明确。

（二）旅游业的构成

旅游业的构成是指组成旅游业的行业和部门。由于旅游业涉及面广，影响大，明确界定旅游业包括的行业和部门存在一定的困难，因此，直到今天，对旅游业的构成仍存在不同的看法。从国家和地区的旅游发展角度看，旅游业主要由五大部分组成，如表5-1所示。

表 5-1　　　　　　　　　　　旅游业的五个主要组成部分

部门	部门细分
住宿接待部门	饭店、宾馆、农场出租住房、出租公寓、别墅、由个人分时占有的公寓套间、度假村、会议、展览中心（供住宿）、野营营地、旅行拖车度假营地、提供住宿设施的船坞
游览场所经营部门	主题公园、博物馆、国家公园、野生动物园、花园、自然历史遗产游览点
交通运输部门	航空公司、海运公司、铁路公司、公共汽车/长途汽车公司
旅行业务组织部门	旅游经营商、旅游批发商/经纪人、旅游零售代理商、会议安排组织商、预订服务代理商（如代订客房）、奖励旅游安排代理商
目的地旅游组织部门	国家旅游组织（NTO）、地区/州旅游组织、地方旅游组织、旅游协会

从以上分类可以看出，旅游业涉及的部门和行业很广，但这些行业和部门绝大多数并不纯粹为旅游者服务，它们同时也为普通居民服务。对一个旅游地来说，几乎没有一个行业的收入完全来源于旅游者，也几乎没有一个行业的收入根本与旅游者无关。

二、旅游业的性质与特点

（一）旅游业的性质

1. 经济性

经济性是旅游业的本质属性，发展旅游业的根本目的在于获得经济效益。在当今社会，许多国家都把加快旅游业发展作为促进经济增长的重要举措，希望旅游业能够带动相关行业的发展，从而促进整个地区经济的繁荣。

2. 文化性

旅游者在旅游过程中进行的消费，说到底是文化消费，如旅游者游览名山大川、探索名胜古迹、了解风俗文化、品尝美食佳肴、体验旅游乐趣，这些都是文化消费行为，其动机都是为了获得物质文化和精神文化的享受，满足其较高层次的心理需求。同时旅游从业人员的职业素质、服务水平也展现出旅游目的地的文化发展水平。可以说，旅游业既是经济性产业，又是文化性产业。

3. 服务性

旅游业是服务行业，提供的是服务性产品，因此其具有服务性。如旅游商店向旅游者出售旅游纪念品，这是在向游客提供购物服务；餐饮企业为旅游者提供美味佳肴，这是在向旅游者提供餐饮服务；导游向旅游者讲解一个古代建筑，这是旅行社在为游客提供讲解服务。虽然旅游产品中包含某些有形产品的因素，但就一次完整的旅游活动而言，旅游者主要是通过接受相关服务获得精神上的享受。

(二) 旅游业的特点

1. 综合性

旅游业是一项综合性很强的产业，主要表现在以下三个方面：

一是旅游需求和旅游服务的综合性。旅游者的需求具有综合性的特点，往往包含食、住、行、游、购、娱等多个方面，这要求旅游企业提供的服务也应具有综合性的特点。而且，这些综合性的服务往往不是一个企业能独自提供的，需要多个企业的协作。

二是旅游业可以带动其他行业的发展，旅游业在自身综合发展的同时，能带动诸多行业共同发展。一方面，旅游业的发展促进了直接为旅游者提供商品和服务的行业(如餐饮、住宿、交通、娱乐等)的发展；另一方面，这种发展直接或间接地带动了相关的建筑、园林、邮电通信、金融保险等行业的发展，从而促进了整个国民经济的协调发展。

三是旅游业的发展受制于国民经济的综合发展水平，这是因为旅游业的发展需要以国民经济的综合发展水平为依托。对于旅游目的地而言，经济的发达程度决定了旅游综合接待能力的强弱，影响着旅游服务的质量。对旅游客源地而言，经济发展状况决定了旅游者的数量和消费能力。

2. 敏感性

旅游业的敏感性指的是旅游业对各种自然、政治、经济和社会等因素的变化反应明显，微小的波动都有可能引起旅游业的巨大变化。旅游业作为一个综合性产业，容易受到多种内部和外部因素的影响。从内部条件来看，旅游业由众多企业和部门组成，旅游活动的顺利开展需要这些企业的相互协调、通力合作，哪个环节出现了问题，都会导致一系列的连锁反应，影响旅游企业的整体经济效益。此外，旅游业容易受到各种自然、政治、经济等外部因素的影响，如地震、流行疾病、政治动荡、战争与恐怖活动、经济危机等，而这些因素往往是旅游业自身所不能控制的，有些因素带来的后果甚至是极其严重的。从这一意义上讲，旅游业的敏感性也是它的脆弱性。

3. 季节性

旅游业的季节性是指旅游企业在单位时间内接待人数的周期性变化，呈现出鲜明的淡旺季的差别。造成旅游业季节性变化的主要因素如下。

一是自然因素的制约，一年中春、夏、秋、冬的更替会导致旅游热点的转移：冬天，温暖如春的海南岛迎来了旅游旺季，千里冰封的黑龙江以其冰雪风光同样吸引着众多的游客，而多数旅游名山此时正处在一年中游客最少的时期；春天，可以踏青、赏花的郊野和公园成为游客的最爱；夏天，一切凉爽之地都受到旅游者的欢迎，如果这一地方既凉爽又有优美的风光或深厚的人文内涵，那一定会游人如织，如各地的旅游名山；秋天，秋高气爽、温度适宜，旅游者出游舒适度最高，成为多数旅游景点的旅游旺季，一些极普通的山林也可能因此时的漫山红叶或满目的果实而成为旅游热点。

二是节庆活动的影响，一些重要的或有浓郁地方特色的节庆活动会成为重要的旅游吸引物，从而在节庆活动的举办地形成旅游旺季。如内蒙古的那达慕大会、傣族的泼水节、广州的广交会等，这些活动的举办时间都是当地的旅游旺季。

三是假日的影响，闲暇时间是旅游的前提，因此，假日期间，旅游者的数量总是比非假日多。在一些特定的假日还能形成旅游的高峰。如我国从 1999 年实行一年三次的 7 天长假以来，"五一"节、国庆节和春节期间 7 天假期形成了旅游的高峰，被形象地称为"黄金周"。现在，虽然"五一"节的 7 天假日缩短为 5 天，但增加了清明节、端午节、中秋节假日，这些假日的到来同样能带来旅游的小高峰。又如，靠近中心城市的风景区在周末的时候总是能比平时接待更多的游客，这也是假日的作用。

4. 涉外性

旅游服务从业务上划分主要分为三项：一是接待外国人来国内进行旅行游览活动，二是组织国内人员出国进行旅行游览活动，三是组织国内人员在国内进行旅行游览活动。前两项业务活动，都是涉外性质的。由于各国的社会制度、社会文化、生活方式等诸多方面都存在较大差异，因此，发展国际旅游业的政策性很强，具有较强的涉外性。

5. 垄断性与竞争性并存

旅游资源、旅游设施和旅游服务是现代旅游业的三要素，旅游设施和旅游服务是可以人为改变和提高的，而多数旅游资源却是自然或历史赋予的，无法增补，也无法迁移。一方面，在一些具有独特和突出的自然和人文景观的地方，发展旅游业具有良好的基础，而在旅游资源贫瘠的地方，旅游业的发展往往有较大的阻力，这使得旅游业呈现一定的垄断性。另一方面，一般的旅游景观，尤其是人造的旅游景观是可以改变、替代和复制的，旅游服务质量、旅游设施也是可以改变的，面对同样的市场，诸多旅游行业和旅游企业间存在着激烈的竞争。如全国很多地方都开发"漂流"这一旅游项目，都在想方设法吸引漂流客人。旅行社为吸引更多客人需要不断推出新产品，不断提高服务质量等，都是行业竞争的体现。

6. 劳动密集性

旅游业属于服务性行业，多数旅游企业提供的服务都有赖于员工的直接参与，属于劳动密集型企业。旅游业的劳动密集性的突出表现是旅游业吸纳了大量劳动力。据统计，截至 2003 年，全国旅游就业总人数是 3893 万人，占全国就业总数的 5.2%；而到了 2017 年，全国旅游直接和间接从业人员为 7990 万人，占全国就业总人数的 10.28%。①

第二节　旅　行　社

旅行社是旅游业的重要组成部分，是旅游业的各个组成部门间的桥梁和纽带，对促进旅游业和国民经济的快速发展起着非常重要的作用。

一、旅行社的产生和发展

(一)外国旅行社的产生和发展

旅行社的产生与人类的旅行活动相关。但值得注意的是，人类旅行的存在并没有必然地产生旅行社。在漫长的人类历史中，旅行社不仅没有与人类的旅行同时产生，也没有在旅行出现后的不久产生，而是在人类的旅行活动经历了漫长年代之后的近代才产生。

学术界较为一致的观点是，旅行社诞生于 19 世纪中叶的英国。1845 年，英国人托马斯·库克在莱斯特城正式成立了托马斯·库克旅行社，这是世界上第一家旅行社。

托马斯·库克顺应时代的潮流，开创了旅行社经营模式的先河。很快，世界各地出现了大批的效仿者，旅行社的数量和规模不断扩大，提供的旅游产品的内容不断更新，

---

① 见《2017 年中国旅游业统计公报》。

并呈现以下特征:一是适应旅游需求个性化和差异化发展的趋势,不断调整市场营销策略,提供多样化的旅游产品,满足日益多变的旅游需求;二是受各国、各地区的经济发展水平、旅游业的发达程度的制约,旅行社的分布很不平衡;三是科技含量不断提高,网络技术日益普及,在降低了旅行社的交易成本的同时,也使旅行社的传统经营模式受到了挑战。

(二)中国旅行社的产生和发展

中国的旅行社出现的时间较晚。创立于1923年的上海商业储蓄银行旅行部被认为是第一家由中国人创办经营的旅行社。

中华人民共和国成立后,1949年10月17日,以接待海外华侨为主旨的厦门华侨服务社成立,这是新中国的第一家旅行社。1954年4月15日,中国国际旅行社总社在北京成立(简称国旅),这是中华人民共和国经营国际旅游业务的第一家全国性旅行社。

1978年改革开放以后,中国的旅行社行业总的发展趋势是旅行社性质的逐步企业化、产品经营的逐步市场化和市场竞争的日益激烈化。1980年6月,中国青年旅行社成立(简称青旅)。由此,中国的旅行社行业形成了"国旅""中旅""青旅"三大独立的旅行社系统。1984年,国家旅游局将旅游外联权下放,允许更多的部门和企业经营国际旅游业务。

1985年,国务院颁布了《旅行社管理暂行条例》,首次将我国旅行社确定为企业性质。这两项举措对我国旅行社业的发展起到了积极的促进作用,旅行社业在全国范围内迅速发展起来。据文化和旅游部市场管理司发布的2022年第一季度全国旅行社统计调查报告,截至2022年3月底,全国旅行社总数已达到42604家。

二、旅行社的概念和性质

(一)旅行社的概念

根据国务院颁布的《旅行社条例》,旅行社是指"从事招徕、组织、接待旅游者等活动,为旅游者提供相关旅游服务,开展国内旅游业务、入境旅游业务或者出境旅游业务的企业法人"。所谓的"招徕、组织、接待旅游者等活动"以及"提供相关旅游服务",其内容主要包括:为旅游者安排交通、住宿、餐饮、观光旅游和休闲度假等方面的服务,以及为旅游者提供导游、领队、旅游咨询、旅游活动设计等方面的服务。因此,凡是经营上述旅游业务的营利性企业,不论其所使用的具体名称是旅行社、旅游公司,还是旅游服务公司、旅行服务公司、旅游咨询公司等称谓,都属于旅行社。

（二）旅行社的性质

根据旅行社的概念，可以总结出旅行社具有以下几方面的性质。

1. 营利性

旅行社是以营利为目的的企业。旅行社首先是一种企业形态，营利性是所有企业应具有的共性，也是其根本性质。企业的最终目的是追求利润最大化，旅行社也是一个独立核算、自负盈亏的经营性组织，因此也担负着营利的重任。

2. 服务性

这一性质也是旅游业中所有企业都具备的特点，因为都需要为旅游者提供服务，服务成为各个企业产品构成的主要成分。作为向旅游者提供旅游产品的企业，旅行社经营活动的全过程都离不开服务这一核心内容。旅行社的业务是为旅游活动提供各种服务，主要涉及四个方面的内容：招徕、接待旅游者；向旅游者提供导游、咨询、旅游活动设计等服务；为旅游者安排交通、游览、住宿、饮食、购物、娱乐等活动；具备出境旅游业务经营权的旅行社还要为旅游者代办出入境和签证手续。

3. 中介性

旅行社是中介服务机构。作为旅游服务企业，旅行社是旅游客源地与目的地之间，以及旅游消费者与旅游供应商之间的纽带。旅行社为旅游者提供的服务，实际上是由各个旅游服务供应部门提供的，旅行社只是把这些旅游服务产品组合起来，向旅游者提供，它并不是这些服务的原始提供者。旅行社在旅游者与旅游服务供应部门之间发挥桥梁、纽带作用，是一种中介服务机构。

三、旅行社的分类及产品形态

由于各国和地区的政治经济制度和旅游业发展水平不同，世界各国各地区的旅行社在行业分工的形成机制及分工状况上存在着较大的差异。

（一）西方发达国家旅行社的分类

按经营业务范围不同，西方发达国家的旅行社一般可分为三大类，即旅游批发商、旅游零售商、旅游经营商。

1. 旅游批发商

旅游批发商指大量购买、组合各类异质产品并予以出售的旅行社。该类旅行社组织并推销旅游产品，预先以最低价格大量预定交通、旅馆、餐饮、娱乐设施及旅游景点等旅游企业的产品，将其组合成一系列旅游产品，通过旅游中间商销售包价旅游线路和项目，不从事零售，一般也不从事实地旅游接待业务。这种旅行社一般经济实力雄厚，并且有广泛的社会联系，如美国运通公司和日本交通公社。旅游批发商为了拓展市场，使企业有较大发展空间，需要做大量促销工作，例如，广泛印发宣传旅游产品的目录，在各种传播媒体上做广告，参加各种旅游交易会、展销会或博览会等。

2. 旅游零售商

旅游零售商也叫旅游代理商，指直接面对旅游者并向其推销旅游产品并招徕旅游者的旅行社，有的也负责当地的旅游接待。其主要工作是负责旅游宣传、推销和旅行服务。旅游零售商是主要经营零售业务的旅行社，其具体零售业务包括：为潜在旅游者提供有关旅游点、客运班次、旅游公司产品及旅游目的地情况的咨询等，代客预订(交通、食宿及游览和娱乐门票等)售发旅行票据和证件，陈列并散发有关旅游企业的旅游宣传品，向有关旅游企业反映顾客意见。旅行代理商提供的服务是不向顾客收费的，其主要收入来自被代理企业支付的佣金。

3. 旅游经营商

旅游经营商指将其购买的各类异质旅游产品进行设计组合，并融入自身服务内容，使之满足旅游者整体需要(即包价旅游)的旅行社。此类旅行社业务内容与旅游批发商基本相同。所不同之处在于，它们拥有自己经营的零售网点，因此除了将一部分旅游产品通过旅游零售商出售外，还兼营零售和从事实地接待业务，直接向广大公众推销产品，是卖方市场的主体。它们从旅游批发商中购买旅游产品后，负责组织团队和具体旅游接待服务。根据旅游产品中规定好的日程表，以提供陪同、导游员的服务形式为其经营的基本手段。

(二)我国的旅行社分类

1985—1996 年，我国根据《旅行社管理暂行条例》曾将旅行社划分为三类，即一类旅行社、二类旅行社和三类旅行社。根据有关规定，一类旅行社的经营范围是从事对外招徕和接待海外游客来大陆旅游；二类旅行社的经营范围是从事接待由一类旅行社和其他涉外部门组织来华的海外游客；三类旅行社只能经营国内旅游业务。

随着旅游业的发展，1996 年我国颁布了《旅行社管理条例》，对旅行社的分类做了新的调整。《旅行社管理条例》中按照不同旅行社的经营范围，将我国的旅行社划定为两类，一类是国际旅行社，另一类是国内旅行社。国际旅行社的经营范围包括入境旅游业务、出境旅游业务和国内旅游业务；国内旅行社的经营范围仅限于国内旅游业务。

2009 年《旅行社条例》颁布施行，《旅行社管理条例》同时废止。

（三）旅行社的产品形态

旅行社产品不同于一般的物质产品，它是一种以无形服务为主体内容的特殊产品，是包含了旅游住宿、旅游餐饮、旅游交通、旅游景点、旅游线路、旅游购物、旅游娱乐和旅游服务等诸多要素的"组合产品"。以上各种要素的有机结合，构成了旅行社产品的重要内容。旅行社产品是一个完整的、科学的组合产品。旅行社产品形态多种多样，主要包括单项服务、团体包价旅游、散客包价旅游、半包价旅游、小包价旅游、零包价旅游和组合旅游等多种类型。

1. 单项服务

单项服务包括导游服务、代办签证、代订饭店客房、交通集散地接送服务、代客联系参观游览项目、代办交通票据和文娱票据、代办旅游保险等。

2. 团体包价旅游

团体包价旅游指旅行社经过事先计划、组织、编排旅游活动项目，向旅游大众推出的包揽一切有关服务工作的旅游形式，包括日程、线路、活动、食、宿、行、游等各个方面的具体安排等。团体包价旅游通常以团体形式为主。按照国际行业惯例，团体包价旅游是指人数至少为 15 人的旅游团，结合我国现行的具体情况，团体指人数至少为10 人。

3. 散客包价旅游

散客包价旅游属单个旅游，即旅游者不参加团体，而是一个人或几个人采取一次性预付费的方式将各种有关旅游服务全部委托旅行社办理。散客包价旅游不能享受团体包价旅游的优惠，但其他内容与团体包价旅游相同。散客包价旅游的特点是自由灵活，缺点是散客旅游者拿不到较低的房价和机票折扣，单人车费高，导游不爱接。对旅行社而言，成本较高，麻烦较多，为一两个客人同样需要电话的联络和确认，各项手续办理和团体旅游几乎一样。散客包价旅游的特点决定了散客旅游业务只有做到多品种、大批量才能取得整体总量的经济效益。

4. 半包价旅游

半包价旅游是一种在全包价旅游基础上扣除中晚餐费用的一种包价形式。旅行社设计半包价旅游可以降低产品的直观价格，提高竞争力，还可以方便旅游者自由地选择。团体包价和散客包价都可以采用这种包价形式。

5. 小包价旅游

小包价旅游也叫可选择性旅游，由可选择和非选择部分构成。可选择部分包括导游、风味餐、节目欣赏和参观游览等，旅游者可根据自己的实际需要进行自由选择，费用支付可以采取预付或是现付的形式；非选择部分一般包括接送、住房和早餐，旅游费用需事先预付。

6. 零包价旅游

零包价旅游也被称为自由包价旅游，是一种独特的旅游包价形式，多见于旅游发达国家，要求旅游者必须随团前往和离开旅游地，但其在旅游目的地的活动则是完全自由的，就像散客一样。游客可以获得团体机票价格的优惠，并且可以由旅行社统一代办旅游签证。

7. 组合旅游

组合旅游是一种介于团体旅游和散客旅游之间的产品，改变以前单一的集体行动方式，旅游者分别从不同的地方来到旅游地，然后由事先确定的旅行社组织旅游采取集体出发、就地分散，或者是就地集中、游后分散等多种形式。这种旅游的特点是组团时间短、无领队、选择性强，而且有较多的自由时间。

四、旅行社的地位和作用

旅行社是联系旅游客源地和旅游目的地，以及旅游者和旅游主要服务供应商的中介组织，在旅游业中有着重要的地位和作用。

(一)旅行社是旅游活动的组织者

旅行社把分散于各地的不同种类的旅游产品和产品要素组合在一起，形成各式各样的旅游产品，以满足不同游客多样化的旅游需求。旅行社的中心工作是组织客源市场、组织安排旅游活动，以保障旅游活动的最终顺利完成。旅行社在旅游经济活动中招徕、接待旅游者，为旅游目的地引进客源，在接受旅游者的相关费用后通过提供各种旅游服务，为广大旅游者的旅游活动有序进行创造条件和方便。现代大众旅游中，人们往往只要选定旅游目的地，其他一切活动皆可由旅行社负责组织安排，因此，使用旅行社的旅游服务，参加由旅行社组织的旅游活动，已成为现在大众型旅游者外出旅游特别是国际旅游的常规模式。而旅行社在将自己组织的包价旅游产品出售给顾客之后，并不意味着组织工作的完结。旅游者在外旅游期间的活动开展以及各种有关旅游企业之间的联系，仍有赖于旅行社进行组织和协调，因此，旅行社不仅为旅游者组织旅游活动，而且客观上在旅游业各组成部门之间起着组织和协调的作用。

(二)旅行社是旅游消费者和各旅游服务供应部门之间的桥梁和纽带

一方面,旅行社将原本相对松散而且数量众多的各旅游服务供应部门紧密联结起来,成为各旅游供应部门之间的桥梁和纽带;另一方面,旅行社还将分散的、数量众多的旅游者组织成一个旅游团队,成为旅游消费者之间的桥梁和纽带。更为重要的是,旅行社还是连接旅游消费者和各旅游服务供应部门之间的桥梁和纽带,对双方情况最为了解与熟悉,是旅游业的前锋。旅行社在自发的旅游供给和旅游需求之间建立起了制度化的交易媒介,在沟通旅游供给和旅游需求方面起着重要的作用。

(三)旅行社是旅游产品的组合和销售渠道

旅行社把为游客进行旅游活动所必需的交通、住宿、饮食、游览、娱乐等基本旅游项目组合成为旅游产品——预先计划好的一条条旅游路线,然后向旅游者宣传推销,把组合成的旅游产品送到旅游者手中。可以说,旅行社因势利导地进行旅游活动的策划和组织,使旅游者的旅行需要成为可能,并走向规范化和正常化。

正是由于旅行社为旅游活动提供必要的信息咨询服务,为旅游者提供全方位的完整服务,不但提高了旅游活动质量,而且促进了旅游活动的活跃与繁荣,为整个旅游业带来客源与效益,对旅游业的整体发展产生了重要的带动作用,所有这些决定了旅行社在旅游业中的前锋作用。

五、旅行社的基本业务及发展趋势

(一)旅行社的基本业务

1. 旅游产品设计与开发业务

旅游产品的设计与开发业务,包括旅行社在调查研究的基础上,依据市场预测与分析,结合旅行社自身的特点与条件,设计能吸引旅游者的产品。旅行社将设计出的产品进行试销,当试销成功后,便将其产品批量投放市场,以获取收益。旅行社定期对产品进行检查、评估,进而对产品进行完善和改进。

2. 旅游服务采购业务

旅游服务采购是旅行社通过合同或协议形式,以一定价格向其他旅游服务企业及相关部门预购的行为,以保证旅行社向旅游者提供所需的旅游产品。目前旅行社采购的项目主要有交通服务、住宿服务、餐饮服务、景点游览服务、娱乐服务等。

3. 旅行社产品销售业务

旅行社产品销售业务是旅行社在市场营销理念指导下经由策划、促销、管理，将旅行社产品以符合旅行社利益及市场规律的价格销售出去的一种现代企业行为。在旅游产品销售后要抓产品质量、售后服务、进一步促销，要通过大量销售旅行社产品达到盈利的目的。

4. 旅行社接待服务业务

旅行社接待服务业务是旅行社直接面向游客提供服务，游客享受其购买的旅行社产品的全过程，是旅游产品的实现形式。接待服务业务是旅行社经营管理中的核心内容。

5. 中介服务

当今旅行社主要为游客提供以下一些中介服务项目：

(1)办理旅行证件，如护照和签证。

(2)代客购买或预定车、船和机票及各类联运票。

(3)出售特种有价证券，旅游者持有这种证券便可在各游览地逗留期间得到膳宿等服务。

(4)发行和汇兑旅行支票、信贷券和组织兑换业务。

(5)为旅游者办理旅行期间的各种保险等。

(二)旅行社的发展趋势

1. 集团化趋势

中国的旅行社行业将出现集团化的趋势，一批具有一定规模并且覆盖一定区域的旅行社集团将出现在中国的大地上，成为中国旅行社行业的一道亮丽风景线。这种集团化的趋势既适应中国旅行社行业的发展需要，也符合国际上旅行社行业的发展进程。中国的旅行社行业集团化，既有利于旅行社发挥其在采购、预订、营销、资金、人才等方面的优势，实现规模经营和获得规模经济效益，也可以引导和稳定市场，克服旅行社市场因过度分散和紊乱造成的问题。

2. 专业化趋势

随着中国旅游市场的不断发展和旅行社行业的逐渐成熟，将会出现专业化的发展趋势。旅行社行业的专业化，是指旅行社为了最大限度地满足特定细分市场旅游者的需求，适当调整其经营方向，针对某些细分市场，对某些产品进行深度开发，形成特色产品或特色服务。专业化经营将主要出现在中国的中型旅行社，为了避开在经营标准化产品方面的比较劣势，集成本优势与产品专业化优势于一身，中型旅行社应该实现专业化开发和专业化经营，使产品更加多样化，从而增强其产品的总体吸引力。

3. 品牌化趋势

中国旅行社行业的竞争已开始从价格竞争逐步转向质量竞争和品牌竞争。随着旅游者的旅游消费需求水平的提高，旅行社所奉行的低价格战略已经不再像过去那样奏效了，必须采用新的竞争战略，以应对我国加入世界贸易组织后，特别是国际知名旅行社进入中国旅游市场后所带来的严峻挑战。国际知名旅行社瓜分市场将成为我国旅游市场走势的一个必然趋势，因此中国的旅行社必须大力发展品牌战略，否则将会在日趋激烈的市场竞争中落败。目前，中国旅行社业的相关企业已经开始注重建立中国的旅行社品牌，努力争取得到旅游者的认同，产生对其服务的亲近感和信任感，以便在市场上立于不败之地。

4. 网络化趋势

旅行社的网络化趋势是由旅游需求的特点所决定的。随着社会经济的发展和人们所受教育水平的提高，旅游需求必将日益增加，导致旅游需求可能在任何一个地方产生。为了便于消费者的需求和购买，旅行社营业的场所必须广泛设立于消费者便于购买的所有地方，即所谓的网络化布局。中国的旅行社行业实行网络化，不仅是完全必要的，而且是十分可行的。信息技术的普及和互联网的发展，为旅行社的网络化经营奠定了坚实的技术基础。旅行社通过内部改造或增设经营网点，为旅行社的网络化经营提供了组织基础。因此，旅行社的网络化，必将成为中国旅行社行业的一个发展趋势。

第三节 导 游

导游服务是旅行社业务的主要组成部分。旅游者初到异地，可能语言不通，交通不明，对当地的风土人情、旅游资源等不甚了解，因此，需要有人为他们做向导，给他们讲解，以增加他们的游乐兴趣，帮助他们完成旅游活动。从事这种活动的人就是导游人员，而这种活动本身就叫导游活动。人们习惯上把导游人员和导游活动统称为导游。

在旅游活动中，导游人员不仅仅起着讲解的作用，还负责安排旅游者的食宿、交通，处理各种随时可能发生的问题等，因此，导游人员一身兼有多职，同时充当着讲解员、翻译员、宣传员、服务员、计划员等多种角色。

一、导游人员的分类

按照分工的不同，导游人员有下列不同的称谓：

（1）导游。这是对导游工作者的总称，包括国际导游（必须懂外语）和国内导游（不必懂外语）。

（2）翻译导游。这是接待外国旅游者的导游人员，必须至少懂得一门外语。

（3）全程陪同。这是组团社派出的，负责整个旅行团旅游活动的陪同。他们从旅行团抵达开始，到结束旅行，自始至终陪伴着旅行团成员，联系旅馆、交通，安排旅游项目，处理旅途中可能发生的各种问题以及账目的结算等。总之，全程陪同为整个旅行团的旅游活动负责。

（4）地方陪同。简称地陪，是负责旅行团在本地区旅行活动的工作人员，留在本地工作，不随团到其他地方。

（5）讲解员。是指具有某一方面的专业知识，固定在某一旅游景点对旅游者进行讲解和导游的人员。

二、导游人员的素质要求

导游工作是一项特殊的服务工作，要求导游人员必须具有较高的素质。

1. 良好的职业道德

导游人员要有良好的职业道德修养，要有全心全意为旅游者服务的思想，要想旅游者之所想，急旅游者之所急，将旅游者的满意作为自己的最高工作目标。

2. 文明礼貌、仪容端庄

礼貌待客是导游人员的职业内功。"不学礼，无以立"，礼貌待客是对导游人员文化知识和技术能力的要求，更是对导游人员思想品质和职业道德的要求。

导游人员的工作性质和特点要求他们要穿着得体，得体的穿着是导游人员文明礼貌行为的一部分，每个导游人员都要认真把握自己的着装问题。

3. 健康的体魄

导游人员工作十分辛苦，除了讲解工作以外，旅游者的吃、喝、拉、撒、睡都要管，工作不分白天、黑夜，加班加点、跋山涉水是家常便饭。这种高强度的工作，没有健康的体魄是吃不消的。

4. 较宽的知识面

导游人员，不一定非得是"专家"，但必须是"杂家"，这是由导游工作的性质决定的。导游人员面对的旅游者来自世界各地、社会各阶层，这些旅游者可能提出各种问题，导游人员必须对答如流。有的人说旅游地的每一块石头都有一段动人的故事，导游人员也应当讲得出来，要做到这一点，就必须具有广博的知识。

5. 表达能力强，有过硬的语言能力

导游工作并非人们想象的那样，是吃、喝、玩、乐，是一种简单的劳动。事实上，它有很强的艺术性，同一旅游点，有的人讲得平淡生硬，使旅游者感到索然无味，而有的人讲得十分生动，使旅游者游兴倍增，疲劳顿消。

对于国际旅行社的导游而言，还必须熟练掌握某些外语，这是为国际旅游者提供导游服务的基本要求。

6. 要有及时、妥善处理各种问题的本领

旅途中，可能会出现各种难以预料的事，小的如旅游者丢失钱包、突然发病、发生争执，大的如飞机误点、住不进饭店及出现交通事故等。导游人员应当有经验、有能力，灵活、及时、妥善地在自己职权范围内解决这些问题。

三、导游人员的职业道德

旅游职业道德不仅是每个导游人员在工作中必须遵循的行为准则，也是人们衡量导游人员服务质量的标准。

1. 敬业爱岗、责任心强

敬业，就是敬重自己所从事的旅游服务业；爱岗，就是热爱自己的本职工作。这是对导游人员的基本要求。导游人员必须热爱自己的本职工作，具有强烈的责任心，只有这样，才能长期保持工作热情，以温和而有礼貌的态度待客。

2. 热情友好、宾客至上

热情友好、宾客至上是旅游工作最显著的一个职业特征，也是旅游工作者必须遵循的行为准则。

3. 不卑不亢、光明磊落

不卑不亢是指导游人员要正确对待自己和自己的职业。导游人员的工作虽然是服务

性工作，但是高尚的，其人格、地位与旅游者是平等的，切不可表现出自卑情绪。在对外导游活动中，不低三下四、盲目崇洋，也不妄自尊大、贬低别人。当对方的言行有损于我们的国格时，导游人员应理直气壮，坚持有理、有礼、有节的原则，维护祖国的尊严。

光明磊落有两层含义：一是对待旅游者要一视同仁，不因其国籍不同、社会地位不同、贫富不同、肤色不同等而厚此薄彼；二是不搞小动作，行事要落落大方，要给旅游者以信任感。

4. 真诚公道、信誉第一

真诚公道、信誉第一是正确处理旅游企业与旅游者之间实际利益关系的一项行为准则。导游人员在旅游活动中，必须严格遵守旅行社与旅游者之间签订的旅游合同，不强迫购物（或变相强迫购物），不私自增加购物点和自费旅游项目，严格按照旅游行程安排旅游活动，确保旅游者有充足的时间参观、游览旅游景点和在旅游景点休闲、度假。

5. 遵纪守法、廉洁奉公

遵纪守法、廉洁奉公既是行政和法律的要求，又是道德规范的要求。导游人员应自觉遵守下列禁止性规定：

（1）严禁嫖娼、赌博、吸毒，也不得索要、接受反动、黄色书刊画报及音像制品。

（2）不得套汇、炒汇，也不得以任何形式向海外旅游者兑换、索取外汇。

（3）不得向旅游者兜售物品或者购买旅游者的物品。

（4）不能欺骗、胁迫旅游者消费或者与经营者串通欺骗、胁迫旅游者消费。

（5）不得以明示或暗示的方式向旅游者索要小费，不准因旅游者不给小费而拒绝提供服务。

（6）不得向旅游者销售商品或提供服务的经营者的财物。

（7）不得营私舞弊，假公济私。

廉洁奉公就是不贪、不占，不损公肥私、不化公为私，一心为公，秉公办事，抵制不正之风，维护旅游企业的声誉。

6. 团结协作、顾全大局

旅游服务是关联性强的综合性服务，虽是旅游接待服务的重要环节，然而靠导游人员单方面难以完成旅游计划，必须与许多部门、单位、企业或个人进行合作。在合作过程中一旦发生矛盾和冲突，导游人员应以大局为重，要做到个人利益服从集体利益，局部利益服从整体利益，眼前利益服从长远利益。在一些非原则性问题上，导游人员要委曲求全，尽量做好耐心解释工作，力争各方的谅解和合作，这样才能确保旅游服务的质量。

7. 身心健康、积极向上

导游工作是一项脑力劳动和体力劳动高度结合的工作，工作纷繁，量大面广，流动性强，体力消耗大，而且工作对象复杂。因此，导游人员必须是一个身心健康的人，否则很难胜任工作。身心健康包括身体健康、心理平衡、头脑冷静和思想健康四个方面。

总之，一名合格的导游人员应精干、老练、沉着、果断、坚定，应时时处处显示出领导旅游团的能力，而且工作积极、耐心，会关心人、体谅人，富于幽默感，讲解技能高超。

8. 耐心细致、优质服务

是否耐心细致是衡量服务人员工作态度和工作责任心的一项重要标准。导游人员待客要虚心、耐心，为旅游者提供优质的服务。

四、导游艺术

(一)善于维护旅游目的地形象

导游人员被称为"祖国的镜子""理解和友谊的桥梁"。旅游者很多时候是通过导游人员来了解一个国家、地区及其人民的，导游人员的工作不仅是旅行社服务的重要组成部分，还代表着一个国家、城市和地区的形象。因此，导游人员不仅要通过自己的努力，为旅游者提供高质量的导游服务，使其获得优质、难忘的旅游体验，还要善于维护所在国家和城市的形象。

◈ **案　例** ◈

这里是武则天"办公"的地方

我今年65岁，是一名西安的导游，带团已经有30多年。30多年的从业经历，给我感受最深的是：导游要懂得维护尊严。在旅游者面前，导游代表的不仅是你自己，还有你所在的城市。在维护尊严这件事情上，我一直很认真，而且采取的办法也不同。有间接回应法、直接面对法，举例来说吧！

在众多旅游者当中，有些是戴着"有色眼镜"的。他们从一下飞机就开始挑毛病："我们的城市很现代化，楼比这里高很多，经济比这里发达多了。你们这里不行，太土了，到处是灰色基调……"面对这些人，我首先会给他们讲述西安的历史："这里是古都，是周文王、周武王、秦始皇、刘邦、李世民、武则天'办公'的地方，历史积淀深厚。各个城市的韵味不一样，如果大家抱着欣赏的态度来旅游，感受会非常好！"这样，既帮助旅游者端正了游览态度，使其更好地享受旅游的快乐，也为我所在的城市赢得了尊严。

(二)能做好危机公关

从某种意义上讲，导游服务也是一种公关工作。导游服务中时常会产生一些危机，而这些危机往往是导游人员通过某些途径便能化解的，及时、妥善地处理问题，可赢得旅游者的谅解、信任和好感。

1. 提前防患

导游服务中要防止危机产生，必须履行"有言在先"的原则(行话中称为"打预防针")。有很多事项需要提前作真实说明和明确警示，如人身安全和财产安全问题、心理安全问题等。导游人员需要提前详细介绍旅游过程中哪些事容易导致危机出现，防患于未然。导游人员对这些问题不能含糊其词，一定要交代得清清楚楚，有时要重点强调，反复叙述，直至旅游者记在心里为止。比如，旅游者到达某宗教景点时，导游人员就要提醒他们，该景点会有诱骗旅游者花钱烧香的现象，告诫旅游者谨防上当受骗。

2. 及时介入

游览活动一旦出现问题，导游人员不能不管不问，甚至推卸责任，而应当立即行动，投入事件的控制和处理当中。导游人员是直接面对旅游者的旅游服务的提供者，主要任务是让旅游者旅游顺利、愉快，同时也是沟通组团社、旅游者和地接社等关系的一座桥梁，有责任及时处理各种突发事件。例如，某旅游者对第一晚的住宿不太满意，但他没有投诉到组团社。此时，导游人员便可以认定这是一个小小的危机，虽然该旅游者意见不大，但也应该及时、主动地向其了解情况，采取措施进行弥补。假如搁置不理，认为客房是旅行社预订的，导游人员只是执行者而已，造成旅游者的不满，有可能酿成大危机。

3. 耐心倾听

经常有旅游者向导游人员反映一些旅游过程中的不顺心和不满意，从某种意义上讲这是一种投诉，也是一种危机。旅游者有时由于积怨，言辞比较激烈，这属于正常情况。此时，导游人员要耐心倾听，不能打断旅游者的叙述，让其充分诉说，也不要急于解释和辩解。否则，可能会激怒旅游者，使危机扩大化。这样做的目的也是为了弄清真相和寻找处理问题的方法。

4. 有效控制

针对旅游者一些小的投诉(如对第一次团队餐不满意),导游人员完全可以通过有效的途径解决,将其控制在一定范围之内,尽量不要将小危机事件扩展到组团社、地接社和相关管理部门之间去协调处理的境地。这就要求导游人员迅速采取补救措施,赢得旅游者的谅解。控制的方法要灵活、有效,首先,导游人员要对旅游者表示同情和理解,要设法让其情绪放松或平静;其次,可以给旅游者精神的和物质的补偿;最后,要遵循"合理而可能"的原则,要有不卑不亢的态度,而不是恳求旅游者不要将事情闹大。

5. 仔细解释

当团队当中有一些小的危机出现,导游人员在听完旅游者叙述后,一定要进行详细的说明和解释。解释工作要言之以信,动之以情,晓之以理。有时,由于旅游者的误解而引发的问题,导游人员必须向其解释清楚,消除误解,而不能因为发现自己没有错误而去指责旅游者。有时,旅游者与导游人员在某个问题上有不同观点,也会产生潜在危机。针对这种情况,导游人员不要和旅游者比高低、争输赢,不要为满足一时的虚荣心而做"嘴上的胜利者",而要在导游服务中贯彻双赢原则,要知道反驳式的"争输赢"和善意的"明辨是非"是两码事。

6. 灵活处理

导游人员处理危机公关事件,首先,在了解了事情真相后,该道歉的一定要道歉;其次,导游人员在权限范围内,要征求旅游者的意见,并作出补偿性的处理,例如,给旅游者赠送矿泉水、加菜、派发小纪念品等。另外,如果超越了自己的权限,不能马上解决问题,要立即报告委派导游出团的旅行社。最后,不管怎样解决问题,都要给旅游者一个明确的答复、可信的承诺及实施措施的时间和地点,最终让旅游者满意。

(三)意志坚定、沉着冷静

导游人员在旅游者面前应时时、处处表现出充分的自信心和抗干扰能力,坚定不移地维护旅行社的信誉和旅游者的正当权益,坚决要求相关服务方面不折不扣地按事先达成的合同或合作协议提供。

在遇到突发事件时,导游人员应沉着、冷静地分析问题,果断、坚定地采取适当措施处理问题,使事件的影响或损失减少到最低限度。

(四)学会化解矛盾

面对旅游者,导游人员要学会运用语言艺术化解各种矛盾,只要有旅游者在场,导游人员就一定要考虑到他们的心理感受。

（五）有幽默感

导游过程中，幽默的语言往往会起到意想不到的效果，不但能活跃气氛、消除旅游者的寂寞和疲劳，还能激发旅游者的兴趣，增强他们的满意程度。

◈ 案　例 ◈

你们知道鸭子为什么坐在车顶上吗？

有一位导游带了一个美国旅行团，当他正在车上做沿途讲解时，迎面驶来一辆农用车，车顶上堆放着几十只活的鸭子。客人都感到很好奇，纷纷要求司机减速以便拍照。他马上中断了原来的话题，告诉客人这些鸭子应该是运送到城里的菜市场卖的。说完，他灵机一动，问了一个问题："你们知道鸭子为什么坐在车顶上吗？"客人都说不知道，然后他给出了答案："因为它们没买车票。"客人哄堂大笑。

五、对导游人员的管理

（一）导游人员管理办法

导游人员是旅行社的灵魂人物，导游服务则是旅游服务的重要组成部分。实践证明，旅游者对旅行社的投诉在很大程度上都集中在导游人员身上，如反映导游人员服务态度不好、知识欠缺及私自增加旅游团购物次数以收取回扣等。对于导游人员，无论是专职还是兼职的，都要加强管理，以提高旅游服务的质量。

依据最新《导游人员管理条例》（1999 年 5 月 14 日中华人民共和国国务院令第 263 号发布、根据 2017 年 10 月 7 日《国务院关于修改部分行政法规的决定》修订）的规定，具体内容如下：

第一条　为了规范导游活动，保障旅游者和导游人员的合法权益，促进旅游业的健康发展，制定本条例。

第二条　本条例所称导游人员，是指依照本条例的规定取得导游证，接受旅行社委派，为旅游者提供向导、讲解及相关旅游服务的人员。

第三条　国家实行全国统一的导游人员资格考试制度。

具有高级中学、中等专业学校或者以上学历，身体健康，具有适应导游需要的基本知识和语言表达能力的中华人民共和国公民，可以参加导游人员资格考试；经考试合格的，由国务院旅游行政部门或者国务院旅游行政部门委托省、自治区、直辖市人民政府旅游行政部门颁发导游人员资格证书。

第四条　在中华人民共和国境内从事导游活动，必须取得导游证。

取得导游人员资格证书的，经与旅行社订立劳动合同或者在相关旅游行业组织注册，方可持所订立的劳动合同或者登记证明材料，向省、自治区、直辖市人民政府旅游行政部门申请领取导游证。导游证的样式规格，由国务院旅游行政部门规定。

第五条　有下列情形之一的，不得颁发导游证：

（一）无民事行为能力或者限制民事行为能力的；

（二）患有传染性疾病的；

（三）受过刑事处罚的，过失犯罪的除外；

（四）被吊销导游证的。

第六条　省、自治区、直辖市人民政府旅游行政部门应当自收到申请领取导游证之日起 15 日内，颁发导游证；发现有本条例第五条规定情形，不予颁发导游证的，应当书面通知申请人。

第七条　导游人员应当不断提高自身业务素质和职业技能。

国家对导游人员实行等级考核制度。导游人员等级考核标准和考核办法，由国务院旅游行政部门制定。

第八条　导游人员进行导游活动时，应当佩戴导游证。

导游证的有效期限为 3 年。导游证持有人需要在有效期满后继续从事导游活动的，应当在有效期限届满 3 个月前，向省、自治区、直辖市人民政府旅游行政部门申请办理换发导游证手续。

第九条　导游人员进行导游活动，必须经旅行社委派。

导游人员不得私自承揽或者以其他任何方式直接承揽导游业务，进行导游活动。

第十条　导游人员进行导游活动时，其人格尊严应当受到尊重，其人身安全不受侵犯。

导游人员有权拒绝旅游者提出的侮辱其人格尊严或者违反其职业道德的不合理要求。

第十一条　导游人员进行导游活动时，应当自觉维护国家利益和民族尊严，不得有损害国家利益和民族尊严的言行。

第十二条　导游人员进行导游活动时，应当遵守职业道德，着装整洁，礼貌待人，尊重旅游者的宗教信仰、民族风俗和生活习惯。

导游人员进行导游活动时，应当向旅游者讲解旅游地点的人文和自然情况，介绍风土人情和习俗；但是，不得迎合个别旅游者的低级趣味，在讲解、介绍中掺杂庸俗下流的内容。

第十三条　导游人员应当严格按照旅行社确定的接待计划，安排旅游者的旅行、游览活动，不得擅自增加、减少旅游项目或者中止导游活动。

导游人员在引导旅游者旅行、游览过程中，遇有可能危及旅游者人身安全的紧急情形时，经征得多数旅游者的同意，可以调整或者变更接待计划，但是应当立即报告旅行社。

第十四条　导游人员在引导旅游者旅行、游览过程中，应当就可能发生危及旅游者人身、财物安全的情况，向旅游者作出真实说明和明确警示，并按照旅行社的要求采取防止危害发生的措施。

第十五条　导游人员进行导游活动，不得向旅游者兜售物品或者购买旅游者的物品，不得以明示或者暗示的方式向旅游者索要小费。

第十六条　导游人员进行导游活动，不得欺骗、胁迫旅游者消费或者与经营者串通欺骗、胁迫旅游者消费。

第十七条　旅游者对导游人员违反本条例规定的行为，有权向旅游行政部门投诉。

第十八条　无导游证进行导游活动的，由旅游行政部门责令改正并予以公告，处1000元以上3万元以下的罚款；有违法所得的，并处没收违法所得。

第十九条　导游人员未经旅行社委派，私自承揽或者以其他任何方式直接承揽导游业务，进行导游活动的，由旅游行政部门责令改正，处1000元以上3万元以下的罚款；有违法所得的，并处没收违法所得；情节严重的，由省、自治区、直辖市人民政府旅游行政部门吊销导游证并予以公告。

第二十条　导游人员进行导游活动时，有损害国家利益和民族尊严的言行的，由旅游行政部门责令改正；情节严重的，由省、自治区、直辖市人民政府旅游行政部门吊销导游证并予以公告；对该导游人员所在的旅行社给予警告直至责令停业整顿。

第二十一条　导游人员进行导游活动时未佩戴导游证的，由旅游行政部门责令改正；拒不改正的，处500元以下的罚款。

第二十二条　导游人员有下列情形之一的，由旅游行政部门责令改正，暂扣导游证3至6个月；情节严重的，由省、自治区、直辖市人民政府旅游行政部门吊销导游证并予以公告：

(一)擅自增加或者减少旅游项目的；

(二)擅自变更接待计划的；

(三)擅自中止导游活动的。

第二十三条　导游人员进行导游活动，向旅游者兜售物品或者购买旅游者的物品的，或者以明示或者暗示的方式向旅游者索要小费的，由旅游行政部门责令改正，处1000元以上3万元以下的罚款；有违法所得的，并处没收违法所得；情节严重的，由省、自治区、直辖市人民政府旅游行政部门吊销导游证并予以公告；对委派该导游人员的旅行社给予警告直至责令停业整顿。

第二十四条　导游人员进行导游活动，欺骗、胁迫旅游者消费或者与经营者串通欺骗、胁迫旅游者消费的，由旅游行政部门责令改正，处 1000 元以上 3 万元以下的罚款；有违法所得的，并处没收违法所得；情节严重的，由省、自治区、直辖市人民政府旅游行政部门吊销导游证并予以公告；对委派该导游人员的旅行社给予警告直至责令停业整顿；构成犯罪的，依法追究刑事责任。

第二十五条　旅游行政部门工作人员玩忽职守、滥用职权、徇私舞弊，构成犯罪的，依法追究刑事责任；尚不构成犯罪的，依法给予行政处分。

第二十六条　景点景区的导游人员管理办法，由省、自治区、直辖市人民政府参照本条例制定。

第二十七条　本条例自 1999 年 10 月 1 日起施行。1987 年 11 月 14 日国务院批准、1987 年 12 月 1 日国家旅游局发布的《导游人员管理暂行规定》同时废止。

◈ 案　例 ◈

我第一次带团

到今天，我依然清晰地记得自己第一次带团游北京的情形，可以说，我的第一次带团完全是个意外。那时我还只是一名见习导游，跟着部门副经理上团。一路上跑上跑下的，虽然辛苦，却很开心。我记得那是个新加坡豪华团，我坐在旅游大巴车的最后一排。地陪导游上来后，开始讲解，还没到温榆河，就没词了，车上一片寂静。之后到了长安街，地陪也只讲了几句。此后一直到位于五棵松的宾馆，地陪都没有再讲解。客人已经很不满了，偏偏那天宾馆也出了问题，少了几间房，这下客人可炸锅了，分到房间的客人也不肯进房，都堵在大堂里吵闹。那时，我不知从哪儿来的勇气，站到客人中间，大声说，"各位，今天真是不好意思，大家到了这就是回家了。不管谁的错，请都不要拿别人的错来惩罚自己。我刚才看过房间，还很干净的。大家先休息吧，明天又是新的一天，我们开开心心地去玩！"后来，房间总算安排妥当了。但第二天另一件意外又发生了，这个团的团长要离团，去陪母亲做礼拜。团长要求我陪他，而希望副经理继续跟团。这怎么行，怎么能让一个见习导游陪团长！副经理不答应。

于是，第二天，副经理带团长走了，剩下我一个人带团。要知道，那时候我还在实习，那天的行程是游颐和园，此前颐和园我虽然去过，但只是自己浏览，很多专有名词都不知道。现在，一团人扔给我，怎么讲啊？一路上，我拿着麦克风的手一直在抖，汗水顺着袖子一个劲地往下流，把我所能想起来的奇闻轶事都讲了。

第一天总算顺利地过去了，以后的几天也都平安无事。最让我感动的是，送团时，好几位客人围着我，感谢我这几天的服务，还拿出 750 元外汇和小礼物要送给我。那时候，导游人员是绝对不允许收小费的，所以 750 元外汇我上交领导了。客人送给我的两个小礼物，我同样上交了。团长送给我的他随身携带的《圣经》，我同样上交了。现在想想，那本《圣经》

真该留下，毕竟那是团长珍藏多年的，是他的一片心意，也是我第一次带团的珍贵回忆呀！

第四节　旅　游　饭　店

旅游饭店是旅游业的三大支柱行业之一。旅游饭店经营企业有很多不同的类型，叫法也不尽相同，包括宾馆、饭店、酒店、旅馆、旅社、度假村、度假营地等。尽管称谓不一样，但基本业务都是为不同类型的来访旅游者提供食宿接待业务。在我国，人们通常就称其为饭店、宾馆或酒店。在国家旅游局的文件中，规范使用饭店这一称谓。

一、旅游饭店的含义

饭店是指在功能要素和企业要素达到国家标准，能够为旅居客人及其他客人提供住宿、饮食、购物、娱乐等综合性服务的企业。

在国外，表示住宿设施的词汇有很多，如 hotel(饭店)、inn(客栈)、lodge(客店)、motel(汽车旅馆)等，其中最为重要的是"hotel"和"inn"。前者是指一切饭店，特别是那些标准化的住宿设施；而后者则多指那些传统的小旅馆，特别是指那些家庭式的住宿设施。在我国历史上，各个时期对商业性的住宿设施也有驿站、客舍、客馆等许多不同的称谓，在今天，又有旅店、旅馆、宾馆、饭店、酒店等不同的叫法。现代社会中，"hotel"一词已经成为大众化、标准化住宿设施的统称。

在我国，旅游饭店的称谓源于 20 世纪 80 年代以后。当时，出于改革开放的实际需要，来华入境的宾客多是以旅游者的身份办理签证，国家旅游局和技术监督局在确定饭店星级评定标准时，正式把具备接待外宾资格的饭店称为旅游涉外饭店，简称旅游饭店。旅游饭店是旅游者在旅游活动中生活居住的地方，而现代化的饭店往往是多功能、综合性的饭店，旅游者的食、住、购、娱四个方面的旅游基本需要在这里都可以得到较好的满足。因此，可以把旅游饭店解释为：凭借建筑物及相关服务设施，为旅游者的食、住、购、娱等旅游需要的满足提供产品和服务，并以此获得经济效益的旅游企业。

二、旅游饭店的发展历史

旅游和商务活动自古有之，饭店餐馆也应运而生。相传欧洲最初的食宿设施约始于古罗马时期，其发展进程经历了所谓古代客栈时期、大饭店时期、商业饭店时期等阶段，其间几经波折起落。第二次世界大战以后，欧美各地随着经济形势和旅游业的不断发展进入了新型饭店时期，并逐步形成了庞大独立的饭店行业。

（一）古代客栈时期

古代社会，为满足外出人们的吃、喝、睡等基本生存需要，千百年以前就出现了客栈和酒店。至中世纪后期，随着商业的发展，旅行和贸易兴起，外出的传教士、信徒、外交官吏、信使、商人等激增，对客栈的需求量随之大增。早期的英国客栈是人们聚会并相互交往、交流信息和落脚歇息的地方。最早的客栈设施简陋，仅提供基本食宿。到了 15 世纪，有些客栈已拥有 20~30 间客房，有些比较好的客栈还设有一个酒窖、一个食品室、一个厨房，为客人提供酒水和食品。还有一些客栈已开始注意周围环境状况，房屋前后辟有花园草坪，客栈内有宴会厅和舞厅等，开始向多功能发展。总的来看，当时的客栈声誉差，被认为是赖以糊口谋生的低级行业。客人在客栈内缺乏安全感，诸如抢劫之类的不法事情时有发生。

（二）大饭店时期

18 世纪后期，随着工业化的进程加快和民众消费水平的提高，为方便贵族度假者和上层人物以及公务旅行者，饭店业有了较大的发展。在纽约，1794 年建成的首都饭店，内有 73 套客房，这在当时无疑是颇具规模的。而堪称第一座现代化饭店的特里蒙特饭店于 1829 年在波士顿落成，为整个新兴的饭店行业确立了标准。该饭店不仅客房多，而且设施设备较为齐全，服务人员亦经过培训，客人有安全感。

19 世纪末 20 世纪初，美国出现了一些豪华饭店。这些饭店崇尚豪华和气派，布置高档的家具摆设，供应精美的食物。大饭店时期的饭店，规模大，设施豪华，服务正规，有一定的接待仪式，讲究一定规格的礼仪。

（三）商业饭店时期

20 世纪 20 年代，饭店业得到了迅速发展。美国的大中小城市，纷纷通过各种途径集资兴建现代饭店，而且汽车饭店也在美国各地涌现。到 20 世纪 30 年代，由于经济大萧条，旅游业面临危机，饭店业亦不可避免地陷入困境。在兴旺时期开业的饭店，几乎尽数倒闭，饭店业受到极大挫折。

商业饭店时期，汽车、火车、飞机等给交通带来很大便利，许多饭店设在城市中心，汽车饭店就设在公路边。这一时期的饭店，设施方便、舒适、清洁、安全。服务虽仍较为简单，但已日渐健全，经营方向开始以客人为中心，饭店的价格也趋向合理。

（四）现代新型饭店时期

第二次世界大战结束后，由于经济繁荣，人们手里有钱，交通工具十分便利，从而引起了对饭店需求的剧增，一度处于困境的饭店业又开始复苏。1950 年后开始出现世界范围的经济发展和人口增长，而工业化的进一步发展增加了人民大众的可支配收入，为外出旅游和享受饭店、餐馆服务创造了条件。至 20 世纪 50 年代末 60 年代初，旅游业和商务的发展趋势对传统饭店越来越不利，新型饭店大批量出现。现代新型饭店时期，饭店面向大众旅游市场，许多饭店设在城市中心和旅游胜地，大型汽车饭店设在公路边和机场附近。这个时期，饭店的规模不断扩大，类型多样化，开发了各种类型的住宿设施，服务向综合性方向发展。这一时期的饭店不但提供食、住，而且提供旅游、通信、商务、康乐、购物等多种服务，力求尽善尽美，饭店集团占据着越来越大的市场。

三、旅游饭店的类型

旅游饭店数量繁多，其分类也尚无统一的标准。国际上常见的分类方式有以下几种：

(一)根据饭店的等级分类

为使旅游饭店的管理和服务更加规范化和专业化，也为了便于旅游者的选择，国际上通常采用对旅游饭店进行等级评定的做法来反映饭店的硬件和软件水平。对饭店的等级分类主要有星级制和级差制两种。

星级制以星的多少来表示饭店的等级，一般分为五星、四星、三星、二星、一星共五个等级，以五星级为最高等级。星级制是国际上较为流行的表示饭店等级的方法，许多旅游发达国家采用这种方法。

级差制种类繁多，有分为 1~5 级的，有分为 1~4 级的，有分为 A、B、C、D、E 级的，还有分为豪华、舒适、经济、低廉级的。

(二)根据饭店的客源市场分类

根据饭店的客源市场，可将饭店分为商务型饭店、度假型饭店、会议型饭店、长住型饭店、汽车饭店、青年旅馆等。

1. 商务型饭店

商务型饭店主要是指为商务旅行者提供住宿、饮食和商业活动及有关设施的饭店。商务型饭店多位于城市中心和交通发达的地区。此类饭店设施齐全，服务项目较多，档次较高。为了满足商务所需，饭店应考虑完整的商业活动设施和通信系统，如各种规模的谈判室、传真机、投影仪等。此外还注重康乐中心、健身房和游泳池等设施，以满足客人的休闲需要。

2. 度假型饭店

度假型饭店主要是指为度假旅行者提供住宿、餐饮、娱乐和各种交际活动的饭店。度假型饭店多位于海滨、山城景区或温泉附近，交通比较便利。度假型饭店除了提供一般性饭店所应有的一切服务项目外，还具备多种娱乐设施，以满足客人休息、娱乐和健身等方面的需求。

3. 会议型饭店

会议型饭店主要是指为各种会议团体提供各种商业、贸易展览及科学讲座等会议服务的饭店。会议型饭店一般设在大都市、政治经济文化中心或交通便利的游览胜地。它要求饭店有较大的公共场所及会议设施，如大小规格不等的会议室、展览厅或多功能厅等。会议型饭店除具备相应的住宿和餐饮设施外，还必须配备会议设备，如投影仪、录放像设备、扩音设备，先进的通信、视听设备等。

4. 长住型饭店

长住型饭店(或称公寓型饭店)主要是为接待商务性客人和度假性客人及其家庭成员的饭店。这类饭店要求经常与常住客保持密切联系，客人先与饭店签订协议书或合同，写明居住时间和服务项目。有的常住型饭店提供正常的客房和餐饮服务，有的只提供住宿，而不提供餐饮服务。

5. 汽车饭店

汽车饭店一般设在公路旁，为自备汽车旅行的客人提供食宿等服务，有明显标记和专门供旅客停车的车库。20世纪50年代后期，汽车饭店有了较大的发展，形成了具有一定标准的汽车饭店，并逐渐打入城市周围和市内。它和一般饭店不同的地方在于其建有较大规模的停车场，价格便宜，一般采用自动化服务，设有商店和食堂。进入20世纪70年代后，汽车饭店不仅提供客房和餐饮服务，还提供洗衣服务、会议室、舞厅等其他饭店拥有的综合性服务。

6. 青年旅馆

青年旅馆主要接待外出旅游的学生和青年，设施简单统一，每层设公共浴室、盥洗室，以床位论价，收费低廉，有的设有自助餐厅、公共休息室等，方便年轻人生活、交友。

(三)根据饭店的规模大小分类

按国际标准和国内标准，饭店规模是依据所拥有的客房数量划分的，可将饭店分为大、中、小三类。一般大型饭店的客房数在500间以上，中型饭店的客房数为300~500间，小型饭店的客房数在300间以下。

(四)根据饭店的豪华程度分类

根据饭店的豪华程度，可将饭店分为豪华型饭店、高档饭店、中档饭店、经济型饭店等。

(五)根据饭店的经营方式分类

根据饭店的经营方式，可将饭店分为独立经营饭店、合资经营饭店、连锁经营饭店等。

四、旅游饭店的地位和作用

旅游饭店是旅游者外出进行旅游活动的"生活基地"，常被称为旅游者的"家外之家"，旅游者的基本生活需要在这里得到满足。旅游饭店业是旅游业的三大支柱之一，旅游饭店的发展程度直接影响到旅游业的发展程度。旅游饭店在旅游业中的地位和作用主要体现在以下几方面：

1. 旅游饭店是发展旅游业的重要物质基础

旅游业的综合性特点，决定了一个旅游地(国家或地区)要想进一步做大做强这个产业，就必须依赖于与旅游业相关的诸多行业。旅游饭店是旅游地旅游综合接待能力的重要构成要素，旅游饭店的规模大小、数量多少，直接反映了发展旅游业的物质基础条件，是衡量旅游地旅游接待能力的重要标志之一。具有特色和良好市场竞争力的知名饭店，不仅能吸引众多旅游者前来光顾，还可以被整合进入旅游产品，对旅游者的吸引力强度就更为突出。一般来说，凡是旅游业发达的国家，其饭店业也必将是较为发达的。

2. 旅游饭店是旅游业创收的重要部门

旅游饭店多功能多元化的发展方向和趋势决定了旅游饭店是增加旅游业收入的重要部门。旅游者在旅游饭店消费期间，不仅基础的饮食、住宿的旅游生活需要能得到很好满足，还能享受到文娱、购物、健身、订票等多种服务。这些服务项目增加了旅游饭店的收入，提高了整体经济效益，更使得旅游饭店业的收入在整个旅游业收入中所占的比重越来越大。据有关统计资料显示，在世界旅游业收入中，旅游饭店业收入通常占一半左右。旅游饭店经营的涉外性明显，直接向海外旅游者提供高档次的产品和服务，成为赚取外汇的重要场所。

3. 旅游饭店是解决劳动就业的重要部门

旅游饭店具有劳动密集型特点，可以比其他部门提供更多的就业机会。饭店的发展不仅可以创造直接就业机会，还会给农业、食品加工业和水、煤、电、气等行业带来间接的就业机会。

五、旅游饭店的发展趋势

(一)饭店集团化趋势

饭店集团是第二次世界大战以后逐渐发展起来的饭店经营方式，又称为饭店连锁或饭店联号，是指在一国或多国经营的，直接或间接控制两家以上的饭店，并以相同的店名、店徽，统一的管理程序、规章制度、操作规程和服务标准联合经营的企业集团。由于饭店集团在品牌号召力、经营管理、营销网络、成本控制、资本筹集、风险扩散等方面比独立经营的饭店更有优势，因此有更强的市场竞争力。饭店集团化将继续成为饭店发展的方向和趋势。

(二)饭店管理的专业化趋势

饭店经营管理涉及的内容多，如人力资源管理、财务管理、市场营销、客房管理、餐厅管理、前厅管理、日常事务管理、工程设备管理等，经营者需要具备多种能力，还要能熟练运用人际沟通技巧，因此，对饭店经营者的专业水平要求很高。已经很少有人能不经过专业培训或长期实践就成为饭店的经营管理者，一些有丰富经验的职业饭店经理人会成为饭店管理者中的骨干。

(三)经济型饭店的快速扩张

经济型饭店(budget hotel)是相对于传统的全服务饭店(full service hotel)而存在的一种饭店业态。一般认为，经济型饭店是指以大众旅行者和一般商务客人为主要服务对象，以客房为唯一产品或核心产品，价格适中(300元/晚以下)、服务标准的大众化饭店。

随着社会经济的发展，越来越多的人出远门住宿选择饭店，包括一般的商务人士、工薪阶层、普通自费旅游者和一些在校学生，他们更愿意选择服务项目单纯(住宿)、价格低的饭店，而不愿意选择服务项目齐全、服务质量上乘，但开支大的高档饭店，经济型饭店就是在这一背景下应运而生的。我国经济型饭店始于20世纪90年代中期，进入 21 世纪后，经济型饭店大量增加，其数量还将快速增长。

(四)服务产品的多元化、个性化和绿色化

服务产品的标准化和规范化一直是国际饭店追求的目标，经过多年的发展，饭店在标准化和规范化方面已有了长足的进步，但也带来了饭店产品同质化的倾向，不能满足市场多样化的需求。在激烈的市场竞争面前，追求产品的多元化和个性化将是今后饭店努力的方向。

饭店产品的另一个趋势是"绿色化"。它要求饭店以环境保护为出发点，将环境管理融入饭店的日常经营管理，为客人提供清洁卫生、符合人体安全和健康要求的产品，同时，在经营过程中节约能源、资源，减少排放，预防环境污染，不断提高产品质量。追求产品绿色化可降低企业成本，树立饭店良好形象，也体现了饭店管理者对环境的关注和对社区、对未来的负责。因此，绿色化也将成为饭店产品的一大趋势。

六、我国饭店星级评定

我国对涉外饭店的星级评定工作始于 1988 年。1988 年 8 月，国家旅游局发布《中华人民共和国评定旅游(涉外)饭店星级的规定》，这是我国第一部关于评定旅游(涉外)饭店星级的行政性法规，与此同时，国家旅游局制定了《中华人民共和国旅游(涉外)饭店星级标准》，这是我国第一个对旅游涉外饭店划分等级的国家标准。该标准对饭店的规模、装潢、设备、设施条件和维修保养状况、管理水平和服务质量的高低、服务项目的多寡等进行全方位的考核，综合平衡后按等级划分。目前，我国关于饭店星级评定的最新标准是《旅游饭店星级的划分与评定》(GB/T 14308—2010)。

国家文化和旅游部设饭店星级评定机构，负责全国涉外饭店星级评定领导工作，并具体负责评定全国三、四、五星级饭店。各省、自治区和直辖市文化和旅游局亦设评定机构，在国家文化和旅游部领导下，负责本地区涉外饭店的星级评定工作，并具体负责评定本地区内一星和二星级饭店，评定结果报国家文化和旅游部备案。对本地区内三星级饭店进行初评后，报国家文化和旅游部确认，并负责向国家文化和旅游部饭店星级评定机构推荐四星、五星级饭店。星评小组人员构成主要来自旅游行政主管部门、旅游院校和高星级宾馆。

星级分五个等级，一、二、三、四、五星级，五星级包含白金五星级，最低的是一星级，最高的是白金五星级，星级越高，表示旅游饭店的档次越高。星级以镀金五角星为符号，一至五颗星来表示一至五星级，五颗白金五角星表示白金五星级，预备星级作为对星级的补充，其等级与星级相同。

饭店开业一年后可申请星级，经星级评定机构评定批复后，可享有五年有效的星级及其标志使用权。开业不到一年的饭店可申请预备星级，有效期一年。每年星级评定委

员会将会对星级饭店进行复核，对不合格者予以摘星或降星处理。

第五节 旅 游 交 通

现代旅游活动的异地性使交通成为人们外出旅游的前提条件，它为旅游者顺利往返于出发地和旅游目的地以及各旅游景点提供了条件，因此，旅游交通的发达与否直接影响到旅游业的发展。可以说，旅游能成为现代人的一种生活方式并在全球范围内广泛开展，是现代化交通运输业发展的结果。"发展旅游，交通先行"，良好的交通条件自身也是一种有魅力的旅游资源。

一、旅游交通的概念和构成

(一)旅游交通的概念

旅游交通是为旅游者实现旅游目的而提供空间位移服务的经营活动的总称。广义的旅游交通是指以旅游、观光为目的的人、物、思想及信息的空间移动，它探讨的对象包括人、物、思想及信息。狭义的旅游交通则将讨论对象限定在人或物上，通常指旅游者为实现旅游，从出发地到目的地，以及在目的地进行游览再回到出发地，整个旅游活动过程所利用的各种交通运输方式的总和，包括各种交通设施以及与之相应的一切旅途服务。因此，旅游交通既是旅游者抵达旅游目的地的手段，同时也是在旅游目的地内活动往来的手段。

(二)旅游交通的构成

旅游交通的任务是帮助旅游者进行旅游活动中的空间转移。旅游者一次完整的旅游活动是分阶段进行的，旅游活动的各阶段就构成了旅游交通的几个层次。一般来说，旅游交通网络可分为三个层次。

第一个层次是外部交通，是旅游者往返于出发地和旅游目的地的交通，一般是跨省(区、市)或跨国的交通，属于中远距离的空间转移。因距离较远，交通方式主要是铁路、民航和公路运输。

第二个层次是中间交通，是旅游者从中心城市到旅游目的地景区的交通，一般距离较短，属于中短途距离的空间转移。交通方式主要是公路、铁路和水路运输，有时也包括航空运输。

第三个层次是内部交通，基本上是旅游者在旅游目的地的景区内各景点之间的空间转移。交通方式主要是汽车(观光车)和一些特殊交通运输方式，如索道、轿子、竹筏、马车、马、骆驼等。

例如，一个人从北京到四川的九寨沟旅游，从北京到成都(飞机或火车)间的交通是外部交通，从成都到九寨沟(汽车或飞机)的交通是中间交通，九寨沟景区内的环保车是内部交通。

二、旅游交通的特点

旅游交通是国民经济中整个交通运输业的重要组成部分，具有一般交通运输的共同要求，如安全性、计划性、及时性等。但由于旅游交通运输的服务对象是旅游者，旅游交通运输与一般的交通运输相比又具有一些自身的特点：

1. 舒适性

旅游交通与一般的交通运输相比，更加注重提高旅游者乘坐的舒适性。旅游专列无论在车厢设施、服务质量还是乘客定员、列车速度等各方面都优于一般旅客列车；旅游车船公司提供的交通运载工具，也是尽可能配有空调、音响、电视等；航空交通运载工具，也是以既舒适又安全的大中型客机为主。最为豪华舒适的旅游交通运载工具，当属巨型远洋游船，它们拥有星级客房、各式风味餐厅、购物中心和各种娱乐、健身设施，被称为"海上浮动的旅游胜地"。

2. 游览性

由于旅游交通运输的服务对象是旅游者，因此，旅游交通运输就应针对旅游者的特点，满足旅游者游览的实际需要，在线路编排上，尽量将沿途各景区、景点连接起来，组成一条完美的旅游线路，而不拘泥于传统的交通运输线。在时间安排上也以保证旅游者充分游览为前提，并不完全追求快捷。比如，近年来日益增加的旅游包机、旅游专列、旅游观光巴士等就是明显的例子。旅游交通运输的游览性还体现在一些独具特色的交通运输方式上，如骑马、骑骆驼、坐轿子、乘竹筏等仍然盛行于一些旅游地。这主要是因为，这些旅游交通运输方式能给旅游者带来新奇、惊险、愉悦等心理感受，是一般交通方式所不具备的。

3. 季节性

旅游活动的季节性决定了旅游交通带有明显的季节性特征，往往在旅游旺季或双休日时，交通客运量要比平时增加数倍。旅游交通的季节性变化，导致旅游旺季和旅游高峰时间内旅游交通的运力紧张，旅游淡季和低谷期间则出现旅游交通运力浪费。在国际上，实行季节性差价是保持旅游交通客运量相对稳定的常用措施之一。旺季和高峰期间提高交通票价，限制客流量，淡季和低谷期间适当降低票价，刺激客流量的增加，从而保持旅游交通客流量在全年各季节的相对均衡。

4. 不可存储性

一般市场商品今天卖不出去，还可储存起来今后再卖，而旅游交通商品却不能。今天的座位没能卖出，今天所能创造的价值就不能实现，因此，旅游交通商品具有不可储存性。

三、旅游交通的地位和作用

旅游和交通密不可分，交通推动旅游，旅游促进交通。旅游交通是旅游业发展的重要标志之一，现代化旅游的大发展必须依赖现代化的交通运输业。旅游交通在旅游业中的重要作用表现在以下几方面：

1. 旅游交通是旅游活动的必要条件

旅游的基本特征之一是存在空间位移，而要实现空间位移只能依赖于交通。旅游者从居住地到旅游目的地要依赖旅游交通，到达目的地后，旅游者要在旅游目的地各景点间旅游或在多个旅游目的地间往返，也要依赖旅游交通。旅游者游玩结束后回到居住地，同样要依赖旅游交通。总之，要实现旅游者"进得来、散得开、出得去"的目标，都要依赖旅游交通，没有旅游交通，就没有现代旅游。

2. 旅游交通是旅游业存在和发展的先决条件

现代旅游业发展必须凭借发达的现代交通运输业。旅游业是依赖旅游者的来访而生存和发展的产业。只有旅游者能够光临，旅游业的各类设施和服务才能真正发挥作用，才能真正产生综合效益。旅游交通决定着旅游地的可进入度，旅游交通不发达，就不可能有发达的旅游业。例如，一个国家航空交通运输系统的发展直接制约着国际旅游业的发展，我国在向世界旅游强国迈进的过程中，需要解决的一个突出问题就是发展民航交通运输。旅游交通运输是制约旅游业发展的"瓶颈"，只有交通发达、运力充足的旅游地，对旅游者才更具有吸引力，其旅游业的综合竞争实力才更强。

3. 旅游交通可以成为吸引旅游者的旅游资源

现代旅游交通工具的设计、开发和制造，都比较注重能给旅游者带来快捷、舒适和豪华的享受，有部分旅游交通工具可以成为吸引旅游者的旅游资源，如享誉欧洲、充满传奇色彩的东方列车，意大利水城威尼斯的小船，颇具地域文化和民族风情特色的乌篷船、羊皮筏、滑竿、轿子、牦牛、骆驼、狗拉雪橇，还有洋溢现代气息的波音787（梦想飞机）、空客A380（空中巨无霸）、热气球、飞艇、水翼船等，这些富有特色的旅游交通工具不仅能发挥交通运输的基本功能，而且能满足旅游者的求新、求奇、求险的需求心理，成为吸引旅游者的特殊的旅游资源。

4. 旅游交通是旅游业旅游收入的重要来源

对旅游者来说，交通支出是每次旅游互动必不可少的一项支出。据统计，旅游者旅游费用的 20%～40% 都用在了旅游交通方面。如果是长距离旅游，交通支出可能还会更高，往往是所有旅游支出中最大的一项支出。对旅游业来说，来自旅游交通的收入是所有旅游收入的重要组成部分，它构成了旅游业稳定和重要的收入来源。

5. 旅游网点的兴起和发展依赖于旅游交通

要开辟旅游景点、发展旅游业，发展旅游交通是关键。我国地域辽阔，旅游资源十分丰富。但有些地区由于交通闭塞，尽管风景优美，但难以吸引大批旅游者前往。有些地方，尽管也有交通运输，但由于交通工具和设施的相对落后，丰富的旅游资源得不到应有的利用。如我国的九寨沟、张家界等许多景区，都曾因交通落后而鲜为人知，而在改善了旅游交通条件之后，吸引了大量的旅游者前来旅游，才逐渐发展成为国内外知名的旅游胜地。现在我们国家还有一部分旅游景区，仍受制于旅游交通运输条件的困扰而没有得到更好的发展。

四、现代旅游交通运输的主要方式及优缺点

现代旅游交通运输包括公路运输、航空运输、铁路运输、水路运输和特种旅游交通五种交通运输方式。每一种交通运输方式各有特点。在选择旅游交通运输工具时，既要考虑到不同交通运输工具的优点和缺点，也要考虑到旅途的距离长短、时间是否充裕、是否能满足旅游行程的安排等因素。

（一）公路运输

公路运输是最主要的旅游交通运输方式之一，是最重要的中短途客运方式。

1. 公路运输的优点

公路运输是最普遍、最重要的短途运输方式，也是联系各种运输方式、构成综合运输网不可缺少的部分，该方式所占比重高达 66%～69%。公路运输具有从户到户、灵活性大、适应性强、欣赏风景视野良好等优点，还可以提供运输过程中的娱乐活动。它甚至可以以娱乐车、住宿车、拖车活动屋的形式提供住宿设施，是比较完美的交通运输方式。对于旅游者来说，公路运输的吸引力在于：

（1）对路线和中途停车点的控制。

（2）对出发时间的控制。

（3）携带行李的数量和设备的便利性。

（4）所使用的交通工具能提供住宿设施。

（5）隐私权。

（6）到达目的地后能自由使用汽车。

2. 公路运输的缺点

公路运输也具有一些不足之处，如速度不如飞机快，消耗能量较大，运载量较小，相对费用较高，安全性能较差，排出的尾气对大气和环境易造成污染，使城市交通拥挤等。

（二）航空运输

飞机是远程旅游中最主要的运载工具，也是现有主要的旅游交通运输方式中最新的方式。一个国家或地区航空运输的能力和机场的吞吐量，往往能反映该地国际旅游业的发展水平。目前，航空运输分为定期航班服务和旅游包机服务。定期航班服务是民航按照已对外公布的航班时刻表飞行的服务；旅游包机服务是一种不定期的航空包机服务，可按照旅行社的要求安排时间和路线。

1. 航空运输的优点

航空运输方式在远距离国际国内旅游中处于绝对的垄断地位。其优势在于快捷、舒适、安全、灵活，航线的开辟不受沿地面的各种天然或人为障碍的限制。对于旅游者来说，航空运输的吸引力在于以下几个方面：

（1）定期航班能提供安全、便利、可靠、定时和消费者导向的交通服务。

（2）航空运输快速、灵活，能在最短的时间内完成旅游者的转移，旅游者可以快速抵达目的地。世界上任何两个地方之间都可以在 24 小时之内抵达，旅游者在路途中花费的时间很少。

（3）航空运输的地面和机场设备都比其他交通方式更先进和复杂，机上服务的质量和舒适性较好。

（4）航空公司常有一些奖励忠实旅游者的措施。

2. 航空运输的缺点

航空运输的缺点主要表现在它只能完成从点到点的旅行，而不能展开地面上的旅行。因此，它必须同其他交通运输工具相配合，才能提供完整的旅游交通服务。航空运输票价高，空港占地面积大，用地条件高，飞机起落噪声污染严重，机场要建在远离市中心的地区。同时，航空运输存在着最小飞行距离的限制，在空中直接距离 200 千米定为开办航线的最小经济半径，易受天气条件制约。

（三）铁路运输

铁路运输是最重要的旅游交通运输方式之一。

1. 铁路运输的优点

铁路运输具有客运量大、票价低、受气候变化影响小、安全正点、连续性强、环境污染小、受气候因素影响小等优点，是我国国内长距离旅游运输的骨干。对于旅游者来说，铁路运输的吸引力在于：

（1）安全。

（2）能看到车外的风景和路线。

（3）能在车厢内来回走动。

（4）休息方便，能轻松地到达目的地。

（5）个人的舒适性。

（6）火车站一般位于市中心。

（7）环境保护型的交通模式。

（8）不拥挤的交通路线。

（9）票价低廉。

2. 铁路运输的缺点

铁路运输的不足之处是灵活性差、线路建设投资大、耗用材料多、建设周期长、受地区经济和地理条件限制等。近几年来，铁路的几次提速以及灵活地增设旅游专列，使铁路运输在旅游交通运输中显示出强大的竞争力。

（四）水路运输

水路运输一般包括内河航运、沿海航运和国际航海运输等类型，其运输工具通常有普通客轮、豪华客轮、客货混装船和气垫船等。每种客轮又分别设有不同等级的舱位供不同要求的乘客选用。

1. 水路运输的优点

（1）客轮的客舱空间往往较大，生活设施齐全，让人有悠闲舒适之感。尤其是一些大型的游船（又称邮轮），通常船体庞大，设备齐全，设施高档，休闲娱乐设施完备，适宜休闲度假。

(2)客运量大，价格较低。

(3)沿途可观两岸风光。

(4)其独特的水上航行的方式，能给旅游者一定的新鲜感。

2. 水路运输的缺点

水路运输受天气和水情的影响，准时性较差；受航道的影响，灵活性差。

(五)特种旅游交通

特种旅游交通是指除航空、铁路、公路、水路这些常规的交通方式外，为满足旅游者的某些特殊需要而产生的对旅游交通起补充作用的交通运输方式。这种交通运输方式往往既可满足旅游者实现位移的需要，又可起到观赏、游乐的作用。

1. 特种旅游交通的类型

(1)为规范景区车辆管理、满足景区环保的要求而安排的专门交通工具，如观光车、电瓶车、渡船等。

(2)在景区的特殊地段，为节省游客的体力，保障旅游者安全而设置的交通工具，如缆车、索道等。

(3)带有游览、体验、娱乐、探奇性质的交通工具，如直升机、热气球、游船、竹筏、快艇、气垫船、独木舟、橡皮艇、羊皮筏子、乌篷船、溜索、轿子、马车、马、骆驼、驴子、大象、雪橇等。

2. 我国特种旅游交通的分布

在多种多样的特种旅游交通中，有的特种交通具有普适性的特点，其地域特征不明显，如观光车、索道、快艇等。但多数的特种旅游交通是一个地方独特的自然地理环境和人文历史环境的产物，具有明显的地域文化特征。其分布具有下列特点：

(1)地处偏远的少数民族地区较多地保留了适应当地自然、人文条件的特种交通方式，特种旅游交通资源丰富。

(2)北方少数民族地区历来以畜牧业为主，畜力资源丰富，以使用畜力为主的特种旅游交通最为丰富，如雪橇、马、骆驼等。

(3)西南少数民族地区位于热带、亚热带湿润区，地形以山地高原为主，其特种交通以种类繁多的轿为特色。

(4)江南地区地处水乡，河网密布，其特种旅游交通以各类渡船为特色，如乌篷船、竹筏、独木舟等。

第六节 旅 游 景 区

一、旅游景区的概念和特点

(一)旅游景区的概念

旅游景区是指具有吸引国内外旅游者前往游览的明确的区域场所，能够满足旅游者游览观光、消遣娱乐、康体健身、求知等旅游需求，应具备相应的旅游服务设施并提供相应的旅游服务的独立管理区。旅游景区应有统一的经营管理机构和明确的地域范围，包括风景区、文博院馆、寺庙观堂、旅游度假区、自然保护区、主题公园、森林公园、地质公园、游乐园、动物园、植物园及工业、农业、经贸、科教、军事、体育、文化艺术、学习等各类旅游景区。

与旅游景区相关的另一个概念是旅游景点。旅游景点是专为来访者参观、游览而设立和管理的长久性休闲活动场所。旅游景点一般包含在旅游景区内，是旅游景区的组成部分。但"景点"这个词的含义是很广的，可以大到一个区，也可以小到一座建筑，因此，"旅游景区"往往与"旅游景点"通用。

(二)旅游景区的特点

1. 专用性

只有那些专门开辟出来供游人参观、游览或开展其他休闲活动的区域，才能称为旅游景区，因此旅游景区具有专用性。那些临时供游人参观的工厂、学校、乡村等不是旅游景区。

2. 长久性

旅游景区必须有长期固定的场址。那些临时举办的展览、娱乐活动、流动演出及民间盛会等可能具有游览、休闲的专用性，但不具有长久性，因此也不构成旅游景区。

3. 可控性

旅游景区应有统一的经营管理机构和明确的地域范围，必须能够对游人的出入进行有效的控制(不一定体现为购票收费)，否则，只能是一般的公众活动区域，而不是旅游景区。

二、旅游景区的类型

我国通常按照不同的部门管理，对我国的公共资源类旅游景区进行如下划分：

(一) 风景名胜区

风景名胜区，是指具有观赏、文化或者科学价值，自然景观、人文景观比较集中，环境优美，可供人们游览或者进行科学、文化活动的区域。

我国的风景名胜区划分为两级：国家级风景名胜区和省级风景名胜区。国家对风景名胜区实行科学规划、统一管理、严格保护、永续利用的原则。

风景名胜资源是大自然造化之精华，是人类祖先留下的珍贵的历史文化遗产。对风景名胜旅游资源应当严格保护，不得破坏或者随意改变，以利于风景名胜区的可持续利用。加强对风景名胜区的保护，一是有赖于法律法规的强制性规定；二是要求风景名胜区管理机构建立健全风景名胜资源保护的各项管理制度；三是应加强对区内的居民和游览者的教育，使他们自觉保护风景名胜区的景物、水体、林草植被、野生动物和各项设施。

(二) 自然保护区

自然保护区，是指具有典型特殊的自然生态系统或自然综合体(如珍稀动植物的集中栖息或分布区、重要的自然景观区、水源涵养区、具有特殊意义的自然地质建造和重要的自然遗产和人文古迹等)以及其他为了科研、监测、教育、文化娱乐目的而划分出的保护地域的总称，由环保部门归口管理。

1956 年，我国在广东肇庆建立了第一个自然保护区——鼎湖山自然保护区。此后，我国陆续建立了一批不同类型、不同级别的自然保护区。1994 年 10 月 9 日，国务院颁布了《中华人民共和国自然保护区条例》，该条例于 1994 年 12 月 1 日起实施，标志着我国对自然保护区的建设和管理走上了法制化的道路。根据规定，我国的自然保护区分为国家级自然保护区和地方级自然保护区。

自然保护区内部分为核心区、缓冲区和试验区。旅游者只能进入试验区，而缓冲区和核心区禁止旅游者进入。在自然保护区组织参观、旅游活动的，必须按照批准的方案进行，并加强管理。进入自然保护区参观、旅游的单位和个人，应当服从自然保护区管理机构的管理，严禁开设与自然保护区保护方向不一致的参观、旅游项目。

(三) 森林公园

森林公园，是指以良好森林环境为主题，充分利用生物的多样性、多功能，经科学保护和适度开发，成为适应旅游者度假、休息、健身、科学教育和文化娱乐的场所。它由林业部门归口管理。截至 2015 年年底，全国共建森林公园 3234 处，国家级森林公园 826 处。国家级森林旅游区 1 处，省级森林公园 1402 处。2019 年 2 月，我国新增 11 处国家森林公园，至此，我国国家级森林公园达 897 处。这些森林公园以其优美的自然景观和优良的生态环境，成为城乡居民休闲、度假、健身的重要场所。

（四）地质公园

地质公园，是指具有特殊地质意义、珍奇或秀丽特征的自然保护区，这些特征是该地区地质历史、地质事件和形成过程的典型代表。国家地质公园由国土资源部门归口管理，目前处于形成期，包括旅游中的山水名胜、自然风光等自然遗迹，也包括在晚近地质历史时期人类形成过程中，人类与地质体相互作用和人类开发利用地质环境、地质资源的遗迹以及地质灾害遗迹等。

中国地域辽阔，地质地理条件复杂，神奇的大自然创造了许多独特的地质遗迹景观。到 2014 年 1 月，我国已有 240 处国际地质公园，并有 29 处地质公园列入联合国教科文组织世界地质公园网络名录，数量居世界第一位。2019 年 4 月，我国政府推荐申报的安徽九华山和山东沂蒙山地质公园入选世界地质公园，中国世界地质公园总数升至 39 处，占世界总数的 1/4，居世界第一。

（五）水利风景区

水利风景区，是指利用水利部门管理范围内的水域、水利工程及水文化景观开展旅游、娱乐、度假或进行科学、文化、教育活动的场所。具体景物包括江、河、湖、库、渠、池等天然或人工形成的具有旅游价值的水域及所属岛屿、海滩、岸地，堤防、水利枢纽、渠闸、水电站等工程建筑，水文化遗迹等景观，区内的其他自然景观、人文景观等。截至 2018 年 12 月，全国已有 878 个国家水利风景区，2000 多个水利风景区达到省级标准。

（六）主题公园

主题公园，是指一种以游乐为目标的模拟景观的呈现，它的最大特点是赋予游乐形式以某种主题，并围绕既定主题来营造游乐的内容与形式。

1955 年 7 月，迪士尼乐园（Disney Land）在美国加利福尼亚州诞生，从此，主题公园作为一种概念化的旅游形态很快获得了人们的认同和接受，并逐渐渗透到全世界。我国的主题公园在 20 世纪 80 年代以后获得快速发展，1989 年 9 月建成开园的深圳锦绣中华成为中国主题公园建设的里程碑。此后，大大小小的主题公园如雨后春笋般出现。但由于主题公园初期投资较大，维护成本较高，需要有优越的地理位置和强大的客源市场作为支撑，因此，主题公园的建设应谨慎。

第七节   旅 游 娱 乐

旅游娱乐业是向旅游者提供资源型产品以满足其在目的地的消遣娱乐需求的行业。旅游娱乐业所经营的产品属于资源型旅游产品,但大多是人为生产出来的。这些产品的消费过程往往是旅游者和产品的各构成要素结合的过程,因此是参与性很强的产品。通常,这些产品都以设施的形式展示在消费者面前。

一、旅游娱乐业在旅游业中的作用

1. 满足旅游者的高层次需求

传统的旅游只是静态的景物观赏,属于旅游需求的基本层次。随着社会的发展,人们的旅游需求日益多样化,旅游产品正由静态的景物观赏向动态参与的方向发展,除了基本的需求外还有提高层次的需求,特别是娱乐的需求。

旅游观赏是旅游活动产生的重要原因,观赏、欣赏作为旅游活动的组成部分,只能是旅游活动的基本内容。旅游娱乐项目的开发,极大地影响了旅游者的兴趣,满足了旅游者更多的旅游需求,使得整个旅游活动更加丰富,形式更加多样。

2. 增强旅游资源的吸引力

旅游娱乐项目作为旅游活动的一部分,是对旅游欣赏层次的补充和提高。对旅游产品结构的改善,能够大大增强旅游资源的吸引力,提高旅游产品和整个旅游地的竞争力。

3. 提高旅游业的经济效益

旅游娱乐项目主要是为了满足旅游者除了观赏之外的旅游需求,具有很高的娱乐性,对于当地的居民也有一定吸引力。尤其是当旅游淡季时,吸引当地居民参与其中,可以创造旅游效益,平衡收支。

4. 提高旅游地旅游形象

旅游娱乐项目的引进,在一段时间内具有一定的资源垄断性,其宣传和影响可以促进外界对旅游地的了解,从而改善和提高旅游地的旅游形象。

5. 丰富当地的文化娱乐生活

当地居民参与旅游娱乐活动，使旅游娱乐成为当地居民生活的一部分。这样可以提高旅游地居民的素质和生活水平，丰富当地居民的文化和娱乐生活，使得娱乐活动成为社区文化的组成部分。

二、娱乐设施的分类

（一）按娱乐设施的空间位置划分

按设施的空间位置不同，可将旅游娱乐分为室内娱乐产品和室外娱乐产品。

1. 室内娱乐产品

室内娱乐产品包括各种形式的俱乐部、舞场、保龄球室、室内游泳池、文娱室和健身房等。

2. 室外娱乐产品

室外娱乐产品包括游乐园、靶场、高尔夫球场、海水浴场和滑雪场等。

（二）按娱乐设施的活动项目划分

按娱乐设施的活动项目，可将旅游娱乐设施划分为单项旅游娱乐产品和综合旅游娱乐产品。

1. 单项旅游娱乐产品

单项的旅游娱乐产品仅满足旅游者一方面的需求。如现代主题公园中常见的激流勇进、天旋地转、太空梭、过山车、四维电影等娱乐活动类型。

2. 综合旅游娱乐产品

综合的娱乐产品是多种旅游娱乐项目的汇总，如游乐园。目前很多主题公园都推出一些综合性的娱乐产品，如苏州乐园、深圳的欢乐谷主题公园等。

（三）按娱乐设施的功能划分

根据功能不同，可将娱乐设施分为三类，即康体类娱乐产品、消闲类娱乐产品和娱乐类娱乐产品。

第八节　旅　游　购　物

旅游业是一个由吃、住、行、游、娱、购等多种要素组成的综合性产业，其中旅游购物业是整个旅游产业链中十分重要的环节，在整个旅游行业中占据重要地位。旅游购物不仅是旅游者消费支出中的重要组成部分，也是旅游目的地国家或地区旅游创汇和旅游收入的重要来源。

一、旅游购物业的含义

旅游购物业，是指提供各种旅游购物品供旅游者购买的产业。旅游购物品也被称为旅游商品，是指旅游者在旅游活动中所购买的产品。旅游购物品也被称为旅游商品，是指旅游者在旅游活动中所购买的以物质形态存在的实物，如各种工艺美术品、土特产品、文化艺术品等。

二、旅游购物品的类型

旅游购物品种类繁杂，有些购物品和当地消费者购买的商品基本相同，很难严格区分开。但是旅游购物品比一般商品更具纪念意义，在此我们可以对其进行简单的类型划分，具体包括以下几类：

1. 文化艺术品

文化艺术品包括书画、古玩、拓片仿古书画、古董复制品、古籍影印本以及文房四宝、乐器等。一般仿制品也颇受旅游者欢迎，如西安的仿制兵马俑、洛阳的仿制唐三彩马等。文房四宝以安徽的宣纸、浙江的湖笔、徽州的徽墨、广东肇庆的端砚最负盛名。

2. 工艺美术品

工艺美术品，是指经过装饰加工，具有传统工艺和地方特色的购物品。它具有实用性和欣赏性的双重功能，品种多，地方特色浓厚，很受游客欢迎。我国工艺美术品历史悠久，技艺精良，许多工艺品驰名中外，如景德镇的瓷器、北京的景泰蓝、杭州的丝绸等。

3. 风味土特产

风味土特产包括各种有地方特色的名酒、名茶、风味小吃(有特别包装，能随身携带)、药材和其他农副产品。

4. 名贵饰品

名贵饰品指金银、宝石等制作的饰品，如项链、戒指、手链、手镯、耳环等。

5. 特色服装

特色服装包括具有地方特色的丝绸制品、棉毛制品、呢绒制品和皮革制品。如旅游接待地款式别致的民族服装和民族装饰品，也包括滑冰、滑雪、登山、游泳等康体活动所需的服装。

6. 旅游纪念品

各种各样的旅游购物品，凡标上产地地名，或用产地的事物特征作商标的（如带有黄山、泰山、庐山、峨眉山等名山标记的手杖等），都属于有纪念性的旅游购物品。还有一种专门为纪念著名旅游景点、文物或特定事件而生产的旅游纪念性购物品，如北京以围绕奥运会吉祥物"福娃"为题材生产的各种纪念品。

7. 其他商品

其他商品有免税商店里出售的来自世界各国，特别是工农业发达国家的特色商品，如日本的家用电器、摄影器材，法国的名酒、香水，意大利的皮革制品，澳大利亚的毛织品，南非的钻石，南美洲的咖啡等。

三、旅游购物业的作用

1. 增加旅游业收入

旅游购物业在整个旅游行业中占据重要地位，是整个旅游产业链中十分重要的环节。旅游购物不仅是旅游者消费支出中的重要组成部分，也是旅游目的地国家或地区旅游创汇和旅游收入的重要来源。目前，世界旅游业发达国家旅游购物收入占旅游业总收入的50%左右，我国的旅游发达城市也基本达到了这个水平。可见，发展旅游购物业是提高旅游地综合经济效益的必然选择。近年来，我国主要客源国的购物比例普遍上升，所购旅游商品的种类也趋于多元化。

2. 满足旅游者的购物需求

旅游购物品不仅具有实用价值，还具有纪念和欣赏价值，满足了旅游者物质上和精神上的需求，提升了旅游的质量。因此，旅游购物是旅游者旅游过程中的重要组成部分，多数旅游者会在游程当中购买一些风物特产、工艺美术品等，或自用，或留作纪念，或馈赠亲友。一部分旅游者还把购物当作旅游的一大目的，一些旅行社还适时推出了购物旅游产品，以满足旅游者的这一需求。

3. 扩大就业机会，带动相关产业发展

旅游购物品的生产和销售都需要大量的劳动力，旅游购物业的发展必然会提供更多的工作岗位，扩大就业机会。此外，旅游购物业的发展需要当地其他产业的配合，因此，旅游购物业的发展将与当地其他产业形成良性互动，共同发展。

4. 提供商品和市场信息，有利于发展出口贸易和丰富国内市场

旅游商店多在交通便利、游客集中的地方，商店展示的商品起着一种"宣传橱窗"的作用。来自不同国家和地区的旅游者对这些商品进行挑选，他们的购物动向和频率反映各地和世界各国市场的变化情况和发展趋势。因此，旅游商品的销售情况一定程度上反映了这一商品被社会接受的情况，在旅游者中畅销的商品就有可能在旅游客源地大批量销售，从而丰富国内市场，并有针对性地发展出口贸易。

5. 有助于挖掘传统手工艺

旅游者喜欢的旅游购物品很多是有地方特色的传统手工艺品和土特产品，这能有效地带动当地特色手工艺品的生产和销售，既满足了旅游者的需求，又可挖掘当地的传统手工艺，使之更好地生存和发展，对于传统手工艺文化的传承具有重要意义。

6. 传播了旅游目的地形象

很多旅游购物品都带有旅游目的地的文化因素，随着旅游购物品的生产和销售，旅游者的购买、馈赠，旅游购物品的文化内涵得以传播，这在一定程度上传播了旅游目的地形象。

四、我国旅游购物业的现状

购物是旅游者在旅游过程中重要的体验和消费活动，是旅游目的地旅游收入的重要来源。据不完全统计，在旅游发达国家，旅游购物在旅游收入中的占比普遍达到 40%～60%，而在我国无该项数据的准确估计，业内专家估计占比为 10%～15%。截至 2016 年 3 月，作为旅游较发达地区，江苏该项比例为 23%，大多数旅游地区该项比例不超过 20%。目前，我国旅游商品的种类和样式日渐丰富，技术含量不断提高，已初步形成了以旅游纪念品、土特产品、实用工艺品等为主体的旅游购物品结构。

但旅游购物业中存在的问题也不容忽视。在生产环节上，目前我国的旅游商品生产总体上仍处在初步发展阶段。旅游商品缺乏特色，花色单一，品种单调，以生产旅游日用品、工艺品的居多。生产企业以中小厂家为主，大企业很少，旅游商品的技术水平仍然较低，文化含量不高。旅游商品的设计、生产和销售各个环节结合不紧密。在旅游业中，旅游购物这个颇具特色和吸引力的活动常常被误用和错用，沦为"陷阱"。虽然各地采取不少措施，但这个问题仍旧存在，一定程度上影响了旅游购物业的形象。

五、旅游购物品的开发设计

要生产有魅力的旅游购物品，需要对其进行精心的开发设计。在设计时应立足于现有资源，以旅游者的心理、消费需求和时尚潮流为依据，以满足旅游市场需求为目标，创造出构思精巧、个性鲜明、独树一帜的旅游商品。

旅游购物品的设计应注意以下几点：

(1)满足多层次旅游者的需要。

(2)突出特色。

(3)突出商品的效用。

(4)要有品牌意识。

☞ 课后思考与训练

1. 旅游业的性质和特点是什么？

2. 旅行社在旅游业中有哪些作用？

3. 世界饭店的发展大体经历了哪几个阶段？

4. 旅游交通运输可分为哪些层次？

5. 旅游购物业有什么作用？

第六章
旅游业的综合影响

第一节　旅游业对经济的影响

一、旅游业可成为一个国家或地区的支柱产业

支柱产业就是能支撑国民经济发展的产业。一般认为，一个产业的产值超过社会全部产值的5%，就可将其视为支柱产业（世界旅游组织也有类似标准）。如目前的山西、湖南、黑龙江、上海等国内众多省市，旅游产值都已达到社会全部产值的5%以上，而浙江、青岛等地，旅游产值已达到当地GDP的10%以上，旅游业在这些地区都可视为当地的支柱产业之一。另外，中国还有20多个省、市、自治区已明确将旅游业列为本地区的支柱产业。

世界上有很多国家，如卢森堡、法国、西班牙、新加坡等，其旅游收入占国民总收入相当大的比例。日本政府于2003年首次将"旅游立国"列入其社会与经济发展的战略性国策。

在中国，旅游业增加值已占到GDP的4%以上（根据国家统计局统计数据，2016年国家旅游及相关产业增加值为32979亿元，比2015年增长了9.9%，占GDP的比重为4.44%），虽然尚未达到5%，但国家已确定将其"培育"成支柱产业。继1998年中央经济工作会议正式确定将旅游业列为国民经济新的增长点以后，2009年，国务院在《关于加快发展旅游业的意见》中，首次提出要把旅游业培育成"国民经济的战略性支柱产业和人民群众更加满意的现代服务业"，充分体现了旅游业在中国经济和社会发展中的重要地位和作用。

二、旅游业可以带动其他产业的发展

旅游业是一个关联性很强的产业。旅游业的建设和发展，要以许多部门和产业为依托；同时，旅游产业的发展又能拓展许多部门和产业的业务内容，从而促进和带动相关部门和产业的发展，如金融业、建筑业、轻工业、农业、交通业、房地产业等。

国家统计局发布的旅游卫星账户资料表明，与旅游业相关的行业超过110个，旅游

业对住宿业的贡献率超过 90%，对民航、铁路客运业的贡献率超过 80%，对文化娱乐业的贡献率超过 50%，对餐饮业和商品零售业的贡献率超过 40%，如图 6-1 所示。

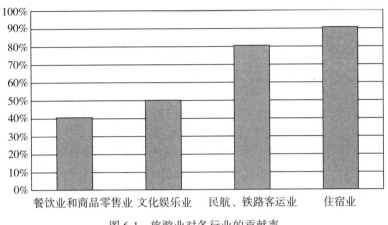

图 6-1 旅游业对各行业的贡献率

三、旅游业可以增加外汇收入，平衡国际收支

由于国际旅游是不同国家间的旅游活动，随着旅游者从一国到达另一国，一国的货币也就随之到达另一国。一般来讲，旅游者到另一国家后，就必须将本国的货币兑换成目的地国家的货币，才能流通。例如，一位美国的旅游者前往中国旅游，在抵达中国后，就需要在货币兑换处将美元兑换成人民币，然后用人民币来支付旅游活动中的各种花费。这样，就形成不同国家的外汇的流出和流入。由于发展国际旅游业可以获得外汇收入，因此，国际旅游业受到各国的重视，有的国家把旅游作为获得外汇的重要渠道，有些国家的旅游外汇收入已成为该国外汇收入的主要来源。

改革开放以来，旅游业为中国创造了大量外汇收入，从 1978 年的 2.63 亿美元，增加到 2015 年的 1136.5 亿美元，增长了 400 多倍（见图 6-2），对于平衡中国的国际收支，支持国家建设和经济的发展，起到了巨大的作用。

随着经济的高速发展，中国的国际贸易已出现巨额顺差，成为全球外汇储备最多的国家之一，人民币面临升值的巨大压力。但与此同时，随着对外开放的加大，出境旅游的爆炸式发展，中国国际旅游中出境旅游的外汇支出远远高于入境旅游的外汇收入，已经出现了巨额逆差，这对新时期平衡国际收支，缓解人民币升值压力，起到了积极的作用。

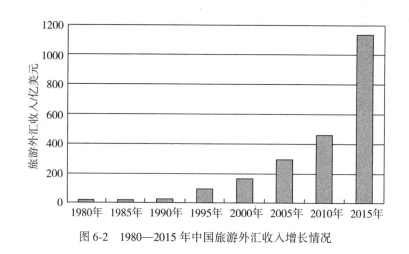

图 6-2　1980—2015 年中国旅游外汇收入增长情况

四、旅游业可以增加国家财政收入

旅游企业通过为旅游者提供服务而取得收入，进而将其中的一部分以增值税和所得税的形式上缴国家和地方政府，形成国家财政收入。因此，旅游业发展规模越大，旅游收入越大，国家财政收入水平也就越高。

旅游业对国家财政收入的贡献，不仅来自直接从事旅游产品生产的旅游企业，还应包括非旅游产业中间接从事旅游业务的或为旅游者提供服务的企业，加上这部分企业的应上缴税额，国家就会有更多的财政收入。

五、旅游业可以促进地方经济的发展

旅游业促进地方经济发展的情况在国内外屡见不鲜。旅游业的发展要凭借旅游资源，对于具有旅游资源的地区来说，改善交通状况，发展旅游业，会对该地区的经济发展产生巨大的推动作用。

在中国，对那些经济较为落后、交通较为不便、信息较为闭塞的地区，国家会有意识、有计划地在那里发展旅游业，以旅游业的发展来带动其他产业的发展，全面促进这些地方的经济社会的发展。改革开放 40 多年来，通过发展旅游来促进地方经济发展的例子越来越多，不仅各级政府大力支持一些地方通过发展旅游来发展地方经济，而且当地人民随着认识的提高和旅游意识的增强，也都纷纷行动起来，利用本地可资利用的旅游资源，通过发展旅游业致富。例如，陕西省咸阳市礼泉县袁家庄村利用关中文化和美食，发展旅游业，每年收入 10 多亿元，成为靠发展乡村旅游致富的典范。

六、旅游业可以促进对外开放和扩大经济交流

实行对外开放，可以促进旅游业的发展；旅游业的发展，反过来又可以推动对外开放。二者是相互促进、相辅相成的。

在 20 世纪 80 年代初，中国旅游发展的重要标志就是在一些重点旅游城市兴建一大批旅游涉外饭店。1982 年后，中国第一批较大型的旅游饭店相继在全国重点旅游城市建成并投入使用。自此，迅速提高了对入境客人的接待能力，这就为中国对外开放奠定了初步的基础。

在中国兴建旅游饭店的过程中，利用了外资，旅游业也因此成为我国外商最早进行投资的行业之一。旅游对外接待能力的提高，使中国有条件举办大型的对外经济交流活动。在每年两届的"广交会"期间，广州各大小旅游饭店爆满，各大公园、旅游地游人络绎不绝。每届交易会的成功，都有着广州旅游业的一份功劳。此后，随着对外开放的深入发展及与世界的交往日益增多，除广州之外，全国许多城市和地区都在接连不断地举行各种各样的经济洽谈会、招商会、经贸促销会等。经济交往名目繁多，节庆活动连绵不断，诸如服装节、风筝节、武术节、古文艺术节、葡萄节、石榴节、熊猫节、冰灯节、啤酒节、戏剧节、电影节、无伴奏合唱节、民族歌舞节等。这些节庆之日，往往也就是举行大规模经贸洽谈会之时，说明了旅游在扩大对外开放、促进经济交流中的重要作用。

对外开放实际上存在着两种方式：一种是一个国家的对外开放，当然也包括一个国家中的不同地区、不同行业、不同部门的对外开放，开放的对象和领域是国外或境外；另一种是一个国家内某地区对其他地区的开放，开放的对象和领域是国内其他的地区。跨地区的旅游活动，实现了不同地区的经济交往，形成和发展了各地区之间的经济联系和经济关系。不同地区之间旅游者的交流，带来了不同地区之间的货币流、商品流、信息流、人才流，所有这些，对各地区的对外开放起到了很大的促进作用。

七、旅游业有助于消除国家或地区之间的贫富差距

旅游者一般从发达国家或地区流向不发达国家或地区。发达国家由于其经济发展水平比较高，因而在国际旅游业中扮演着旅游输出国的角色，而发展中国家则在国际旅游业中扮演着旅游接待国的角色，通过为来自发达国家和地区的旅游者提供旅游服务而获取大量外汇旅游收入，从而有助于消除发达国家和发展中国家之间日益扩大的经济差距，并逐步加快发展中国家经济、社会发展的速度。

第二节 旅游业对社会的影响

《 案 例 》

6万人接待2000万旅游者：旅游对威尼斯居民的影响

　　每逢旅游旺季，意大利国内外大量旅游者蜂拥而至，令不少威尼斯居民不得不离城退避。有统计数据显示，自从20世纪50年代中期以来，威尼斯的常住人口持续下降，到目前只剩6万人左右。而这个小城每年却要接待2000万旅游者。选择留下来的居民必须忍受旅游业太兴旺所带来的各种生活不便，其中包括街头杂货铺消失、学校关闭、各种日常生活必需的商铺和服务机构纷纷被比萨店和专门接待旅游者的餐馆所取代。此外，威尼斯的物价也在迅速上涨，一切物品和食品都变得很贵，连威尼斯人唯一的公共交通工具——运河上载客的交通汽艇，也变得拥挤不堪。

发展旅游业不仅会对一个国家和地区的经济产生重大影响，还会对社会和文化产生多方面的影响。

一、旅游业对社会的积极影响

(一)旅游业可以扩大社会就业

在世界范围内，旅游业已成为全球规模最大、就业人数最多的行业。世界旅游理事会(WTTC)调查表明，旅游业为全球近3亿人提供了就业机会，约占世界就业人口总数的10%。

就中国而言，2017年，中国旅游就业人数已达8000万人(其中直接就业人数约2825万人)，约占全国就业总数的10.28%。特别在解决中国少数民族地区居民、下岗职工、大学毕业生首次就业者等特定人群就业方面，旅游业发挥着重要作用。

旅游业的就业分为三个层次：一是旅游核心产业就业，如旅游住宿、旅行社、景区、旅游车船公司等；二是旅游特征产业就业，如和旅游密切相关的餐饮、娱乐、交通等；三是旅游相关产业就业，如旅游拉动的直接和间接就业。

(二)旅游业可以改善社会和城市环境

旅游发展推动了宜居、宜游环境的建设。现代旅游活动已经深入到目的地的每个角落，对城乡建设和管理水平提出了较高要求。因为旅游业的发展，很多城市的基础设施得到了完善，公共服务水平得到了提升，城市形象焕然一新。例如，广州市从化区温泉镇是个国内著名的历史文化镇，被誉为"中南海冬都"，毛泽东、周恩来、朱德等党和国家领导人曾来此工作和度假。但近些年来，这里一直处于脏乱状况。从 2016 年开始，当地政府开始认识到旅游业的重要性，认识到"绿水青山就是金山银山"的发展理念，开始大力整治旅游环境和温泉镇的镇容镇貌，制定了旅游环境综合整治方案，经过不到两年时间的旅游环境大整治，温泉镇的镇容镇貌、交通秩序、治安环境、市场规范、城市管理水平、市民文明素质均发生质的变化，特别是镇容镇貌，可谓日新月异，不仅旅游者满意度连续上升，当地居民的生活品质和幸福感也有了很大提升。

(三)旅游业有利于和谐社会的形成

发展旅游业有益于社会公民的身心健康，有利于构建和谐社会。正如《马尼拉世界旅游宣言》所指出的，现代旅游已经成为一个有利于社会稳定、各国人民之间相互了解及自我完善的因素。

发展旅游业对于构建和谐社会的积极作用主要体现在以下几个方面：

(1)修身养性，陶冶公民情操。旅游活动有利于旅游者的身心健康，是现代社会人们实现自我完善和自身可持续发展的一种很好的方式。

(2)促进人与自然的和谐。旅游活动可以增加人与自然的亲近感，增强人们的环保意识，从而促进人与自然的和谐发展。

(3)提高公民的文化水平和文明意识。

(4)增进旅游者对社会的了解(特别是对不发达地区的了解)，增强公民的社会责任感。

(5)增加不发达地区的收入，缩小贫富差距。

(6)扩大就业，促进社会和谐。

(四)旅游业有利于缩小城乡差距

城乡差距的扩大，是社会不公的表现，也是影响社会和谐、稳定的重要因素。发展旅游业，可以充分利用乡村独特的人文、生态、清新的空气等吸引城市居民到乡村休闲、度假，从而增加农民收入，缩小城乡差距，构建和谐社会。

(五)旅游业有利于落后地区的脱贫致富

贫困问题既是经济问题，又是社会问题，是国家、政府及全社会所关心和迫切需要解决的问题。

旅游业是中国扶贫开发战略的一个重要组成部分，具有成本低、见效快、受益面广、返贫率低、受益期长等主要特点。通过旅游规划扶贫、旅游信息扶贫、旅游教育扶贫、旅游人才扶贫及媒体宣传扶贫等多种方式，很多地区已经摆脱贫困境地。据统计，中国通过发展旅游业已使贫困地区约 1/10 的人口脱贫。

（六）旅游业可以促进世界和平

《马尼拉世界旅游宣言》指出："旅游不仅是一个促进相互了解和理解的积极的、永久的因素，而且是实现各国人民之间较大程度的尊重和信任的基础。"旅游是民间外交的一种好形式，可以增进世界各国人民之间的相互理解和相互尊重，从而促进世界和平。

在旅游过程中，主客双方都可以互相学习。为了观察目的地生活及文化而进行的有益社会接触和有计划的旅游活动，能够极大地增进旅游者对目的地文化的了解。与此同时，旅游者对目的地居民生活方式的兴趣，在使目的地居民对自身所取得的成就产生自豪感的同时，也会增加他们对旅游者的尊重。

另外，旅游的存在和发展完全取决于是否存在持久的和平。各国政府充分理解旅游业在经济和社会等方面的重要性，为了发展旅游业，必须努力维护世界和平，因此，旅游会间接地对实现永久的和平作出贡献。

（七）旅游业可以提高人类的幸福感指数

幸福感指数是用来衡量人们对于生活的满足程度的，是构建和谐社会的重要指标。发展旅游业有助于提高人们的幸福感指数。

旅游走的是名山大川，看的是秀丽风光，听的是奇闻趣事，吃的是当地美食，住的是宾馆酒店，找到的都是和在家不一样的感觉。旅游还可以使人们释放日常工作的压力，因此，参加旅游活动，不但能够锻炼人的体质，而且能够愉悦人的心情。

随着经济的发展，人们的物质生活得到了较大的满足，但人仅有物质上的满足是不够的，还需要精神上的满足。休假制度的落实，使人们有了更多的闲暇时间。怎样科学利用这些闲暇时间，追寻除物质生活之外的东西呢？旅游就是一条重要的途径，它让人们的生活更充实、更美好。

二、旅游业对社会的不良影响

旅游在对社会产生多方面积极影响的同时，也会产生如下消极影响：

（1）引发一些不良活动，如赌博、酗酒及其他暴力行为。

（2）产生所谓的示范效应，即目的地居民想要得到与旅游者同样的享受。

（3）造成种族间关系的紧张，尤其是在那些对旅游者和当地居民明显区别对待的地区。

（4）使部分旅游企业员工形成奴性思维。

（5）为增加旅游纪念品销售额，当地手工艺品"庸俗化"。

（6）员工角色的标准化，如国际化的餐厅服务员——所有国家千篇一律。

（7）如果目的地文化被旅游者视为离奇风俗或娱乐表演，当地居民就会丧失文化自豪感。

（8）旅游者过多，导致旅游地生活方式出现过快变化。

（9）多数人都从事低收入、服务性的工作，这成为许多饭店和餐馆的就业特点。

（10）旅游者通过旅游活动，会将其价值观、人生观和道德观有意无意地带进旅游目的地，从而对当地居民产生潜移默化的影响，这种影响既可能是积极的，也可能是消极的、负面的。同时，旅游者也可能将旅游目的地的一些不健康的价值观带回其居住地，从而产生一些不良的社会影响。

其实，许多负面影响都可以通过巧妙的规划和先进的管理方法来缓解或消除，从而使旅游业的发展不必付出沉重的社会代价。例如，对于旅游者带来的不良的价值观、人生观和道德观，旅游目的地国家和地区的政府和居民应保持清醒的头脑，并采取必要的措施予以抵制；通过制定区划和建筑物规范，严格控制土地使用方向；旅游部门或同类官方组织制定开明的政策，对基础设施等旅游供给实行恰当的分阶段提供，以便能与旅游需求相匹配；加强对居民的相关宣传教育。

第三节　旅游业对文化的影响

《 案　例 》

旅游让古老藏文化焕发新活力

"火车进藏'火'了西藏旅游业，也带动古老藏文化焕发出新的活力。"拉萨市娘热民俗风情园负责人多布杰兴奋地对记者说。

多布杰介绍说，拉萨市北 6000 米处的娘热民俗风情园是国家 AAA 级旅游景点，是西藏目前唯一的全国农业旅游景点。作为著名的拉鲁湿地水源区的娘热沟，早在 4500 年前，就有藏族先民在此繁衍生息。公元 7 世纪，松赞干布在这里建造了 9 层高的沽喀玛如堡，吞米·桑布扎在此创造了藏文字，藏传佛教第一篇石刻嘛呢经，也就是六字箴言，就矗立在园内。

多布杰告诉记者，几年前他们只是试探性地模仿东南亚一些国家来搞文化旅游，"没想到会有这么大的魅力。特别是近两年随着火车进藏，西藏传统文化彰显出极强的卖点，公司组织当地 60 名农民成立的娘热藏戏团，每年为旅游者演出数百场。一位德国旅游者看罢藏戏后称赞道：'赴百次高档宴会都不如来此一趟。'如今，公司正打算兴建藏医、藏药展览馆。另外，因为西藏古老的民间文艺少有文字记载，大多以群众口头传唱方式流传，'人走艺亡'情况比较严重。这几年，在组织排练传统藏戏曲目的过程中，搜集整理了不少濒临失传的优秀作品"。

近年来，国家投入大量资金对西藏优秀传统文化进行挖掘、整理。目前已收集各种音乐、歌曲、曲艺上万首，形成各种录像带、录音带近 1000 盘，整理文字资料 1000 多万字。在 2006 年公布的首批 501 项国家级非物质文化遗产保护名录中，藏族非物质文化遗产有 21 项，其中包括《格萨尔史诗》、藏戏、锅庄舞、藏族唐卡、拉萨风筝、藏族造纸技艺等。

"西藏传统文化已经开始流行起来。"多布杰说，"城市居民可以浏览藏文网站，藏语歌曲开始在内地流行，藏药产品走下雪域高原，藏族民间精美手工艺品深受海内外旅游者的欢迎。这些都说明，藏民族文化正散发出前所未有的独特魅力。"

旅游具有文化性质，这不仅表现在旅游的主体——旅游者及其旅游需求的文化性，旅游的客体——旅游资源的文化性（无论是埃及的金字塔还是中国的长城，巴黎埃菲尔铁塔还是纽约的自由女神像，都具有丰富的文化内涵），旅游的媒体——旅游业的文化性，还表现在旅游活动本身就是一种文化生活。旅游者不单纯是文化的旁观者，而且是不同文化的传播者和参与者。因此，旅游活动是一种文化交流过程，对于旅游目的地及旅游客源地的文化能够产生多方面的重要影响。

旅游业对文化的影响是多方面的，既有积极的一面，又有消极的一面。

一、旅游业对文化的积极影响

(一)旅游对文化的传播作用

不同地区文化的差异，是旅游活动产生的动因之一。旅游者到异国他乡旅游，目的之一就是了解当地文化，如历史、民俗风情、生活习惯、饮食文化、建筑文化、服饰文化、民间艺术、景观文化、文学艺术等；与此同时，旅游者又将自己本国、本地区或本民族的文化带到旅游目的地，并通过自己的言行举止有意无意地传播给旅游目的地居民。因此，旅游能够促进文化的传播和交流。

旅游对文化的传播作用，要比官方宣传的效果好得多。中国前任驻法大使吴建民曾经指出，中国和平发展需要和谐的外部环境，需要用"世界语言"向全球讲解和平发展的历史和文化，而旅游是最有效的"全球流通语言"，是诠释"求同存异""和而不同"的中国核心文化价值观的最佳载体。而通过旅游传播中华文化，会起到很多的作用。他举例说："记得我担任中国驻法大使期间，国内一个代表团到法国进行宣传，带来了大批印刷精美的宣传册，与会者人手一只宣传袋，但真正阅读的人并不多，甚至有人一出门就扔掉了，因为他们认为这是政治宣传。今天越来越多的外国朋友来中国旅游，没有任何官方安排，他们接触的都是中国百姓，看到的都是现实，这比任何宣传都有说服力。

来中国旅游，他们是竖起耳朵来听中国故事的，这时，你用他们的视角和语言来介绍中国文化、讲解中国历史，效果就非常好。"①

(二)旅游的发展可以促使优秀民族文化得到发掘、振兴和弘扬

民族文化是各国发展旅游业必须珍重并充分利用的核心旅游资源。许多趋向于衰退和消失的传统文化，只有在旅游的发展中才能复活、继承并发扬。

发展旅游业是历史文化保护和利用的重要途径。发展旅游业，能够使很多"地下的东西走上来，书本的东西走出来，死的东西活起来，静的东西动起来"。以北京故宫、曲阜孔庙、西安兵马俑、杭州灵隐寺等为代表的文物建筑，以云南丽江、山西平遥、江西婺源、安徽西递宏村等为代表的古城镇、古村落，以潍坊风筝、景德镇陶瓷、杨柳青年画、华山老腔等为代表的非物质文化遗产，都依托旅游业发展得到了很好的保护和利用，焕发了新的生命力。

(三)旅游可以使民族文化的个性更加突出

欣赏和了解异族文化是旅游者外出旅游的动机之一。越是有特色的文化，越能吸引旅游者。为了发展旅游业，吸引更多的旅游者，旅游目的地国家和地区总是想方设法突出自己的民族文化特色，从而使民族文化的个性得到加强。

(四)旅游对文化具有保护作用

文化是一种旅游资源，是旅游者参观、游览的对象。因此，一个国家、地区以及当地居民为了发展旅游业，为其经济和社会服务，就必然十分重视对其民族文化和当地文化的发掘和保护工作。

首先，无论是历史文物古迹，还是现实的民俗艺术，都能得到政府有关部门有组织、多学科、多角度的综合评价论证。这种全面、科学的研究和分析给予当地民族和历史的文化价值以更深刻、更有力的肯定，从而为当地文化的保护奠定了思想认识基础。

其次，政府为了发展旅游业，对当地文化资源会采取更实际的保护措施。比如，从一般性的宣传号召转向通过立法保护文物、古迹等民族文化；将民族和历史文化保护纳入城乡总体建设和系统规划之中——意味着对人类文化遗产的保护给予了战略性的重视和长期安排；从财政上支持民间工艺品的生产；褒奖有特殊技艺、对文化的发展作出重大贡献的民间艺人；组织社会各界力量维护、修复重要的文化遗址；资助传统艺术团体举办艺术节等。这些措施使历史和民族文化精粹在万象更新的现代生活中，能够得以生存和发展。

---

① 吴建民：《用旅游诠释中华文化核心价值》，《中国旅游报》2012年。

再次，对民族和历史文化的保护越来越具有群众性。一个地区的旅游业越是发达，当地经济以及城乡居民的收入水平就越是依赖于旅游业，他们对当地的文化精粹和自然环境就越是重视，视为"衣食父母""风水宝地"，自然也就会自愿和竭尽全力地加以保护。事实上，不少已濒临绝迹的民间工艺品、传统食品、戏剧曲艺、民风民俗等就是在这种背景下得到重新挖掘、整理、更新和提升的。如果这种源于经济原因的文化保护意识能够同提高人民的文化教育水平相联系，民族和历史文化的保护就获得了更为有力的保证。

最后，旅游业的发展使得对文化的保护有了更充足的资金保证。以中国为例，过去对历史文物古迹、博物馆等文化的保护都是靠国家或地方政府十分有限的财政拨款，旱涝不保，对历史文化难以起到有效的保护作用，而通过发展旅游业，可以将历史文物古迹等参观游览点的门票等旅游收入全部或部分地用于对这些历史文物古迹的保护工作，从而使得对历史文化的保护工作有了更充足的资金保证。

二、旅游业对文化的消极影响

旅游在对文化的发展产生积极影响和推动作用的同时，也会对其产生一定的消极影响。对此，我们必须有清醒的认识。旅游对文化发展的消极影响主要表现在：旅游在某些方面和某种程度上，会使民族文化产生异化。

旅游对文化的影响具有两重性。一方面，旅游目的地政府、居民和企业会强化当地文化的独特性，以吸引具有不同文化背景的异国、异地旅游者，从而使当地文化的特色更为浓厚；另一方面，旅游者将本国或本民族的文化带进来，对旅游目的地的传统文化会产生冲击，一些当地居民盲目模仿旅游者的生活方式，接受其价值观、人生观和道德观，结果使本民族文化逐渐被外来文化所同化，导致民族文化只存在于专为旅游者开发的各种"民俗村""文化村""保护村"内，这是十分可悲的现象。

第四节 旅游业对环境的影响

《 案 例 》

帕劳人谴责破坏环境的旅游者

位于南太平洋的帕劳是世界上的潜水胜地，每年有大量旅游者去参观游览，给帕劳带来了很高的旅游收入。但是，帕劳人对此并不"领情"，他们抱怨说，从很多旅游者那里赚取的美元还抵不上他们给帕劳生态环境造成的损失。野餐者乱丢垃圾，潜水者乱采海中的珊瑚，向栖息的动物丢掷空瓶罐……很多旅游者缺乏环境保护意识，现在需要考虑的是要不要禁止部分旅游者入境。

任何产业的发展都会给当地的自然环境带来影响。由于旅游者必须到目的地去消费产品，所以旅游活动不可避免会和环境影响相关。在20世纪70年代末期，经济合作与发展组织制定了一个框架去研究旅游活动给当地带来的环境压力。这个框架强调了四种对环境有刺激性的活动，包括：永久性改变环境结构的建设项目，如建设高速公路、机场和度假区；废弃物，如生物和非生物的垃圾对渔业生产的破坏、对健康的损害、对目的地吸引力的降低等；旅游活动所造成的直接环境压力，如旅游者的到来和活动破坏了珊瑚、植被与沙丘；旅游对人口流动的影响，如城市人口密度增加而农村人口减少。

一、旅游业对环境的正面影响

无论是自然环境还是人造环境，都是旅游产品中最根本的组成部分。但随着旅游活动的产生，在旅游发展过程中，环境不可避免地要受到影响和改变。

与旅游相关的环境影响可以分为直接影响、间接影响和诱发影响，也可分为正面影响和负面影响。发展旅游而不影响环境是不可能的，但通过正确的旅游发展规划和管理，有可能减少负面影响并扩大正面影响。

旅游活动对环境产生的直接正面影响如下：

（1）保护和恢复名胜古迹。如中国的长城、埃及的金字塔、印度的泰姬陵和英国的史前石柱均因为旅游活动而得到保护和恢复。

（2）建立国家公园和野生动物园。如美国的黄石公园、肯尼亚的安博塞利国家公园和中国的张家界国家公园等均因旅游业得以建立。

（3）保护珊瑚和海岸。如澳大利亚的大堡礁、岛国格林纳达均得到保护。

（4）保护森林。如英国的新森林、斐济的科洛苏瓦均得到保护。

旅游业对环境的正面影响还表现在旅游业可以促进生态文明建设，增强公民的生态保护意识。在中国，生态旅游、低碳旅游正在成为旅游消费者的自觉行为，一些荒山、荒坡、沙漠、盐碱地、资源枯竭矿山等通过发展旅游业得到了综合利用。

二、旅游业对环境的负面影响

从负面影响来看，旅游可以直接影响水和空气的质量并增加噪声污染。例如，向水中排污、在内陆水系和海上使用机动船将造成污染；在旅游交通中内燃机使用的不断增多，酒店的制冷设备广泛使用，都会降低空气质量；城市中的娱乐活动及越来越多的铁路、公路、航空交通都会大大增加城市的噪声。

旅游对环境的其他负面影响如下：

（1）打猎和钓鱼对野生动物的生存环境有明显的影响。

（2）游客会破坏沙丘。

（3）植被层被行人践踏。

（4）野营篝火会破坏森林。

（5）一些古迹由于受到侵蚀、乱涂乱画和偷窃而变形或被破坏，如塞浦路斯的帕福斯古堡作为世界闻名的文化遗产就曾遭到偷窃。

（6）利用房地产开发的手段建设旅游设施，破坏了景点的整体美观。

（7）对垃圾处理不当破坏环境景观的质量并危及野生动物的生存。

（8）在旅游风景区修建道路、缆车等对山体和周围环境的破坏。

（9）开发旅游资源对周围自然环境的破坏，如为了提供供旅游者使用的海滩而炸毁了毛里求斯的巴拉克拉法帽海湾。

在 20 世纪 60 年代和 70 年代旅游快速发展的时期，采用掠夺环境的发展方式是十分普遍的，现在已经逐渐减少。在许多国家，尤其是岛屿经济国家，土地利用的议题经常出现在规划会议议程中，并采用了一些有效的保护环境的办法，如毛里求斯用法规来限制海边的建筑物不能高于棕榈树，印度的一些地区规定开发项目要限制在距海滩一定的范围内。

需要特别注意的是，许多环境因素是相互依赖的，应进行全面的考虑。例如，对珊瑚的破坏会减少那些靠珊瑚生存的鱼类和生物的数量，同样会减少以这些鱼类为食物的鸟类的数量。为了正确测定环境影响的整体变化，必须要了解生态系统和生态系统对环境压力的反应。

☞ **课后思考与训练**

1. 简述旅游业在国民经济中的作用。

2. "旅游对文化发展只有积极的作用，而没有消极的影响"，这句话对吗？为什么？

3. 怎样理解旅游对文化的保护作用？

4. 旅游对环境会产生哪些影响？

5. 近年来，中国很多自然、文化风景胜地被列入联合国自然和文化遗产，其门票价格随即纷纷上涨，你认为这样做对吗？请就其合理性进行讨论。

第七章
旅 游 产 品

旅游产品是旅游经济活动的主要对象，是现代旅游业存在和发展的基础。旅游业具有不同于一般产业的特点，相应地，旅游产品也有不同于一般产品的特点。对旅游产品及其特点、旅游产品开发创新及生命周期进行研究，对于旅游目的地的发展和旅游企业的成功经营，都具有十分重要的意义。

第一节　旅游产品的概念和特点

从旅游的概念和特征可以看出，旅游产品是一种服务业的产品。目前，人们已普遍认识到服务业的产品实际上是由有形的制品和无形的服务组成的，旅游产品也不例外。

一、旅游产品的概念

旅游产品是整个旅游开发活动的核心，是旅游业一切经营活动的主体。对于旅游产品概念主要从以下三个角度进行不同的定义：

(一)从旅游市场角度对旅游产品的定义

所谓产品，从现代市场营销观念出发，是指向市场提供的能满足人们某种需要和利益的物质产品和非物质形态的服务。这里的产品大多是指制造业中的有形产品。在旅游市场学中，旅游产品既有有形的内容，也有无形的服务，它是一个整体概念。它既要满足旅游者的物质需求，又要满足旅游者的精神需求，是旅游活动中食、住、行、游、购、娱六大要素的综合体。所以，从旅游市场角度看，旅游产品是指旅游者和旅游经营者在市场上交换的主要用于旅游活动中消费的各种物质产品和服务的总和。

(二)从旅游需求者角度对旅游产品的定义

从需求者即旅游者的角度看，旅游产品是指旅游者花费一定的时间、精力和费用所获得的一段旅游经历和感受。

旅游者通过对旅游产品的购买和消费，获得生理上和精神上的满足。旅游者眼中的旅游产品，不单是其在旅游过程中所购买的饭店的一个床位、飞机或火车的一个座位，或是一个旅游景点的参观游览、一次接送和陪同服务，而是旅游者对所有这些方面的总体感受,是一次经历。

(三)从旅游供给者角度对旅游产品的定义

从旅游供给者的角度来看,旅游产品是指旅游经营者凭借一定的旅游资源和旅游设施,向旅游者提供的满足其在旅游过程中综合需求的服务。通过旅游产品的生产与销售,旅游经营者达到盈利的目的。这里,旅游产品最终表现为活劳动的消耗,即旅游服务的提供。旅游服务是与有一定使用价值的有形物结合在一起的服务,只有借助一定的资源、设施、设备,旅游服务才得以完成。旅游供给者提供的旅游产品有广义和狭义之分。

从狭义的角度理解,旅游产品是指旅游经营者为满足旅游者的游览与休闲等旅游需求,通过开发、利用旅游资源而形成的旅游吸引物(旅游景点、旅游路线或游乐项目)、旅游商品及相关的旅游服务的组合。

从广义的角度来理解,旅游产品是指旅游经营者在旅游市场上销售的物质产品和活劳动提供的各种服务的总和。它又可分为整体旅游产品和单项旅游产品。整体旅游产品是满足旅游者旅游活动中全部需要的产品(或服务),如一条旅游路线、一个专项旅游项目。单项旅游产品则指住宿产品、饮食产品及交通、游览娱乐等方面的产品(或服务),整体旅游产品由单项旅游产品构成。

从上述广义和狭义上对旅游产品的定义来看,狭义的概念更为适宜。旅游产品仅限于旅游经营者提供的有关服务和商品,而不包括非专业旅游经营者提供的服务和商品。

二、旅游产品的构成

现代市场营销理论认为,任何产品都是由三个部分所组成的,即产品的核心部分、形式部分和延伸部分。核心部分是指产品满足消费者需求的基本效用和核心价值;形式部分是指构成产品的实体和外形,包括款式、质量、商标和包装等;延伸部分是随产品销售和使用而给消费者带来的附加利益。现代旅游产品也同样由核心部分、形式部分和延伸部分所组成。

(一)旅游产品的核心部分

核心部分是整个旅游产品的最基本构成,向旅游者提供基本的、直接的使用价值以满足其旅游需求。它包括旅游吸引物和旅游服务,满足旅游者在旅游活动中最基本的需要。

1. 旅游吸引物

旅游吸引物是指一切能够吸引旅游者的旅游资源及各种事件,它既是一个地区能否进行旅游开发的先决条件和旅游者选择旅游目的地的决定性因素，也是构成旅游产品的基本要素。旅游吸引物的存在形式，既可以是物质实体，也可以是某个事件，还可能是一种自然或社会现象。旅游吸引物按属性可划分为自然吸引物、人文吸引物和特产吸引物三大类。自然吸引物包括气候、森林、河流、湖泊、海洋、温泉及火山等自然风景资源；人文吸引物包括文物古迹、文化艺术、城乡风光、民族风情及建设成就等人文旅游资源；特产吸引物则主要包括土特产品、风味佳肴和旅游工艺品等。

2. 旅游服务

旅游服务是旅游产品的核心内容，是依托旅游资源和旅游接待设施向旅游者提供的各项服务。旅游产品，除了在餐饮和旅游活动中消耗少量的有形物质产品外，大量的是接待服务和导游服务等，因此旅游服务是旅游产品的核心内容。按照旅游活动的过程，旅游服务可分为售前服务、售中服务和售后服务三部分。售前服务是旅游活动前的准备性服务，包括旅游产品设计、旅游路线安排、出入境手续、货币兑换等；售中服务是在旅游活动过程中向旅游者直接提供的食、住、行、游、购、娱及其他服务；售后服务是当旅游者结束旅游后离开目的地时的服务，包括送到机场、车站，办理有关离境手续，托运行李，委托代办服务等。

(二)旅游产品的形式部分

旅游产品的形式部分，通常是指旅游产品的载体、质量、特色、风格、声誉及组合方式等，是旅游产品核心价值向满足人们生理或心理需求转化的部分，属于旅游产品向市场提供的物质产品和劳务的具体内容。

1. 旅游产品的载体

旅游产品的载体主要指各种旅游接待设施、景区景点、娱乐项目等，是以物化劳动表现出来的具有物质属性的实体。尽管有的旅游吸引物，如阳光、气候、海水、森林、名山大川等属于自然生成物，不包括任何人类劳动的成分，但这些自然物却是旅游产品不可缺少的自然基础；而文物古迹、园林景观、文化遗址、历史名胜等则属于古代人类的劳动结晶，其蕴含的丰富的文化价值也是旅游产品不可缺少的载体。

2. 旅游产品的质量特色、风格和声誉

质量、特色、风格和声誉，是旅游产品依托各种旅游资源、旅游设施而反映出来的外在价值，是激发旅游者的旅游动机、吸引旅游者进行旅游活动的具体形式。由于旅游资源和旅游接待设施等方面存在差别，从而形成了旅游产品不同的品位、质量、特色、风格和声誉，即旅游产品的差异性。

3. 旅游产品的组合方式

旅游产品是一种组合性产品，即对构成旅游产品的各种要素进行有机组合，以更好地满足旅游者的多样性需求。因此，组合方式也成为旅游产品的形式部分，而不同的组合方式则形成不同的旅游产品。

（三）旅游产品的延伸部分

旅游产品的延伸部分是指旅游者购买旅游产品时获得的优惠条件、付款条件及旅游产品的推销方式等，是旅游者进行旅游活动时所得到的各种附加利益的总和。

虽然延伸部分并不是旅游产品的主要内容，但旅游者在旅游过程中购买的是整体旅游产品，因而在旅游产品核心部分和形式部分的基本功能确定之后，延伸部分往往成为旅游者对旅游产品进行评价和决策的重要促成因素。旅游经营者在进行旅游产品营销时，必须注重旅游产品的整体效能，除了要突出旅游产品核心部分和形式部分的特色外，还应在旅游产品的延伸部分上形成差异性，才能赢得旅游市场的竞争优势。

目前，许多旅游企业把改进产品延伸部分作为吸引顾客、参与竞争的有效手段。旅游产品的延伸部分有安全保障、信息服务、信贷服务等。饭店业产品的延伸部分包括预订、客房用餐服务、信息服务、信贷服务、折扣、对儿童和残疾人的照顾等。延伸部分为顾客提供了许多附加利益，能形成对顾客的独特吸引因素，从而提高顾客对产品和企业的信赖度，有助于旅游企业保持和扩大市场。

知识扩展 旅游产品与旅游资源、旅游吸引物的关系

旅游吸引物与旅游产品、旅游资源属于不同的概念。旅游产品是一个经济学上的概念，用于交换是它存在的前提。旅游资源是客观存在的资源，在经济上的价值是潜在的，只有经过开发才能体现它的价值。旅游吸引物是一个更为泛化的概念，在经济学上缺乏规定性，它本质上是由所有足以将旅游者从家中吸引出来的要素（如可供观赏的风景、可参与的活动等）构成的。

从旅游的吸引因素来看，旅游产品和旅游资源是构成旅游吸引物的核心主体，是吸引旅游者的最根本因素。而旅游目的地的各种旅游支持系统，如住宿设施和各种基础设施，以及旅游目的地传达的各种信息，无疑也都构成了对旅游者的吸引力的成分，但它们既不是旅游资源，也不是旅游产品。

因此，对旅游产品、旅游资源和旅游吸引物三者的关系可以理解为：第一，旅游资源经开发才能形成旅游产品，即所有已经开发出来并作为商业旅游观赏地的旅游资源，都已经成为旅游产品，为资源依托型旅游产品。第二，旅游产品不一定以旅游资源为基础，所有为人类创制的商业化旅游观赏地或观赏设施，已经成为旅游产品的，均为资源脱离型旅游产品。

第三，旅游吸引物是一个旅游系统，旅游资源和旅游产品是构成部分。旅游吸引物是由作为核心的旅游资源和旅游产品与处于支持层次的旅游者及旅游标识物构成的旅游系统。

三、旅游产品的特点

旅游产品作为一种特殊商品，与一般产品有着明显的不同，它具有以下特点：

1. 综合性

旅游产品的综合性是由旅游活动的性质和要求决定的。旅游是一种综合性的社会、经济、文化活动，其主体是旅游者。同时，旅游者的需求是多方面的，不同旅游者的需求是有差异的。在市场经济条件下，旅游业经营者经营旅游产品，是为了通过满足旅游者的多种需求而获取利润。因此，旅游产品包含的内容十分广泛，既有物质的，又有精神的，是一种组合型产品。

2. 功能上的愉悦性

旅游产品的效用，就是满足人们旅游愉悦的需要。旅游者购买旅游产品，通过愉悦感官，获得心理上的美感享受，陶冶性情。因此，人们普遍将旅游产品看作一种经历，这种经历是从访问旅游地的打算和旅行的计划开始的，包括前往旅游地和离开旅游地的旅行，以及在旅游中的活动，最终形成旅游的整体印象。

3. 空间上的不可移动性

旅游产品的不可移动性，是指旅游产品的生产必须依附于当地特定旅游资源，离不开一定的空间条件。它与旅游资源的区域性以及不可转移性特点是对应的和一致的，因此也是判断是否为旅游产品的最基本标准。这一特点使旅游与居家休闲有着根本的不同。

旅游产品固定于一定的空间，几乎所有的旅游地点都是确定不变的，而且往往是在远离旅游者的某个空间位置。在旅游活动中，发生空间转移的不是旅游产品，而是购买旅游产品的主体——旅游者。它的流通不是以物流形式出现的，而是以信息传播的形式出现的。旅游企业不可能像其他企业那样将旅游产品通过运输的手段运来异地销售，必须是旅游者根据需要亲自前往旅游产品的生产地进行消费。这样，旅游产品吸引力的大小就成为旅游企业经营成功与否的关键。

4. 生产与消费的同步性

旅游产品的生产（或经营）和消费，常常发生在同一时空背景下，处于一个过程的两个方面，二者密不可分。旅游产品的生产过程与消费过程是高度统一的，在生产开始的同时，消费也即刻启动，消费结束时生产也不再进行。这一特性使旅游产品与一般消费品表现出巨大的差异，并深刻地影响着旅游企业管理原则的建立和管理方式的选择。

旅游产品的生产者与消费者直接发生关系，旅游者只有而且必须加入生产的过程中，才能最终消费旅游产品。在旅游产品的生产过程中，只有旅游者参与，旅游企业才能有效地引导旅游消费者参与旅游产品的生产过程，即旅游的体验过程。旅游企业与旅游者的互动行为，影响着旅游产品中所包含的服务的质量，以及旅游企业与旅游者的关系。

旅游企业在某种程度上按照旅游者的具体要求来生产产品，而旅游者的需要存在着差异，对产品的看法与其本身的经历、知识水平和爱好等方面相关，因而对旅游产品的质量评价因人、因时、因地而异。所以，提供旅游服务的员工的服务态度、行为举止和形象等都影响着游客的旅游经历，严重影响游客对产品的看法，生产和向顾客提供产品的员工本身就是产品的一部分。这就要求旅游业员工有足够的应变能力，以确保旅游服务能达到每一个旅游者所期望的质量水平。

5. 时间上的不可储存性

旅游产品不能像一般商品那样可以被有效地储存起来，以备将来出售，它是具有时效性的。旅游者购买旅游产品后，旅游企业在规定的时间内交付有关产品的使用权，一旦旅游者未能按时使用，就需重新购买，所以旅游消费者只享有旅游产品的暂时使用权。若旅游者未按时使用，旅游企业为生产所付出的人力、物力和财力资源，就是一种浪费。因为销售机会的丧失，折旧已经发生，人力已经闲置，资金已经占用，造成的损失永远也得不到补偿。

6. 所有权的不可转让性

旅游产品出售后，转让的仅仅是在一定时间内的使用权，而不是像销售一般消费品那样同时转让所有权。旅游者在购买这种使用权的同时，不仅不能将旅游产品都带走，而且要保证在使用期间旅游产品物质和非物质构成的完好无损。旅游产品的这一特点，使得旅游者对购买某一旅游产品可能怀有较高的风险预期，往往造成旅游产品促销的困难。

第二节　旅游产品的生命周期

旅游产品与其他产品一样，都会经历一个产品从进入市场开始到最后退出市场的过程，这个过程大体经历了推出、成长、成熟、衰退的周期性变化，每个变化阶段都有其不同的特点。对这一过程的研究，有助于根据旅游产品的不同发展阶段采用相应的策略，以延长旅游产品的生命周期，或者根据旅游需求及时进行产品的更新换代，适时开发旅游新产品。

一、旅游产品生命周期的概念

产品的生命周期是指产品从正式投放市场开始，直到最后被市场淘汰、退出市场为止的整个过程，体现了类似人类生命模式的周期性规律。旅游产品的这一规律成为旅游产品的生命周期。旅游产品的生命周期一般包括四个阶段，即投入期、成长期、成熟期和衰退期。

投入期：也称作引入期或介绍期，是产品引入市场、销售缓慢增长的时期。

成长期：产品被市场迅速接受和利润大量增加的时期，生产和销售费用都有所下降。

成熟期：产品已被大多数的潜在购买者所接受，市场需求量渐趋饱和而造成销售增长趋缓的时期。

衰退期：产品销售下降的趋势日益增强，利润迅速减少的时期。

产品生命周期的各个阶段通常是以销售额、企业所获利润额的变化来衡量的。在大多数有关产品生命周期的讨论中，人们都把典型的产品销售历史描绘成 S 形曲线。图 7-1 为一典型的旅游产品生命周期曲线。旅游产品的生命周期通常以接待游客人次或旅游收入来衡量，典型的旅游产品生命周期一般也被认为经历了上述四个阶段。

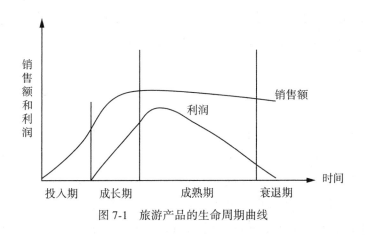

图 7-1　旅游产品的生命周期曲线

在有关旅游产品生命周期的研究中，研究重点多集中于旅游地的生命周期。一般来说，世界上接待规模较大的旅游目的地的生命周期也大体呈 S 形曲线，而接待规模较小的旅游地生命周期曲线则呈现不规则变化状态。R. Butler 把旅游地生命周期划分为六个阶段——探索、起步、发展、稳固、停滞、衰落或复兴，并且引入了被广泛使用的 S 形曲线来加以描述，如图 7-2 所示。

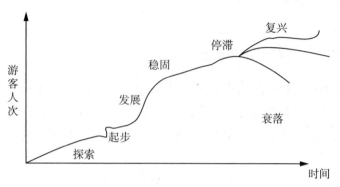

图 7-2　旅游地生命周期曲线

旅游地的衰落往往与接待量超过一定的容量限制或过度商业化有关，它与旅游产品都有一个有限的生命过程，都会或早或晚被市场所淘汰。了解旅游产品的生命周期，有助于旅游目的地或旅游企业针对处于不同生命周期阶段的旅游产品所具有的特点，做出相应的市场营销决策和及时进行产品的创新，促进旅游产品的更新换代；有助于旅游目的地或旅游企业采取各种营销活动，以延长旅游产品的生命周期，延缓衰退期的到来，使旅游地在激烈的市场竞争中立于不败之地。

二、影响旅游产品生命周期的因素

旅游产品一般都要经历上述四个过程，但是由于旅游产品是一种综合性产品，其生命周期更易受到主、客观条件以及宏观和微观等各种因素的影响，而出现各种变异情况。

(一)旅游产品生命周期的变异

一项旅游产品的生命过程往往受多种因素的影响与制约，所以有时某些旅游产品甚至会出现各种非典型或非正常的变化现象，我们称之为产品生命周期的变异。如某种专项旅游产品作为时尚产品，生命周期可能只表现为快速成长和快速衰退两个阶段；某旅游目的地在成长阶段时，可能由于自然灾害或战争等一些偶发因素，没有经过成熟期就直接进入衰退期；某饭店产品因管理混乱或选址错误，会在开张不久即关门倒闭、退出市场；某旅行社经营的一条旅游路线在进入成熟期后，由于企业努力促销或大力改进产品，从而促使产品销量突发性地增长，在成熟期内又出现一个成长期等。

(二)影响旅游产品生命周期的因素

影响旅游产品生命周期的因素很多，有些是可控的，有些是不可改变的。旅游业经营者应清楚地认识到这些影响因素及产品所处的生命周期阶段，以便有针对性地采取相应的策略，尽量缩短产品的投入期，延长成熟期，延缓衰退期的到来。影响旅游产品生命周期的因素主要有以下几个方面：

1. 旅游产品的吸引力

旅游产品的吸引力即旅游吸引物的吸引力。一般来说，吸引力越大，其生命周期越长。如中国悠久的历史和秀丽的山河对海内外游客具有很大吸引力，一些具有深厚文化底蕴的人文景观和自然景观长盛不衰。而一些近几年刚建成的"宫""庙""城"，由于雷同和缺乏特色，相互间位置距离太近而门可罗雀。

2. 目的地的自然环境与社会环境

旅游产品的吸引力不仅来自产品本身的吸引力，更大程度上还依赖于目的地的自然环境和社会环境，如居民的友好态度，优美、卫生的环境，安全、便捷的交通等。正是从这个意义上说，目的地政府必须树立"大旅游产品"的观念，用系统工程的方法来统一规划，不仅要重视旅游景点的物质文明建设，更要重视其精神文明建设，这样才可能使本地区旅游业可持续地高速发展。

3. 消费者需求的变化

消费者可能因时尚潮流的变化而发生兴趣转移，从而引起客源市场的变化，导致某地旅游资源吸引力的衰减。消费观念的变化、收入的增加、新的旅游景点的出现、目的地的环境污染或服务质量下降，都会影响消费需求的变化。

4. 经营策略和方针

在旅游业市场竞争日趋激烈的今天，改变经营观念，加大促销与宣传力度，实施正确的产品组合策略和市场细分战略，才可能保持可扩展的客源市场，才能延长旅游产品的生命周期。

三、旅游产品生命周期的调控

旅游产品生命周期的调控，主要是根据旅游产品生命周期不同阶段的特点，采用相应的策略，尽量缩短产品的投入期，延长成熟期，延缓衰退期的到来，并不断开发新产品以适应旅游者日益变化的需要。旅游产品生命周期的调控主要采用如下方法：

(一)深化产品内涵

强调对原有产品的加工和提升,深化产品内涵,增加产品吸引力。如都江堰,在20世纪90年代末,环境容量超载,旅游产品老化,游客量急剧下滑,沦为成都市郊公园。21世纪初,都江堰及时地申报世界遗产,并在此过程中加强环境整治,深化并突出了其文化内涵,慢慢走向了复苏。

(二)重塑产品形象

顺应地方文脉,扬长避短,避免盲目模仿,发挥隐藏的优势,延展并突出其原有形象,推出特色旅游产品,使旅游地焕发生机。如丹霞山是广东三个国家级风景名胜区之一,位列广东四大名山之首,是我国丹霞地貌的典型代表。在20世纪80年代中后期至90年代初,由于其特色形象弱化,吸引力减小,旅游市场停滞不前,旅游地走向衰落。后来当地政府提出开发阳元石景区,重塑丹霞山(丹霞地貌)形象,带动丹霞山走出了困境。

(三)改善旅游环境

此方法主要针对基础设施落后或生态环境破坏严重的旅游地,从核心吸引物的外围入手,改善旅游地的整体氛围,从而达到维持市场的目的。如乐山大佛,在20世纪末,其旅游业绩出现滑坡,主要原因是核心资源遭到严重自然侵蚀,影响了其吸引力和长远发展。于是该旅游地便开展了修饰保护工程,收到了较好的效果。

(四)正确使用营销策略

在旅游产品生命周期的不同阶段,应选择不同的营销策略。

1. 规划预防

这种策略是指在规划旅游地时,在打造每一项旅游产品时,预测其生命周期,及时地更新换代。它主要用于人造景观的开发。如深圳华侨城,自1989年以来相继推出了锦绣中华、中国民俗文化村、世界之窗、"欢乐谷"一期、"欢乐谷"二期等主打产品,每隔几年都有新的产品问世,产品一步一步地由陈列观光型、表演欣赏型向主体参与体验型升级,使得华侨城旅游发展长盛不衰。

2. 产品组合

这种策略强调以新的产品样式丰富原有的产品,配套组合,克服原产品的弱点,全面提升品位和档次。

3. 事件激活

这种策略充分利用注意力经济的思想，制造和利用轰动的"外部事件"激活市场。如现在各地通用的方法就是举办相关的节事活动，突出旅游地的旅游形象。这种方式起到了很好的营销推广作用，在相当程度上激活了中远程旅游市场，旅游地在一定程度上得到复苏。

第三节　旅游产品的开发

旅游产品开发是根据市场需求，对旅游资源、旅游设施和旅游服务等进行规划、设计、开发和组合的活动。旅游产品的合理开发及有效利用，对旅游业发展起着重要作用。要做好旅游产品的开发，就要根据旅游产品的内容、开发原则和策略开发设计旅游产品。

一、旅游产品开发的内容

旅游产品的开发涉及一个地区的经济、文化、社会环境等诸多领域，是一个系统工程。其具体内容包括对旅游地的开发和旅游路线的开发两个方面。

(一) 旅游地开发

旅游地是旅游产品的地域载体，是游客的目的地。旅游地开发就是在一定地域空间上开展旅游吸引物建设，使之与其他相关旅游条件有机结合，成为旅游者停留、活动的目的地。旅游地开发通常可分为五种形式，具体如下：

1. 以自然景观为主的开发

以保持自然风貌的原状为主，主要进行道路、食宿、娱乐等配套设施建设，以及环境绿化、景观保护等。自然景观只要有特点就可以，不是非要具备良好的生态环境，比如沙漠、戈壁开发好了，都是值得一游的旅游吸引地。但是自然景观式景点的开发，必须以严格保持自然景观原有面貌为前提，并控制景点的建设量和建设密度。自然景观内的基础设施和人造景点应与自然环境协调一致。

2. 以人文景观为主的开发

对具有重要历史文化价值的古迹、遗址、园林、建筑等，运用现代建设手段对其进行维护、修缮、复原、重建等工作，其恢复原貌后，自然就具备了旅游功能，成为旅游吸引物。但是人文景观的开发一定要以史料为依据，以遗址为基础，切忌凭空杜撰。

3. 在原有资源和基础上的创新开发

主要是利用原有资源和开发基础的优势，进一步扩大和新添旅游活动内容和项目，以达到丰富旅游地特色、提高吸引力的目的。如在湖滨自然景观旅游中增添一些水上运动项目，如飞行伞、划艇、滑水等都是不错的项目，不仅未破坏原有景观，还可以和原有的湖光山色相映成趣，成为新的风景点。

4. 非商品性旅游资源开发

非商品性旅游资源一般是指地方性的民风、民俗、文化艺术等，它们虽然是旅游资源，但还不是旅游商品，本身并不是为旅游而产生的，也不仅仅为旅游服务。对这种资源，应在挖掘、整理、改造、加工和组织经营的基础上将其开发成各种旅游产品。

5. 利用现代科学技术成果的开发

运用现代科学技术所取得的一系列成就，可经过精心构思和设计，再创造出颇具特色的旅游活动项目，如迪士尼乐园、未来世界等就是成功的例子。现代科技以其新颖、奇幻的特点，融娱乐、游艺、刺激于一体，大大开拓和丰富了旅游活动的内容与形式。

(二) 旅游路线开发

旅游路线是旅游产品的具体表现方式，也是对单个旅游产品进行组合的具体方式，是旅游地向外销售的具体形式。旅游路线开发就是把旅游资源、旅游吸引物、旅游设施和旅游服务，按不同目标游客的需求特点进行特定组合。在旅游路线的组合中，单项旅游产品只是其中的一个组件，开发者并不对单项旅游产品进行实质性的改动，而是考虑不同游客的需求特点、支付能力进行相应的搭配。因此，旅游路线开发实质上是根据不同目标市场游客的需求特点，对旅游产品进行组合搭配。旅游路线开发，可从不同角度进行分类。

(1)按旅游路线的性质分类，可以划分为普通观光旅游路线和特种专项旅游路线两大类，当然也可以是二者结合的混合旅游路线，比如在度假旅游中加入观光。

(2)按旅游路线的游程天数分类，可以分为一日游路线与多日游路线。

(3)按旅游路线中主要交通工具分类，可以分为航海旅游路线、航空旅游路线、内河大湖旅游路线、铁路旅游路线、汽车旅游路线、摩托车旅游路线、自驾车旅游路线、自行车旅游路线、徒步旅游路线以及几种交通工具混合使用的综合型旅游路线等。

(4)按使用对象的不同性质分类，可分为包价团体旅游路线、自选散客旅游路线、家庭旅游路线等。

二、旅游产品开发的原则

在旅游产品开发中，无论是对旅游地的开发，还是对旅游路线的组合，都先要对市场需求、市场环境、投资风险、价格政策等诸多因素进行深入分析。根据对这些因素的分析和比较，旅游地可提出一系列的旅游产品设计方案和规划项目，从中选择既符合市场需要又符合目的地特点，既能形成特殊的市场竞争力而企业又有能力运作的方案进行开发。为此，旅游产品开发必须遵循下述原则：

1. 特色性原则

旅游产品无论在资源开发、设施建设，还是在服务的提供上，都应具有鲜明的特色，合乎个性，做到"你无我有，你有我优，你优我奇"。鲜明的特色和个性往往能减弱与其他旅游产品的雷同与冲突，使旅游者产生深刻的印象，因而具有更强的吸引力。突出特色、发展个性已成为现代旅游竞争中获胜的"法宝"。

2. 市场性原则

旅游产品的开发必须牢固树立市场观念，以旅游市场需求作为旅游产品开发的出发点。没有市场需求的旅游产品开发，不仅不能形成有吸引力的旅游目的地和旅游产品，还会造成对旅游资源的浪费和对生态环境的破坏。

旅游产品的开发，一方面要在进行市场分析和市场定位、遵循市场经济规律、满足旅游者需求的基础上，作出正确的商业价值判断；另一方面要根据市场的变化和产品生命周期理论，考虑旅游产品的升级换代，以新的产品去迎合和满足旅游者的需求。

3. 效益性原则

无论是旅游地的开发，还是某条旅游路线的组合，或是某个旅游项目的投入，都必须先进行项目可行性研究，认真进行投资效益分析，不断提高旅游目的地和旅游路线投资开发的经济效益。在旅游地开发规划和旅游路线产品设计中，要考虑当地社会经济发展水平，要考虑政治、文化及地方习惯，要考虑人民群众的心理承受能力，形成健康文明的旅游活动，并促进地方精神文明的发展。旅游地应按照旅游产品开发的规律和自然环境的可承载力，以开发促进环境保护，以环境保护提高开发的综合效益，从而形成"保护—开发—保护"的良性循环，创造出和谐的生存环境。

4. 产品形象原则

旅游产品是一种特殊商品，是以旅游资源为基础，对构成旅游活动的食、住、行、游、购、娱等各种要素进行有机组合，并按照客源市场需求和一定的旅游路线而设计组合的产品。因此，拥有旅游资源并不等于就拥有旅游产品，而旅游资源要开发成旅游产品，还必须根据市场需求进行开发、加工和再创造，组合成具有竞争力的旅游产品，从而使旅游产品适销对路。旅游地应树立旅游产品的形象，充分考虑旅游产品的品位、质量及规模，突出旅游产品的特色，努力开发具有影响力的拳头产品和名牌产品。

5. "大旅游产品"原则

旅游产品的开发应根据现代旅游业的高度关联性和高度依附性的特点，打破行政区和行业界限，同时考虑旅游业内外的各种因素，树立"大旅游产品"的观念和良好的旅游形象，努力开发高品位、高市场占有率和高效率的特色旅游产品。

三、旅游产品开发的策略

旅游产品开发不能盲目进行。当今的旅游消费市场越来越多样化，旅游者对旅游产品的选择也更加多样化，决策更加理性化。

(一)旅游地开发的策略

旅游地开发最直接的表现形式就是景区、景点的开发建设。旅游地开发的策略，根据人工开发的强度及参与性质可分为以下几种：

1. 资源保护型开发

对于罕见或出色的自然景观或人文景观，要求完整地、绝对地进行保护或维护性开发。因位置特殊、不允许直接靠近开发的景观，其开发效用只能在周围景区开发中得以体现。这类旅游地的开发，要求绝对保护或维持原样。

2. 资源修饰型开发

对于一些旅游地，主要是充分保护和展现原有的自然风光，允许通过人工手段适当加以修饰和点缀，使风景更加突出，起到"画龙点睛"的作用。如在山水风景的某些地段小筑亭台，在天然植被风景中调整部分林相，在人文古迹中配以环境绿化等。

3. 资源强化型开发

资源强化型开发指在旅游资源的基础上，采取人工强化手段烘托优化原有景观景物，以创造一个新的风景环境与景观空间。如在一些自然或人文景点上搞园林造景，修建各种陈列馆和博物馆以及各种集萃园和仿古园等。

4. 资源再造型开发

不以自然或人文旅游资源为基础，仅是利用旅游资源的环境条件或基础设施条件打造一些人造景点和景观形象。如兴建民俗文化村、微缩景区公园等。

(二)旅游线路开发的策略

旅游线路是经旅游者或旅行社选择、规划，串联若干旅游城市或景点的合理走向。它可分为交通线路和游览线路两部分。交通线路以公共交通工具的运输为主要形式，表现为城市之间的连接，是市际铁路、公路的串联；游览线路则以旅游城市的一日游或景区(点)内的活动为主，多为单纯的旅游交通。

1. 旅游线路的类型

旅游线路的类型大致分为两点往返式、放射式、单线串联式、环行串联式、网络分布式等几种，如图 7-3 所示。

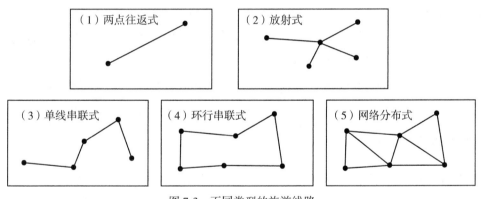

图 7-3　不同类型的旅游线路

(1)两点往返式。远距离旅游表现为乘坐飞机往返于两个城市之间，若在旅游城市内则表现为常住地与景点的单线连接。此种线路趣味性单一，需通过宣传扩大景点知名度以吸引客源，如黄河壶口瀑布等。而知名度有限、值得观赏的景物过少、活动内容少、所处位置距离较远的景点极可能受到旅游者冷落，如沧州铁狮子等。

(2)放射式。由于地理条件的限制，有些城市的景点分散在城外四周，各景点之间无公路连接，旅游者去任何一个景点后都必须沿原路返回到出发点。此种线路其实是两点往返式的演变，由一个交通起点站通往方向各异的景点，如山海关等。如果时间有限，旅游者多选择知名度高、交通运输便利的景点。

(3)单线串联式。远距离旅游以乘火车较为典型，城市中则表现为若干景点被一条旅游线路串联，使旅游者在一天中可以参加不同旅游项目，调节活动情趣，这是较为理想的线路，如北京十三陵—八达岭线路等。

（4）环行串联式。这是单线串联式的变化形式。由于此种线路没有重复道路，接触的景观、景点也较多，旅游者会感到游览行程最合算。远距离乘船旅游采用此种线路设计较为合适，如三峡游览和苏州运河浏览等。

（5）网络分布式。旅游城市中的公路将各景点覆盖其中，形成网络，此种网络可供旅游者任意选择景点和道路，是最理想的交通线路。设计线路时要注意尽量避免走重复道路，在不影响交通的前提下选择不同线路，可使旅游者观赏更多景色。

2. 旅游线路设计的原则

（1）优选原则。旅游线路的设计必须能将最著名的景点连接起来，这样才能使旅游者在游览后有"不虚此行"的深刻感受。冷点、温点、热点搭配的旅游线路设计不适于针对慕名而来的旅游者。如果旅行社设计的冷点线路的活动项目质量较低，一定会被消费者视为侵权。

（2）调剂原则。旅游点的功能各异，合理组织景点，充分发挥各个景点的旅游实用功能，可以调节旅游情趣，满足旅游者的多种旅游动机。

（3）节约原则。科学合理的旅游线路设计应能体现出路程、时间、体能、费用等方面的最优化，这样才能确保旅游者的利益。

（4）便利原则。旅游线路的设计应便于游客选择景点、时间、交通工具或活动方式等。

3. 旅游线路规划

（1）旅游线路规划的实质。旅游线路规划的实质是产品链管理。产品链管理是对在整个旅游价值链上的产品流所发生的一系列完整的活动和信息的经营管理过程。旅游线路是一条产品链，由若干个"组织单元"的产品构成，包括旅游问讯中心、旅游交通、旅游餐饮、旅游卫生、旅游住宿、旅游区点、旅游娱乐、旅游购物等。

（2）旅游线路的特点。旅游线路不是一个单一的产品，由各种目的不同、经济结构不同的组织来提供，把各种合适组合传递出去以满足旅游者的需要，这种传递要求协调与合作。精品线路应当是景观丰富奇特、文化主题突出、配套设施完善、市场形象鲜明、组织运作有效、服务质量优良的产品。

（3）旅游线路的优化。旅游线路是旅游产品大规模生产中所使用的"模块"，应用这种"模块"可以使旅游产品的生产既满足游客个性化要求，又满足低成本、高效率的要求。约瑟夫·派恩（2000）指出，大规模定制就是个性化定制产品服务的大规模生产。其核心是产品品种的多样化和定制急剧增加，而不相应地增加成本；其范畴是个性化定制产品/服务的大规模生产；其最大优点是提供战略优势和经济价值。

(三) 旅游线路组合的策略

旅游线路开发以最有效地利用资源，最大限度地满足旅游者需求和最有利于企业竞争为指导。遵循旅游产品开发的原则，我们有以下几种旅游线路产品的组合策略：

1. 全线全面型组合

全线全面型组合即旅游企业经营多条旅游产品线，推向多个不同的市场。企业采取这种组合策略，可以满足不同市场的需要，扩大市场份额，但经营成本较高，需要企业具备较强的实力。如旅行社经营观光旅游、度假旅游、购物旅游、会议旅游等多种产品，并以欧美市场、日本市场、东南亚市场等多个旅游市场为目标市场。

2. 市场专业型组合

市场专业型组合即向某一特定的目标市场提供其所需要的旅游产品。企业能够集中力量对特定的一个目标市场进行调研，充分了解其各种需求，开发满足这些需求的多样化、多层次的旅游产品。但由于目标市场单一，市场规模有限，企业产品的销售量也受到限制，所以在整个旅游市场中所占份额较少。如旅行社专门为日本市场提供观光、寻踪、考古、购物等多种旅游产品；或针对青年游客市场，根据其特点开发探险、新婚、修学等适合青年需求的旅游产品；或针对老年游客市场，开发观光、怀旧、度假、养老旅游产品等。

3. 产品专业型组合

产品专业型组合即只经营一种类型的旅游产品来满足多个目标市场的同一类需求。因为产品线单一，所以旅游企业经营成本较少，易于管理，可集中企业资金开发和不断完善某一种产品，进行产品的深度加工，树立鲜明的企业形象。但采取这种策略使企业产品类型单一，增大了旅游企业的经营风险。如旅行社开发观光旅游产品推向欧美、日本、东南亚等市场。

4. 特殊产品专业型组合

特殊产品专业型组合即针对不同目标市场的需求提供不同的旅游产品。旅游企业有针对性地开发不同的目标市场，能使产品适销对路，但投资较多，成本较高，因此企业应进行周密的调查研究。如对欧美市场提供观光度假旅游产品，对日本市场提供修学旅游产品，对东南亚市场提供探亲访友旅游产品；或者经营探险旅游满足青年市场的需要，经营休闲度假旅游满足老年市场的需要等。

☞ **课后思考与训练**

1. 简析旅游产品的特点。
2. 旅游产品开发应遵循哪些基本原则？
3. 影响旅游产品生命周期的因素有哪些？
4. 旅游路线的规划要考虑哪些要素？

第八章
旅游市场及目的地营销

◈ **案 例** ◈

拉斯维加斯的城市营销
——WHHSH 创造城市营销奇迹

WHHSH 是世界著名旅游胜地拉斯维加斯的城市标识语"What happens here, stays here"的简写，意为"在这里发生，在这里结束"。这个标识语在美国引起了轰动，同时也引发了争议，还产生了一场诉讼，但它却创造了惊人的广告效果，获得了 2004 年美国《品牌周刊》的年度大奖。WHHSH 堪称城市营销之出奇制胜的神来之笔。

WHHSH 出台于拉斯维加斯面临严重危机的"9·11"恐怖袭击事件之后的 2003 年。它是由美国 R&R 广告公司策划，由拉斯维加斯会议与游客管理委员会（Las Vegas Conference & Visitor Authority，LVCVA）全力推出。

以旅游业为命脉的拉斯维加斯，在 2000 年游客总数创下历史纪录后，还没来得及兴奋多久，就遭遇了"9·11"恐怖袭击事件这一致命的打击，游客数骤然下降。为了吸引游客，包括商务旅游者，受雇于 LVCVA 的美国 R&R 广告公司和哈里斯调研公司共同努力开展营销战略研究，重新将拉斯维加斯定位为成年人的自由圣地，推出了"What happens here, stays here"这个短句和一系列电视广告片，其中一个情节最令人印象深刻：一个打扮妖冶的女人从高级酒店出来，乘坐高级轿车前往机场，一路上还与司机说笑，可到达机场后，从车里出来的则是一个戴着黑边眼镜、打扮庄重的女性。广告向人们提示，如果你想从高度的工作压力中解脱哪怕几天，或是想从一成不变的枯燥生活中寻找一些特别的东西、一些变化，你可以来拉斯维加斯。但也可以理解成：在拉斯维加斯，你可以做平时不敢做的事，放纵自己而不为人所知。

这个广告语和广告片一经推出，着实引爆了许多美国人在"9·11"之后感觉人生无常时对及时行乐的渴望，或是在强大工作压力之余释放自己的需求。不同的广告受众，得到的是不同的信号刺激，它创造了 LVCVA 历史上最成功的营销记录，它使到拉斯维加斯的游客数在持续两年低水平徘徊之后在 2004 年突然猛增。哈里斯调研公司研究显示，67% 的旅行者说他们知道并记住了"在这里发生，在这里结束"这个广告标识语。在这些受访者中，77% 的人对该广告有好感，73% 的人表示这句标识语使得他们对将拉斯维加斯作为休闲旅游目的地极为感兴趣，并有 74% 的人表示他们非常愿意将拉斯维加斯作为商业目的地。

2005 年的一场诉讼又让这则广告语再次引发人们的关注：美国加州一位经营服装鞋帽的商人仿制了一个广告语，把它改为"在拉斯维加斯发生，在拉斯维加斯结束"。对此，LVCVA 提出了侵权诉讼，一时间众说纷纭，热议不断，无异于再次为拉斯维加斯作了免费广告。拉斯维加斯这条著名的广告语成为美国的一个流行语，奥斯卡颁奖会的主持人都用它作开场白。

第一节 旅游市场概述

进行旅游目的地营销，离不开对旅游市场的研究，而旅游市场是由旅游需求和旅游供给构成的，因此必须先研究影响旅游需求和旅游供给的因素及旅游需求规律和旅游供给规律。

一、旅游市场

旅游市场，从狭义上理解，是旅游产品交换的场所。如各国、各地区经常举行的旅游交易会、旅游博览会，就是一种旅游产品交换的场所。

在很多情况下，旅游市场还特指旅游客源市场，即能够被旅游目的地所吸引，并能购买其旅游产品的消费者群体及其所在国家和地区。如我们平时经常说的美国市场、西欧市场、日本市场等。

旅游市场不仅包括现实的旅游购买者，也包括潜在的旅游购买者。潜在的旅游购买者由于可自由支配收入、闲暇时间等的限制，在某一时点上不能产生购买行为，但是，一旦条件具备，潜在旅游购买者将转化为现实旅游购买者。

二、旅游需求

(一) 旅游需求的含义

旅游需求是人们为了满足旅行游览、休闲度假等需要所引发的对一定量旅游产品的需求。这种需求是不以人们的某种欲望为转移的，它必须有一定的条件为基础。具体来说，要有两个基本条件，一个是要具有可自由支配的收入(或一定的支付能力)，另一个是要具有可自由支配的时间(或一定的余暇时间)。因此，旅游需求就是具有可自由支配的收入和时间的人们，愿意按照一定价格水平所购买的旅游产品的数量。

旅游需求得以形成，需具备如下条件：首先，人们物质文化生活水平的提高，是形成旅游需求的基础；其次，交通条件的不断改善，为人们旅游需求的形成创造了条件；再次，社会劳动生产率的不断提高，使劳动者和工作人员的劳动时间缩短，使人们的闲暇时间增多，这就为旅游需求的形成提供了时间上的保证；最后，旅游动机则是形成旅游需求的直接原因，旅游动机对人们的旅游行为有启动作用，当人们具备了外出旅游的支付能力和闲暇时间的条件后，再加上已有的旅游动机，便形成了现实的旅游需求。

(二) 影响旅游需求的因素

1. 旅游价格

一般来说，在其他条件不变的情况下，旅游价格与旅游需求成反向变化，即旅游价格上升，旅游需求下降；反之，旅游价格下降，则旅游需求上升。

2. 可自由支配的收入水平

一般来说，人们可自由支配的收入与旅游需求成正向变化，即人们可自由支配的收入越多，对旅游的需求越大；反之，人们可自由支配的收入越少，对旅游的需求越小。

3. 闲暇时间

人们开展旅游活动，需要一定的闲暇时间，闲暇时间与旅游需求的关系是：在具有旅游支付能力的前提下，人们闲暇时间的长短与旅游需求的大小成正比例。

4. 旅游客源国或地区的人口数量

一般来说，旅游客源国或地区的人口数量越多，所形成的旅游者的数量越多，从而所形成的旅游需求量也越大。

5. 人口的地理分布

人口的地理分布状况不同，所形成的旅游需求量也会有很大差异。一般来说，在大中城市和经济比较发达的地区，人们的生活水平相对较高，再加上交通发达、信息通畅等便利的条件，人们的出游率要远远高于农村等经济不发达地区。

6. 人口结构

这里所说的人口结构，主要指人口的年龄结构、性别结构和职业结构等。旅游需求与人口结构有着十分密切的关系。

不同年龄段的旅游者，对旅游需求的程度是不同的，同时，他们的身体状况、人生经历、收支状况、闲暇时间等方面也有较大的差别，这样必然造成他们的旅游需求量和旅游需求结构等方面的差别。年轻人身体健壮、精力充沛、好奇心大、活动能力强，喜欢活动量大、带有一定探险求奇性质的旅游方式，但他们收入不高，旅游过程中对食宿交通等要求不高，只求方便实惠。中年人大多有固定的职业和工作，闲暇时间不多，但收入水平较高，支付能力较强，在旅游活动中对食宿较为注重，他们更喜欢度假、休闲、体育（如打高尔夫球、网球、保龄球等）等旅游活动内容。老年人身体状况下降，活动能力不强，不适宜活动量大、较费体力、有一定冒险性的旅游活动项目，而喜欢观光游览、文化娱乐、轻松自由的旅游活动。此外，他们闲暇时间较多，也有较高的旅游支付能力，希望在食、宿、交通等方面，能有较好的条件。

7. 家庭人口状况

这里所说的家庭人口状况，主要是家庭人数的多少。家庭人口多，生活负担较重，可自由支配的收入相对较少；反之，可自由支配收入就相对要多。这就形成了不同家庭在旅游需求上的差别。

8. 受教育程度

一般来说，人们受教育的程度越高，旅游需求就越大，反之则越小。这是因为旅游活动是一种精神文化活动，许多旅游吸引物具有较多的知识含量，文化水平越高，在旅游中的收获就越多，就会有更大的意愿进行旅游活动。例如，文化水平高的旅游者很愿意到博物馆、绘画馆、科技馆、名人故居故地、文物荟萃之地等参观游览，由于能欣赏和理解所见之物，往往精神贯注，流连忘返。反之，文化水平不高，对上述的旅游点、旅游地就没有什么兴趣，不愿费时费钱参观游览，在这种情况下，文化水平低的人也就失去了不少的旅游机会。

9. 政治因素

政治因素包括各国的旅游政策、国家之间的关系、各国政治经济形势、国际重大政治事件等。政治因素对旅游需求影响极大，有时对旅游需求的影响是致命的。例如，美国与古巴两国长期处于对抗状态，美国对古巴实行经济封锁和禁运，并限制美国人去古巴旅游，在这种情况下，也就不可能存在正常的旅游关系，虽然古巴与美国离得很近，但是作为旅游客源大国的美国，却很少有人去古巴旅游。

10. 货币汇率

货币汇率的变化对国际旅游（国际入境旅游和国际出境旅游）有较大影响。由于各国的经济形势不同，各国的货币币值的变化，就会引起不同国家间货币兑汇比率的变化。例如，泰国货币（泰铢）因东南亚金融风暴的发生而大幅贬值，引起泰铢兑美元的汇率下降，即1美元可以兑换比原来更多的泰铢。在这种情况下，美国旅游者去泰国旅游就便宜了，从而可以使美国旅游者对泰国的旅游需求增加。反之，泰国旅游者去美国旅游，就变得昂贵了。这样就会减少泰国旅游者对美国旅游的需求量。另外，中国近年来赴泰国等东南亚国家旅游人数急剧增加，除了中国经济的高速发展以外，一个很重要的原因是人民币保持坚挺，而泰铢却在贬值，使中国公民赴泰国旅游的费用下降，需求增加。

11. 交通费用

国际或国内交通费是旅游费用的重要组成部分。据统计，来华入境旅游者在华长途交通费占全部旅游费用的26%~30%。而在中国国内旅游方面，交通费用占旅游费用的比例更大。以从北京到广东5日游为例，假定乘坐飞机，往返飞机票每人3000元左右，每天每人食宿游费用平均200元，5天共计1000元，交通费占全部旅游费用的75%。若是乘坐火车硬卧，往返需800元左右，交通费占全部旅游费用的44%。由此可见，国际旅游和国内旅游中的交通费所占旅游费用的比例是相当大的。因此，交通费的增加或减少，都会对旅游者的旅游需求形成较大影响。

12. 旅游目的地(国)的物价水平

旅游目的地(国)物价水平的高低，对旅游需求影响很大。旅游目的地(国)物价水平越高，旅游者的旅游费用就越大，旅游需求就会相应减少。例如，日本是个物价水平很高的国家，虽然日本也是中国公民的旅游目的地国家之一，但赴日旅游的中国旅游者人数却远没有赴泰国的那么多，日本高昂的物价水平是主要原因。

13. 旅游目的地(国)旅游供给状况

旅游目的地(国)旅游供给包括旅游资源、各种旅游设施、旅游服务水平等。一般来说，旅游目的地(国)拥有丰富的、品级高的旅游资源，有能使游客得到满足的各种旅游设施，就能吸引旅游者，引发其旅游需求；反之，则很难引发旅游者的旅游需求。

分析影响旅游需求的各种因素，主要目的在于寻求解决旅游业所存在问题的方法和途径。

(三)旅游需求的衡量指标

一国或一地的旅游需求的大小是通过旅游需求指标来衡量的。衡量一个国家或地区旅游需求量的是总体指标，衡量个别旅游企业旅游需求量的是个体指标。这里介绍的是衡量旅游需求量的总体指标。

1. 旅游者人次数

旅游者人次数包括两部分：国际旅游人次数和国内旅游人次数。国际旅游人次数又分为入境旅游者人次数和出境旅游者人次数。前者是指一个国家(或地区)在报告期内所接待的国外(境外)旅游者人次数，而后者则是指报告期内一国(或一个地区)居民出国(出境)旅游的人次数，旅游者每出入境一次统计为 1 人次。国内旅游人次数，是指报告期内一国居民离开常住地，在境内其他地区旅游的人次数，游客每出游一次统计为 1 人次。

2. 一日游游客

一日游游客分为国际一日游游客和国内一日游游客。

国际一日游游客：指一个国家所接待的入境游客中，未在该国旅游住宿设施内过夜的外国人等境外旅游者，包括乘坐游船、火车、汽车去(或途经)一国旅游，在车(船)上过夜的游客和机、车、船上的乘务人员，但不包括在境外(内)居住而在境内(外)工作，当天往返的周边国家的居民。

国内一日游游客：指离开常住地，出游时间不足 24 小时，并未在境内其他地区旅游住宿设施内过夜的国内游客。

3. 接待旅游者人天数

接待旅游者人天数反映报告期内一个国家或地区的旅游住宿设施实际接待的各类旅游者的规模。计算公式为：

$$接待旅游者人天数 = 旅游者人次数 \times 旅游者人均停留天数$$

4. 人均停留天数

旅游者在一国或一地的人均停留天数是反映旅游需求的又一指标，其计算公式为：

$$人均停留天数 = \frac{\sum 旅游者人次数 \times 停留天数}{\sum 旅游者人次数}$$

5. 出游率

出游率是指在一定时期，一国或一地区外出旅游的人次与其总人口的比率。计算公式为：

$$G = \frac{N_t}{N_p} \times 100\%$$

公式中 G 表示出游率，N_t 表示外出旅游人次，N_p 表示总人口数。通过这一指标，可以看出该国或该地区形成旅游需求的能力。

6. 重游率

重游率指一定时期内，一国或一个地区多次外出旅游的旅游者人数占该国在该时期内外出旅游的旅游者总人数的比例。计算公式为：

$$R = \frac{T_n}{T_N} \times 100\%$$

其中，R 表示重游率，T_n 表示一定时期内多次外出旅游的人数，T_N 表示该时期内外出旅游的总人数。

以上指标，是从不同角度来衡量旅游需求的总体指标，通过这些指标，我们可以了解一国或一地区旅游需求的过去、现在的状况，是确定旅游供给量重要的依据。

三、旅游供给

旅游供给就是在一定时期内，旅游产品生产者和经营者按照一定的价格向旅游市场所提供的旅游产品和服务的总和。主要包括旅游者需要的住宿、餐饮、交通、旅游资源等以及由它们所组成的组合性旅游产品。

1. 旅游资源

旅游资源不仅是旅游者的旅游吸引物，也是旅游产业和旅游相关产业进行旅游经营的凭借，正是由于旅游资源的吸引，才能使旅游者前往旅游目的地，从而形成旅游活动过程中的一系列需求。从这一意义上说，没有旅游资源这种特定产品的供给，其他旅游产品的供给就难以实现。所以，作为一个旅游目的地国或地区，先要做好旅游资源这种特定产品的供给。

在旅游资源的供给过程中，需要适时、有步骤地进行再开发或深层次的开发，只有使旅游资源不断完善、丰富、提高，才能实现对市场的持续供给。

2. 旅游食宿设施

旅游食宿设施是最重要的基本旅游供给，是使旅游者在旅游过程中具有健康的身体、充沛的精力，并能按原定计划完成全部旅游活动的重要保障。由于不同旅游者的需求情况不同，旅游食宿设施应该是多种多样的。

3. 旅游服务

旅游服务主要是指旅游接待人员和服务人员向旅游者提供的服务，这种服务能够直接或间接满足旅游者在旅游过程中的多方面的需要。旅游服务作为一种特定的旅游产品（服务产品），一般不是预先被"生产"出来的，而是旅游者到达旅游目的地需要进行旅游消费时，它才开始"生产"，即旅游服务人员面对旅游者提供服务。为了向旅游者提供高质量的旅游服务，旅游企业必须不断提高管理水平，提高服务人员的素质。

4. 旅游交通

旅游交通是旅游活动的前提条件，没有便捷舒适的旅游交通，旅游活动就难以进行。民航、铁路、公路、航运等交通是面对全社会、服务于全社会的，旅游交通是这一社会大交通的有机组成部分。随着旅游业的发展，旅游交通在大交通中所占比例在不断提高。为了给旅游业提供便利条件，交通部门应开辟直接服务于旅游者的航线、航班、车次等。例如，民航可开辟更多旅游包机业务；铁路开辟更多的旅游专线车；公路部门可以增加通过旅游地、旅游点的专项公路，增加班车次数，以及水路上增加游船的数量等。

5. 旅游娱乐和购物设施

娱乐和购物活动是旅游活动的重要环节，也是旅游供给的重要内容。旅游目的地国家(或地区)应加强对旅游市场的调研，为旅游者提供优质的娱乐节目和娱乐活动。另外，要研究、设计和生产受旅游者欢迎的旅游购物品，满足其购物需求。

第二节　旅游目标市场的选择

旅游目的地营销，首先必须选好目标市场，以便进行有针对性的营销，提高营销效果。

一、旅游市场细分

对旅游市场进行细分是选择旅游目标市场的前提，市场细分、选择目标市场及市场定位的关系如图 8-1 所示。

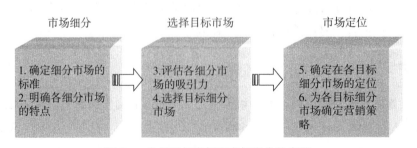

图 8-1　选择目标市场和市场定位的步骤

每一个客源市场的需求是有差异的，旅游目的地国家(地区)无法同时满足每一个客源市场的需求；另外，在不同客源市场进行宣传促销时的投入产出比也是不同的。因此，旅游目的地国家(地区)必须对客源市场进行细分，从中选择目标市场。

旅游市场细分就是将整体客源市场按照地理位置、旅游者特征、需求特点等因素划分为不同的细分市场的过程。

(一)市场细分的意义

市场细分工作具有如下作用：

1. 有助于发现营销机会

通过市场细分，可以发现消费者群的哪些需要尚未得到满足，这样，就可考虑提供满足需求的旅游产品和服务。

2. 有助于制定和调整营销因素组合

通过营销调研，集中了解目标市场的需要和愿望，就能更好地确定营销因素组合，提供适销对路的旅游产品。

3. 有助于取得有利的竞争地位

旅游目的地国家(地区)集中全力对一个或几个细分市场进行营销活动，更有针对性地满足目标市场消费者的需要，可提高本国(地区)旅游产品的竞争力，从而在激烈的旅游市场竞争中处于有利的地位。

4. 可以更有效地使用各种资源

有助于旅游目的地国家(地区)根据细分市场的特点，有效利用人力、物力、财力等资源，满足目标市场的需要，提高经济效益。

(二)市场细分的方法

市场细分需考虑三个方面的因素，即市场的有形属性、消费者的行为特点、市场质量，如图 8-2 所示。

1. 市场的有形属性

(1)市场的规模。要细分市场，就要了解市场的规模，即旅游者和潜在旅游者的数量及旅游收入。

(2)人口地理分布。旅游业的接待对象来自世界各地，地理因素是市场细分的重要标准之一。旅游目的地国家(地区)不仅应当根据客源区域(如北美市场、西欧市场)来

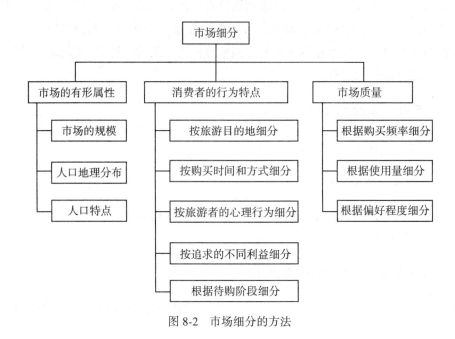

图 8-2　市场细分的方法

划分市场，还应当将主要客源国划分若干地区市场。以中国为例，可以划分为珠江三角洲地区、长江三角洲地区、东北地区、西北地区等。

地理分布是一种相对稳定的因素，比较容易辨别和分析。但是，从同一国家或同一地区来的旅客在需求上也有很大的差别，因此，还要综合考虑其他因素进行市场细分。

(3)人口的特点。旅游市场也可根据消费者年龄、性别、家庭规模、家庭寿命周期、收入水平、职业、文化程度、宗教、民族、种族等人口因素进行细分。

2. 消费者的行为特点

(1)按旅游目的细分。根据旅游目的细分市场是广泛使用的一种方法，一般来说，旅游目的有以下四种。

①公务和会议。包括商务旅行者、参加会议者(包括各种展览会、交易会等)和其他出差人员。这类旅行者的需求量受价格影响较少，旅行目的地以大城市为主。

②观光旅游。这类旅游者的旅游目的主要是了解异国他乡的历史、文化、民俗风情以及参观游览当地的自然景观等。

③休闲度假旅游。包括以休闲、度假、放松、享受为目的的旅游者群体。一般来说，这类旅游者对价格变化较敏感，其需求表现出较强的季节性。

④探亲访友。这类旅客以探亲访友为主要目的，对价格比较敏感，不太受各种营销

活动的影响。

（2）按旅游产品的购买时间和购买方式细分。对旅游企业来说，了解一年、一个季度、一个月、一周中的哪个时期旅游者最多，以及旅游者的购买方式，是相当重要的。据此，可以将旅游者进行细分，如按照购买方式可将旅游者划分为团体和散客两类。

（3）按旅游者的心理行为细分。根据旅客的生活态度、生活方式、个性特征、消费习惯等来细分市场，可将其分为按自我意图行事者、追求舒适者、冒险者等，不同类型的旅游者具有不同的消费特点。

（4）按追求的不同利益划分。消费者追求的各种利益是一个整体。人们对各种利益的重要性会有许多不同的看法，某种利益对某一细分市场有特殊吸引力，另一种利益对另一细分市场更有吸引力，据此，可以将消费者划分为不同的细分市场。比如，美国旅馆营销学家刘易斯将餐馆分为三种类型：家庭式餐馆、气氛型餐馆、风味餐馆。不同类型的餐馆所能给予消费者的利益是不同的。不同的消费者去不同的餐馆，所要追求的利益是不同的。比如，气氛型餐馆的消费者追求的利益次序为：食品质量和气氛、菜肴的种类、价格、方便。

（5）根据待购阶段细分。在某一时刻，总有些人根本不知道某种产品或服务的存在，而另外一些人却详细了解该产品或服务并对其感兴趣；有些人想购买某产品或服务，另一些人准备购买该产品或服务，等等。旅游接待国（地区）应设法了解各种潜在旅游产品购买者。例如，对不了解目的地旅游产品或服务的消费者，应做大量广告，以便引起他们的注意；对已经了解的消费者，广告要强调产品或服务所能给予他们的利益，促使他们进入"想买"阶段；对打算购买的旅游消费者，则应告诉他们购买的方法。

3. 市场质量

市场质量指市场的销售潜力。要选择最佳目标细分市场，还需分析各细分市场的质量。

（1）根据购买频率细分。购买频率指某段时间内消费者购买某种产品或服务的次数。据此，我们可将市场分为不购买者、曾经购买者、潜在购买者、初次购买者、重复购买者、经常购买者等。

（2）根据购买量细分。根据消费者对某种产品或服务的使用量，可以将市场细分为大量购买者、中量购买者、少量购买者等。大量购买者指经常购买某种产品或服务的消费者，他们在市场总人数中所占的比重也许很小，但购买量却占了很大比重。显然，任何一个企业都希望能吸引大量购买者这一细分市场。

（3）根据偏好程度细分。偏好程度指消费者对某种品牌产品的喜爱程度。根据人们的偏好程度，市场可细分为极端偏好者、中等偏好者、偏好变动者和无偏好者等。

二、选择旅游目标市场

对旅游市场进行细分的目的是选择目标市场，以便有针对性地实施营销活动，以提高销售量。那么，应该如何选择目标市场呢？图 8-3 反映了旅游目标市场的特征，其中数字 1~5 为各特征的重要程度，5 为最高，1 为最低。

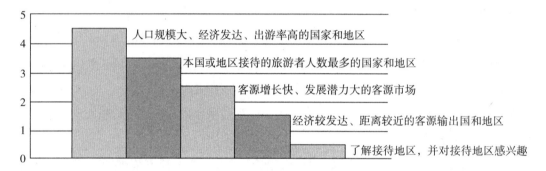

图 8-3　旅游目标市场的特征

根据以上原则，美国人口众多，是全世界经济最发达、出游率最高的国家之一，同时，又是来华旅游者人数最多的国家之一，因此，应该成为中国的旅游目标市场。另外，日本也是发达国家，人口规模比较大，同时多年来一直占来华游客总数的较大比重，而且距离中国较近，毫无疑问，也是中国主要的旅游目标市场。而中国的另一个邻邦——韩国，经济也比较发达，前几年，虽然来华的游客数量不如美、日多，但随着其经济的发展和中韩关系的不断改善，来华访问的韩国游客增长势头强劲，无疑，也应成为中国主要的目标市场之一。图 8-4 为 2016 年中国入境旅游主要客源国市场结构示意图。

从图 8-4 可以看出，近年来，我国入境旅游客源市场结构正在发生一些微妙的变化。主要客源市场从发达国家，转变为邻近国家。除了美国以外，前 10 大客源市场几乎清一色是我们的邻国。

根据目标市场的重要性，还可以将其分为一级目标市场、二级目标市场和三级目标市场，如图 8-5 所示。

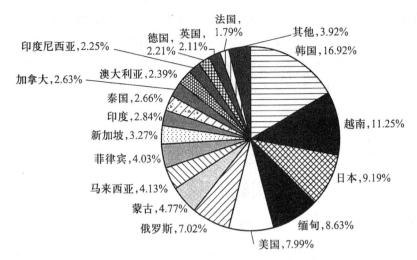

图 8-4　2016 年中国入境旅游主要客源国市场结构示意图

图 8-5　旅游目标市场的分类

三、选择目标市场应注意的问题

在确定目标市场时，还应注意以下两点：

第一，确定重点区域。由于经济、文化、交通的原因，每个客源国的出国旅游者常常是不平衡的，这就需要进一步分析，找出宣传、推销的重点地区。如美国有 50 个州，不可能把 50 个州都当作旅游宣传的目标市场。美国大多数出国旅游者来自 7 个州，首先是纽约州和加利福尼亚州，这两个州人口多、收入高；其次是佛罗里达州、马里兰州、伊利诺伊州、新泽西州和得克萨斯州等，它们的出国人数占美国全国总人口的52%。日本出国旅游者分别集中在东京、近畿和东部地区，占全国出国旅游人数的71%。法国的出国旅游者 1/3 出自巴黎地区。德国出国旅游者则集中在以慕尼黑、斯图加特为主的南部地区及法兰克福至中部的鲁尔区。

第二，选择目标对象。在目标市场上，即使在同一个国家，不同的消费者群体也有不同的需求特点。因此，要根据自己旅游产品的特点和目标市场上消费者的需求特点，选择目标对象，这样才能取得良好的销售效果。如日本的修学旅游很盛行、出国度蜜月的新婚夫妇很多，所以把日本青年作为目标对象和推销重点是最可行的。而对美国的宣传重点应放在中老年人市场上，来华的美国游客中之所以老年人居多，原因是距离远、花费大，美国的中老年人更有经济条件到中国旅游。另外，之所以选择美国的中老年人市场作为目标对象，还因为中老年人市场旅游消费高，是优质的旅游细分市场。

第三节　旅游目的地形象定位及宣传口号的确定

一、旅游目的地形象定位

确定旅游目的地形象的过程，就是对旅游目的地进行市场定位的过程。选择了目标市场以后，为了吸引和占领目标市场，就要进行市场定位，确定目的地形象及其宣传口号。

市场定位理论是营销学中一个十分重要的理论。根据这一理论，消费者对市场上各种产品进行比较之后，会形成对某一产品各种属性的看法。旅游市场定位则是指旅游目的地国家(地区)力图使自己的产品在目标市场和旅游消费者心目中树立形象，这种产品形象应该是明确、独特、深受欢迎，能够给予消费者所认同的各种利益。

进行市场形象定位时，既要考虑目标市场上消费者的需求特点，即"他们喜欢什么"，又要考虑旅游目的地国家(地区)或企业产品的特点，即"我的特色是什么"，据此进行旅游市场形象定位，并确定旅游形象宣传口号。如广东省珠海市，在"浪漫之都"遭辽宁省大连市抢注的情况下，根据自身的城市特点和时代特征，经过多年的斟酌研究，广泛地征求专家及游客和社会各界的意见和建议，将城市形象最终确定为"幸福之城"。

二、旅游宣传口号的确定

(一)旅游目的地形象宣传口号创意设计的模式

形象宣传口号是旅游者易于接受的、了解旅游地形象的有效方式之一，是旅游地形象的提炼和界面意象，也是形象定位的最终表述。一个创意设计有特色、有品位的旅游形象宣传口号往往可以产生神奇的广告效果，对旅游目的地的形象塑造与传播具有十分重要的作用。

旅游地形象宣传口号的创意设计方法很多，概括来讲，主要有两种：一种是资源导向的方法，即根据旅游地的资源、文化、历史等方面特征来设计宣传口号；另一种是游客导向的方法，即从游客的需求出发，向游客传递一种信息——通过到旅游目的地旅游，游客将获得一种什么样的感受与体验。从宣传口号的内容来看，旅游目的地形象宣传口号创意设计的模式有以下七种，见图 8-6。

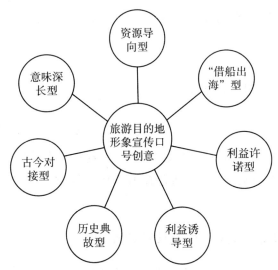

图 8-6　旅游目的地形象宣传口号创意设计的模式

1. 资源导向型

资源导向型是一种普遍采用的旅游地形象宣传口号设计类型。如北京市的"东方古都、长城故乡"，浙江省的"诗画江南，山水浙江"，江西省的"红色摇篮，绿色家园"等。

2. "借船出海"型

"借船出海"型采用比附的设计手法，借助知名度较高的旅游地来宣传自己。如苏州乐园的"迪斯尼太远，去苏州乐园"，巧借迪斯尼来宣传苏州乐园容易到达、可游性强的特点；海南三亚的"不是夏威夷，胜似夏威夷"；广东肇庆的"肇庆山水美如画，堪称东方日内瓦"等。

3. 利益许诺型

如深圳世界之窗的"您给我一天，我给您一个世界"；山东曲阜的"旅游到曲阜，胜读十年书"等。

4. 利益诱导型

如西安的"走进历史，感受人文，体验生活"；上海的"上海，精彩每一天"；深圳锦绣中华的"一步迈进历史，一日畅游中国"。

5. 历史典故型

如承德避暑山庄的"皇帝的选择"；黄山的"黄山，黄帝的山"；南京的"博爱之都"。

6. 古今对接型

如浙江宁波的"东方商埠、时尚水都"。

7. 意味深长型

如黑龙江伊春的"伊春，森林里的故事……"表现小兴安岭的森林景色和资源特色，同时为受众留下一定的想象空间；江苏的旅游宣传口号"梦江苏"，表现了江苏省如梦如烟的美丽景色。

(二)旅游目的地形象宣传口号设计的原则

旅游地形象宣传口号设计是一项技术性非常强的工作，其创意设计应遵循一定的原则。

1. 地方性原则

旅游地形象宣传口号应反映旅游地的文脉、地脉和资源特色。其中文脉主要包括旅游地的历史文化、社会经济、民俗风情等特征；地脉主要包括地质地貌、气象气候、土壤水文等自然环境特征。在进行旅游形象宣传口号设计时，要在充分的地方性研究和受众调查的基础上，提炼出反映地方特色与个性的形象元素并融入宣传口号之中。

2. 针对性原则

旅游地形象宣传口号的设计要有针对性。首先，要针对市场需求特征来设计，能够反映旅游需求的热点、主流和趋势。其次，在进行旅游宣传口号的设计时，应考虑到客源市场旅游需求的不同特点，设计不同的宣传口号。如江西省旅游形象的宣传口号，对外为"世界瓷都，白鹤王国"，而对内为"红色摇篮、绿色家园"。北京的对外宣传口号为"东方古都、长城故乡"，对内宣传口号为"不到长城非好汉"。

3. 统一性原则

统一性原则又称整体性原则。旅游地形象宣传口号可以设计一系列不同方案，但必须具有统一性，即同绕旅游地形象主题这一中心来展开。这种统一性主要表现在两个方面：一是时间上的统一，不同时间推出的旅游宣传口号必须统筹规划；二是空间上的统一，虽然针对不同的客源市场可以采用不同的旅游宣传口号，但不能脱离旅游地的形象主题。

4. 感召性原则

一句有时代感、寓意深刻、朗朗上口的旅游形象宣传口号，往往能引起人们无尽的遐想，产生意想不到的号召力。旅游形象宣传口号可以采用"感性"的语言、诗化的意境体现旅游目的地形象对游客的感召力，使游客产生出游的冲动。

5. 时代性原则

旅游地形象宣传口号要有时代气息，适合大众感知口味。通过应用符合语言文化时尚的宣传口号，有效地展现旅游地形象，与目标市场那些最为活跃的旅游消费群体实现有效沟通。在口号内容上，要反映旅游需求的热点、主流与趋势。如中国香港将旅游宣传口号"万象之都"重新设计为"动感之都"，就充分地体现了时代特征。

6. 艺术性原则

旅游地形象宣传口号最终需要通过各种媒介向受众（旅游者）进行传播。因此，在进行设计时，应尽可能使用广告设计的一些技巧、技法，使宣传口号简洁、生动、凝练、优雅、新颖，以及具有感染力和吸引力。在内容上，要有文化内涵，运用民族文化增加其艺术色彩。在表现形式上，要符合人的审美艺术情趣，比如运用修辞手法，引用古诗词句，用浓缩的语言、精辟的文字、绝妙的组合等构造一个有吸引魅力的旅游地形象，打动旅游者的心，成为旅游者深刻的记忆。

7. 稳定性原则

旅游地的形象主题具有一定的稳定性，而旅游形象宣传口号是围绕这一形象主题进行设计的，因而也应该保持相对的稳定性，不可经常变换。当然这种稳定性是相对的，当旅游地形象需要重新定位时，其宣传口号也必须进行相应的调整或重新设计。

第四节 旅游宣传与促销

《 案 例 》

澳大利亚的旅游宣传

在澳大利亚，旅游者乘坐火车、汽车、飞机旅行，会发现前排座位的读物袋中备有旅游宣传卡；走出机场、车站，会看到在出港通道、出站通道附近陈列着的旅游宣传卡；在宾馆、酒店、旅行社的醒目处集中摆放着旅游宣传卡。在悉尼，随便搜集几种悉尼旅游指南、便览，就会发现个个印刷精美、内容翔实、定位准确；既有英文的，也有中文、日文的；既有旅游主管机构编印的，也有旅游行业组织、专业旅游促销机构组织编印的旅游宣传卡，还有旅游企业编印的旅游宣传卡。单页、折叠的旅游宣传卡方便旅游者在车上阅览和随身携带；大 16 开的旅游宣传册利于旅游者在宾馆饭店或回到住处轻松阅览。宣传卡是定期或不定期出版的，但没有一份宣传卡使用周期超过一个季度。

一、旅游宣传

旅游宣传是指旅游目的地国家(地区)或旅游企业为了树立形象，开拓客源，吸引旅游消费者，提高旅游业的经济效益和社会效益而进行的各种信息传递与情报沟通的活动，是旅游促销的手段之一。

旅游宣传是旅游市场竞争的重要手段。相对于其他产品的宣传活动而言，旅游宣传具有更为重要的意义。这是由旅游产品的特殊性决定的。首先，旅游产品是一种无形的服务，看不见，摸不着，也不能拿到客源市场让消费者去试用。因此，只能通过宣传让消费者感知和认识旅游产品，通过宣传扩大知名度，树立旅游形象。其次，旅游产品具有不可储存性的特点。工业产品生产出来以后，可以储存起来，今天卖不掉，明天还可以再卖，而旅游产品，无论是客房出租，还是交通设施的使用，抑或是参观游览等，一天卖不出去，当天的使用价值就永远丧失掉了。因此，凡是旅游业发达的国家或地区都非常重视旅游宣传。美国夏威夷的旅游业十分发达，之所以获得如此成功，旅游宣传功不可没。夏威夷的旅游宣传计划由旅游局长亲自负责制定，同时，其私人企业每年还用大量经费来宣传它们各自的饭店、航空公司等。

由此可见，一个国家或地区要开拓新的旅游市场或扩大原有的旅游市场，必须加强旅游宣传。经验表明，旅游宣传能够扩大市场，给旅游目的地国家或地区带来可观的经济收益。在新加坡，平均 2 美元的宣传费就能招徕 10 名外国旅游者；在经济效益上，每花 1 美元的宣传费，就能换取 120 美元的外汇收入。所以，许多国家和地区都将旅游宣传视作旅游业的"开路先锋"。

(一)旅游宣传的作用

旅游宣传的作用表现在以下几个方面：
(1)开拓旅游市场。
(2)引起人们的注意，唤起其旅游愿望。
(3)在旅游目标市场和旅游消费者中树立和保持自己的旅游形象和产品形象。

(二)旅游宣传的任务

旅游宣传的任务主要是树立旅游形象,促成旅游者购买行为的发生。

旅游形象是一个国家或地区给旅游者的总体感受和印象,旅游形象在旅游者头脑中树立,对其旅游行为的选择和决定有着重要作用。一个旅游者从获得信息到购买旅游产品为止,大体经历了"知名—理解—兴趣—决定"的过程。这里,首先旅游者对这个国家或地区要有鲜明的印象。因此,世界上各个国家或地区在旅游宣传中都有意识地创建自身旅游形象,并以鲜明的旅游形象而享誉全球。如南非以"彩虹之国",树立起了世界上最美丽的国家之一的市场形象;而西班牙的"金色海滩",香港的"购物天堂""动感之都"等,也都早已深入人心,起到了很多的宣传效果。

在一个时期内树立一个生动、鲜明的旅游形象,可以收到非常理想的宣传效果。一切旅游资源的开发、吸引物的建设、设施的设计安排、旅游产品的生产,以及旅游接待、宣传、推销活动等都应围绕着这一形象进行。

(三)旅游宣传的原则

为了取得良好的宣传效果,旅游宣传必须遵循以下几项原则:

1. 真实性

"宣传"在很多游客,特别是西方游客中,常常被认为是政府为了达到一定的目的而进行的一系列夸大其词的说明或促销活动,或政府通过各种媒体进行的有关活动,其直接目的是向公众"灌输"某种价值观念,因而,常常带有贬义的成分。所以,要取得良好的宣传效果,必须改变旅游者的这种认识,而要改变旅游者的这种认识,在旅游宣传中就必须坚持实事求是的原则,切忌大话、空话、套话以及言过其实的宣传,以免引起游客的反感。

2. 创新性

求新、好奇是人们旅游的主要动机之一。所以,旅游宣传要着重介绍和宣传自己国家或地区独一无二的,或有特色的景色和文化,要以新颖、独特取胜。比如,李白故里——四川江油市为了进行旅游宣传,在一块田地里播种油菜和小麦,历时半年多的时间,逐渐清晰地利用金黄色的油菜花与翠绿色的麦苗形成巨大的李白头像及"千年李白,回归大地"八个大字。此次活动的策划者称,他们将以"李白一张脸,占地八百亩"申报吉尼斯世界纪录,这种营销模式极富创意。

3. 针对性

旅游宣传必须根据游客的心理，做到"有的放矢"，防止千篇一律。旅游宣传的对象散布在不同的国家和地区，其阶层、职业、文化程度、宗教信仰、经历和兴趣各异，因而，其旅游动机和需求心理也不同。比如，日本人和美国人的文化背景不同，其兴趣、爱好也必然有所差异。因此，做旅游宣传，先要对客源市场的需求特点进行调查，采取不同的宣传方式和宣传内容，才能取得良好的效果。长期以来，中国的宣传品把立足点放在"宣传"的基调上，自我意识很强，但很少从市场的角度想问题。特别是在对外宣传上，往往是以我为主，面面俱到，缺乏特色，把握不住外国人的需求特点，不知道外国人喜欢什么，爱看什么，造成旅游宣传与国际旅游者的需求错位，因此，没有起到良好的宣传效果。比如，外国人看旅游宣传品或促销片时，不喜欢很多的解说词，不喜欢类似广告叫卖形式的片子，而我们的很多旅游宣传片恰好就犯了这些毛病。再如，中国的一些旅游宣传片很多是在讲故事，根据景物来引起联想，像猴子观海、仙人挂靴等，对于这种典故、联想，外国游客并不了解，也不一定懂得欣赏。因此，对外旅游宣传，要注重东西方游客在文化心理和欣赏习惯上的差异。

《 案 例 》

外国人到底喜欢什么
——一位外国专家看中国旅游业

斯科特是一位多次来华的外国旅游专家，但自认为每次几乎只是个"围观者"，在上海看到的都是高楼大厦、车水马龙，十分繁华。但除此之外，很少有大脑皮层的深度刺激。

这次，他在长江三峡旅游中则完全不同，得到了一次终生难忘的"深度刺激"——因为他被"重婚"了一次。他尾随游客走进三峡的一家主题公园时，对借着溪流和山势打造的"三峡人家"也抱着"看稀奇"的心态。因为他是唯一的老外而被选为"新郎"，除了参加复杂新鲜的民俗婚礼仪式外，还被送进了"洞房"。"这种让游客深度体验的游戏设计，的确让人很受刺激，我竟然在中国'重婚'了一次。所以，这次来中国，我的旅游印象非常深刻。"斯科特称。

4. 及时性

旅游业是个非常敏感的行业，它的发展受到政治、经济、社会、自然等因素的影响。变化多端的旅游市场，要求旅游宣传必须抓紧最有利的时间进行。前几年，日本经济高速发展，为了平衡国际收支，缓和国内外各种矛盾，日本政府制定了"海外旅行倍增计划"，鼓励国民出国旅行，使日本出国旅游人数迅速增长。为此，美国、西欧各国、澳大利亚、印度、泰国、菲律宾等很多国家和地区，均早早地对日本采取了宣传攻势，并取得了较好的效果。近年来，中国经济发展迅速，出境游增长强劲，逐渐成为主要旅游客源国之一，于是，东南亚、大洋洲、西欧和非洲等地区的很多国家针对中国旅游市场展开宣传攻势，期望能抢占中国这一增长中的客源市场。"9·11"事件后，安全问题成了出游要考虑的头号问题，中国政府则抓紧时机进行旅游宣传，强调中国是最安全的旅游目的地，取得了明显的效果，吸引了大量外国游客。

（四）旅游宣传的手段

旅游宣传的手段很多，最基本的有以下几种：

1. 图文手段

图文手段主要通过文字或图片进行宣传，有时图、文结合使用。图文手段包括宣传画、游览图、旅游交通图、旅游图片、明信片、说明书、导游手册、旅游评论、游记等。这些宣传品一般经过精心设计，形式美观，色彩鲜艳，内容简明扼要，具有形式多样、便于携带等特点。

2. 声像手段

声像手段是运用多媒体进行旅游宣传的一种很好的形式，如旅游宣传片。传统的声像手段还包括录像带、DVD 和幻灯片等。

利用声像手段进行宣传的特点是形象、生动、活泼，直观性强，往往给人深刻的印象，因而能够起到较好的宣传效果。例如，中国 20 世纪 70 年代末拍摄的电影《庐山恋》，它虽然不是专门的旅游宣传片，但却对庐山这一旅游景点起到了意想不到的宣传效果。这部片子几十年如一日，从早到晚，在庐山市的几个电影院轮番放映，经久不衰，创下了放映次数最多的电影的吉尼斯世界纪录。

3. 广告手段

广告的特点是宣传面广，影响较大，应变力强，能灵活地适应市场需求，是旅游宣传普遍采用的一种手段。做广告宣传的目的在于引起人们的强烈注意，充分发挥其信息媒介的作用。调查表明，一则广告要连续出现 20 次才能打入顾客脑海。因此，广告要早做、及时做、反复做，并在"引起注意"上下功夫。

广告宣传的种类很多，进行广告宣传的媒介有报纸、杂志、广播、电视、户外广告牌、互联网等。其特点各有千秋，如：报纸接触面广；杂志读者对象鲜明，针对性强；广播传递信息快，比较灵活、方便。电视富有感染力，能将人们的视觉和听觉充分调动起来，如能突出重点、反复播放，便会收到最佳效果，但其费用则相对较高。户外广告费用低廉，可在城市交通要道、公共场所、旅游地区等处设置新颖、醒目的广告牌，也能收到旅游宣传的功效，而且户外广告留存和影响的时间较长。如今十分流行的网络广告覆盖面广、方式灵活、制作简捷，其重要性越来越大。

4. 邀请手段

邀请外国旅行社、航空公司、旅游批发公司、旅游零售商以及外国旅游记者、著名作家、评论家等知名人士来旅游考察，让他们亲自看看中国的旅游资源、旅游设施和条件，感觉旅游服务，以便通过他们更好地进行宣传和推销工作。这种方式花费少，影响大，往往能收到意想不到的效果。

5. 巡回宣传

除以上所列各种宣传手段外，还可派出专门人员或集团到主要旅游客源国或地区做巡回宣传。例如，近年来，中国很多省市在做旅游宣传时，竞相采用"大篷车"宣传模式，这就是一种巡回宣传。采用"大篷车"进行宣传，由于具有独特性和新闻性，因而取得了很大成功，是一种较好的宣传方式。中国原国家旅游局也曾在中韩建交 10 周年之际，利用大篷车在韩国做旅游促销活动，收到了很好的效果。

二、旅游促销

（一）旅游促销的定义

旅游促销就是通过各种方式，把旅游产品的有关信息传递给旅游消费者，从而影响、唤起、促使消费者购买旅游产品的过程。

旅游促销一方面是将旅游产品的有关信息传递给旅游消费者；另一方面，在旅游促销过程中，旅游消费者也会把旅游产品的需求动向反馈给产品生产者，使产品生产者根据旅游者的需求情况来生产旅游产品。因此，旅游促销也就是旅游产品生产者与旅游消费者之间的双向信息沟通过程。

（二）旅游促销方式

1. 旅游广告

广告是一种付费的促销形式，它主要是向消费者准确地传递产品的有关信息，力求使消费者关注产品。

广告是非人员性的促销活动，它通过媒体来传递信息。广告的作用，一是可以把旅游产品信息广泛地传递给消费者，架起旅游产品生产者与消费者之间的桥梁；二是可以大大缩短旅游产品生产者与消费者建立联系的时间。

广告媒体的种类有很多，前文已有论述。各种广告媒体在向消费者传递产品信息的过程中，都有优点和不足之处。旅游目的地国家（地区）或企业可视各种具体情况选择利用。

2. 旅游宣传品

旅游宣传品是旅游企业或政府旅游主管部门编辑印制的，向旅游者广为散发的，以期引起旅游者注意的各种物品，包括旅游宣传册、旅游招贴画、旅游音像制品、导游图、明信片等。在旅游宣传品中最重要的和广为使用的是旅游宣传册。旅游宣传册可以通过多种途径散发，如可以向旅游者传递和邮寄，摆放在机场、车站、码头、繁华商业区、旅游销售门市部供人们取阅等。

3. 人员推销

人员推销是通过推销人员和中间商与消费者直接接触，宣传介绍产品并促使消费者购买的一种促销方式。

人员推销的优点是：它可以通过推销人员的语言、形象、特有的各种宣传材料，直接向顾客宣传、展示；可以有针对性地选择推销对象，并能直接和当面商谈各种购售事宜，解答消费者的种种疑惑等。

4. 参加旅游展销会

国际上每年都有许多次大型的国际旅游博览会，如伦敦国际旅游博览会、纽约国际旅游博览会、柏林旅游博览会、东京旅游博览会、广州国际旅游展销会等，这些旅游博览会都是国际旅游界的盛会，各国商家集聚，交易成果累累，中国每年都有许多旅游企业参加推销。中国国内每年都要召开数次全国性的旅游交易会，交易会规模逐年扩大，参加会议的旅游企业的推销人员频繁接触、轮番洽谈，是推销自己产品的极好机会。

5. 营业推广

营业推广是旅游企业为刺激市场需求，促使目标市场的消费者尽快、大量购买本企业的产品和服务而采取的一系列鼓励性促销措施，如给予消费者各种优惠、折扣等。例如，海航旅业集团为了抵御国际金融危机对旅游业的影响，借着名导演冯小刚拍摄的2009年贺岁片《非诚勿扰》在全国热播之际，以爱情为主题，以热恋情侣为目标市场，推出了"相约海航，非诚勿扰"旅游项目。正如其广告词中所说的："虽然金融危机的肆虐让这个春天倍感寒意，但这似乎并不能阻挡人们追求浪漫爱情的脚步。《非诚勿扰》

中，你看到的未来即将实现，跟着我们的步伐，到非诚勿扰的拍摄地看一看，回忆一下流淌在爱人心中的深深情意，在椰风海韵中留下爱的倩影……"为此，海航旅业集团针对旗下的所有旅游产品均提出"可获赠免费情侣写真一套，更有海底婚礼、'印象—海南岛'演出，南山文化苑、天涯海角、南湾猴岛等景点活动的各种优惠。如选择自驾畅游，海航旅业集团旗下的思福汽车租赁公司将以最优惠的价格为您提供服务。报名前50对情侣即可享受2999元/人，买一送一优惠大礼"等优惠促销措施。这一极富创意、充满浪漫色彩的旅游推广活动，引起了国内广大旅游消费者的极大兴趣。

6. 公关活动

公关活动是一项树立旅游目的地形象、进行信息沟通的活动，其目的是获得和加强广大旅游消费者(现实的和潜在的)和业务合作伙伴(现在的和今后的)的了解和支持。

公关活动的核心是树立目的地的良好形象。旅游目的地形象是品牌的重要内容。有了良好的形象，才能得到社会广泛的信任，才能顺利地与各有关方面建立稳固和长期的业务关系。公关活动的最终目标就是要不断增加旅游企业和旅游目的地产品的销售量，提高其市场竞争力和市场占有率。

7. 电邮促销

电邮促销即以电子邮件的方式向潜在旅游消费者发送旅游企业及旅游目的地促销信息的促销方式。这是一种现代化的促销方式，其特点是速度快、针对性强、简单易行、促销成本极低，因而受到越来越多的旅游企业的欢迎。

(三)旅游促销组合

旅游促销组合是把各种旅游促销方式根据促销的需要进行选择和组织的过程。

如前所述，旅游促销的方式有旅游广告、人员推销、参加旅游展销会等。如何综合运用这几种方式，要视促销的内容、重点的不同而有所不同。综合运用不同促销方式就是促销组合策略。

旅游促销组合不同于旅游市场营销组合。旅游市场营销组合与旅游促销组合的关系如图8-7所示。

从图8-7可以看出，旅游促销组合是旅游市场营销组合的有机组成部分。

(四)旅游促销策略

由于旅游目的地旅游产品的特色不同，产品生产者的情况不同，旅游促销的目标不同等，就形成了形式多样的旅游促销策略。按照旅游促销活动运作的方向来区分，旅游促销策略可分为推式策略和拉式策略。

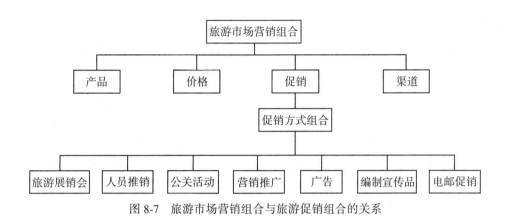

图 8-7　旅游市场营销组合与旅游促销组合的关系

1. 推式策略（Pushing Strategy）

推式策略是指旅游目的地通过各种旅游促销方式把旅游产品推销给旅游中间商，旅游中间商再把旅游产品推销给旅游消费者。在推式策略中，旅游促销的方向与旅游产品在销售渠道中流动的方向是一致的，如图 8-8 所示。

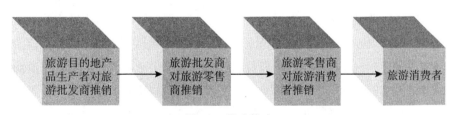

图 8-8　推式策略

总而言之，推式策略就是旅游产品生产者劝说旅游中间商和旅游消费者购买自己的产品，使旅游产品逐次通过各个销售渠道，并最终抵达旅游消费者。

2. 拉式策略（Pulling Strategy）

拉式策略是这样一种策略：旅游目的地直接针对旅游消费者进行促销，唤起和刺激旅游消费者的旅游需求；之后，旅游消费者向旅游零售商购买该种旅游产品，通过旅游消费者的购买行为的拉动，旅游零售商向旅游批发商求购；最后，旅游批发商向旅游目的地产品生产者购买该种旅游产品。在拉式策略中，首先是旅游消费者需求的拉动，使旅游零售商和旅游批发商一层一层地购买旅游产品，最后转向旅游产品生产者，如图 8-9所示。

由此可见，拉式策略是通过对旅游消费者促销，使其产生旅游需求，以其购买行为作拉动，促使旅游中间商一层一层求购，直到旅游产品生产者那里，从而实现旅游产品的销售。

　　旅游目的地在确定促销策略时，是选择推式策略，还是选择拉式策略，要视具体条件和情况而定。上述两种旅游促销的基本策略不是截然分开的，旅游目的地产品生产者可视各种具体情况及其变化，进行综合和全面的运用，这样才能产生良好的促销效果。

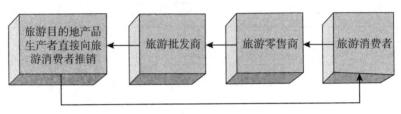

图 8-9　拉式策略

第五节　旅游目的地节庆营销

　　节庆营销指旅游目的地以节庆活动为载体，有计划地策划、组织、实施针对节庆活动的系列营销活动以吸引媒体、社会公众和目标市场的兴趣与关注，以提高旅游目的地的知名度、美誉度，树立地区良好形象并最终达到吸引旅游者的目的的营销活动。

　　节庆营销以其巨大的形象传播聚焦效应、经济收益峰聚效应、关联产业带动效应而普遍受到旅游目的地及企业的重视，逐渐成为旅游目的地塑造、宣传地区独特品牌形象的重要手段。

一、节庆营销的优势

　　与传统营销方式相比，节庆营销具有以下优势：

1. 媒体关注度高

　　旅游目的地借助具有轰动效应的热点节庆活动而开展的营销活动，必然备受新闻媒体关注。在节庆活动筹办期、发生期，高强度、多方位、大规模的新闻宣传必然引起广泛的社会关注，旅游目的地在借势效应作用下成为公众瞩目的焦点，它向成千上万的潜在旅游者展示其旅游目的地的风采，在无形中影响其对旅游目的地的认知。这必然会促进目的地旅游形象知名度的大幅度提高。2010 年上海"世博会"期间，上海市政府以及国家有关部门通过举办大量节庆营销活动来宣传和提升目的地形象，取得了很好的效果。其他的如"潍坊风筝会""大连服装节"等都是节庆旅游的典范之作，对于提高这些城市的国内外知名度，推动当地旅游业的发展，起到了很好的效果。

2. 潜在效益大

除了直接的经济效益外，一次成功的节庆营销还能给旅游目的地带来巨大的潜在效益，如知名度、美誉度、品牌价值的大大提升。

节庆营销在传递旅游目的地形象的同时，也在塑造旅游形象，它通过整合目的地资源配置，如旅游资源、物质资源、营销资源等，以最佳效果向目标市场集中展现目的地的自然景观、历史背景、文化民俗、商贸活动、城市建设等，从而塑造和提升目的地旅游品牌形象。因此，蕴涵了大量目的地信息资源的节庆营销可以称为目的地品牌形象的代名词。例如，荷兰海牙北海爵士音乐节塑造了海牙"爵士乐之城"的品牌形象，中国广西南宁国际民歌节打造了南宁"民歌城"的城市形象。

3. 目标受众广

节庆营销的目标受众涵盖关注该节庆活动的多个社会群体，范围十分广泛。

4. 营销信息接受度高

节庆营销的传播媒介主要是新闻，而目标受众对新闻的信任度和接受度远大于广告，从而提高了节庆活动的关注度。

5. 企业获利多

据有关统计显示，企业运用节事营销所取得的传播投资回报率约为传统广告的3倍，它能有效树立企业品牌形象、促进产品销售。

节庆营销为目的地旅游企业提供了一个良好的合作平台。重大节庆活动所带来的巨大商机将使所有目的地旅游企业获利，在利益驱动下，各旅游企业都有参与节庆营销的积极性。地方政府或行业组织就可以作为协调者，联合地方旅游企业开展联合营销以培育大市场。澳大利亚在旅游企业联合营销方面的做法是：由旅游促进协会协调，各旅游企业根据在节庆活动中受益程度的不同，协商交纳相应额度的款项给该协会作为营销基金，协会代表整个地区使用营销基金来开展节庆营销活动。节庆营销将为目的地旅游企业在大范围、多层次开展业务合作提供成功的范例，从而促进当地旅游产业的协调发展。

二、节庆营销的原则

开展节庆营销，就要开发节庆旅游产品。节庆旅游产品的开发应遵循以下原则：

1. 大众化原则

坚持大众化原则，实际上是要体现节庆的大众"参与性"和"娱乐性"原则，强调民间性，这是节庆旅游生命力的源泉。节庆活动应以大众为核心，涉及范围要广泛，深入寻常百姓家，开展丰富多彩的地方性活动。不仅舞台要与观众融为一体，形式也应以露天、欢快、热烈为原则。真正让游客和群众融入其中，带给大家欢乐和轻松，使当地居民及海内外游客充分感受到特殊的节庆气息，获得独特的享受。

2. 市场化原则

坚持市场化原则，精心培育区域节庆旅游产品，这是节庆旅游持续发展的基本保证。节庆旅游产品的开发必须依据市场化的管理运作体系，精心策划和培育主题鲜明、富有感召力的区域节庆旅游产品。要基于市场化的原则，广泛动员和整合各方资源，摆脱政府办节的狭隘模式，走上依托市场办节庆的良性循环轨道。

3. 个性化原则

确立个性化原则，打造节庆旅游品牌，是节庆旅游的魅力所在。目前全国各地名目繁多的节庆旅游活动令人眼花缭乱，但令人遗憾的是，有相当多的节庆活动要么昙花一现，要么苦苦支撑、亏本运营，主要原因是缺乏个性，没有地方特色。这就要求相关部门必须对节庆活动的举办及品牌打造进行精心设计和培育，在形式、内容、规模、组织上不断探索新思路，拿出新举措，打造新特点，使节庆旅游的内涵不断丰富，形象不断巩固，努力形成品牌节庆，永葆节庆旅游活动的魅力。

三、节庆营销的注意事项

旅游目的地在开展节庆营销时，常常存在以下问题，需要引起注意：

1. 营销主题不当

节庆营销要有一个明确、科学的主题定位，这个主题定位必须符合目的地旅游形象定位。正确的营销主题定位是节庆营销的核心，系列营销活动只有围绕着核心主题展开，才能达到最佳营销效果。目前国内许多城市在策划节庆营销活动时，没有从战略高度去考虑营销主题定位问题，导致营销主题与节庆主题脱钩，营销主题与目的地旅游形象不符等。另外一个问题是营销活动很多但是杂乱，没能塑造一个明确的节庆品牌形象，导致营销效果大打折扣。

2. 营销活动雷同

节庆活动是目的地形象的载体，而营销活动则是节庆形象的载体，营销活动向旅游者传达的信息要有利于营造节庆以及目的地的个性形象。不同的节庆活动有不同的特点，即使是同一类型的节庆活动，在不同地点举办都会有差异性。而节庆营销如果不能通过一系列体现地域特色的创新营销活动来塑造旅游目的地节庆的独特形象，其市场吸引力与生命力必然大打折扣。目前一些城市在策划节庆营销活动时，普遍借鉴其他地方的传统形式，活动设置雷同、缺乏创新，往往就是开幕式、歌舞表演、花车巡游、广告展示等常规活动项目，既不能有效传递节庆特色，又不能明确体现目的地的形象特色。因此，缺乏创新与特色的营销活动将会限制节庆营销的效果。

3. 营销效应短暂

节庆营销具有间接效益滞后的特点，因此容易造成节庆营销只有短期效益的错觉。而实际上，节庆营销不仅具有即时性的短期直接经济收益，而且对旅游目的地具有隐性的长期间接效益。短期直接效益只是节庆营销效益的"冰山一角"，而旅游目的地的品牌价值、知名度、美誉度持久而广泛的提高这一长期的间接效益才是其最重要的无形资产。许多地方只看到了节庆营销的短期效益，只注重节庆举办期间的营销活动，而在节庆活动过后停止了营销工作，没有深度挖掘节庆营销的后续效应，导致节庆营销效益持续时间短。因此，统筹规划、实施节庆营销长期战略，是旅游目的地可持续发展的重要保障。营销规划的时间应涵盖节庆筹办期、举办期和后节庆期，特别是在后节庆期应关注前期节庆营销效果的评估反馈与后续营销的跟进及强化。

4. 营销主体错位

目前中国大部分地区的节庆活动仍然沿袭了传统的政府包办、行政运作方式，节庆活动申办、策划设计、营销宣传、搭台布置到后勤管理的一系列具体业务，其资金主要来源于政府财政拨款。而由政府部门充当节庆营销的主体有诸多弊端，直接影响了节庆营销综合效益的提高。例如，政府部门并非运营节庆活动的专业公司，对于营销相关业务流程不熟悉；政府部门对于节庆营销的战略诉求偏向于政治考虑，而对于实际的经济收益考虑不足，容易导致营销成本高而效率低。只有改变政府包办节庆活动的模式，引入"政府办节、企业主体、市场运作"模式，才是提高节庆营销经济效率的必然出路。引入专业公司经营节庆营销具有诸多优势：具有运作大型营销活动的专业人才、知识和丰富的经验；与国际营销团队经常保持业务联系；熟悉当地各政府部门而且具有较强的综合协调能力。澳大利亚的西澳大利亚州为了有效地促进本州节事旅游发展，早在1985年就成立了澳大利亚的第一个节事公司，凭借着专业公司在开展营销活动时的诸多优势获得了巨大的成功。

最后，节庆营销还把握好"三个环节"。一个能形成长远品牌效应的旅游节庆活动，如一瓶陈年好酒，首先要选好"基料"，要深入挖掘地域文化、地域特色和地域精神；其次要有好的"工艺"，要通过精心策划与创意，对地域文化进行高度浓缩与概括，让公众能够顺利解读；最后还要进行充分"发酵"，通过坚持不懈地推广，使其逐渐深入人心。节庆活动如果脱离了这三个环节，创意再好、再夺人眼球，也只是短暂炒作，难以形成长久的生命力。

> **知识扩展**

中国旅游日：中国政府的节庆营销

经国务院批准，从 2011 年开始，中国政府决定设立"中国旅游日"，并将这一天确定为"徐霞客游记"的开篇日，即每年的 5 月 19 日。

中国旅游日的设立，充分体现了旅游活动在现代社会的重要性，有助于唤醒国民的旅游意识，实际上也是中国政府对旅游业的节庆营销，是加速推进大众旅游发展的一个强烈信号。同时，旅游日的确立对于提升中国在国际旅游界的地位，建设世界旅游强国和促进社会的和谐发展，都具有重要意义。

最先提出中国旅游日设想的是 1987 年上海《旅游天地》杂志，该杂志建议将《徐霞客游记》开篇日 5 月 19 日定为中国旅游日。

1999 年 9 月 27 日，时任浙江省宁波市宁海县原旅游局副局长的麻绍勤在宁波参加"世界旅游日"分会场活动时，受其启发产生设立中国旅游日的想法。2001 年，宁海县举行了《徐霞客游记》开篇 388 周年纪念活动，当地徐霞客旅游俱乐部倡议以 5 月 19 日作为中国旅游日。2002 年，宁海县举办首届中国徐霞客旅游节。2007 年，在宁海县"徐霞客旅游带合作峰会"上，浙江、安徽、福建、江西、湖南、广西、云南 7 省、12 市签署了"徐霞客旅游带"旅游合作宣言，呼吁把《徐霞客游记》开篇 5 月 19 日作为"中国旅游日"。2008 年 3 月，当时的浙江省旅游局向原国家旅游局请示，建议把 5 月 19 日确定为"中国旅游日"。与此同时，作为徐霞客故里的江苏省江阴市也积极行动，主张把徐霞客首次出游的 3 月 29 日（农历三月初三）确定为"中国旅游日"。2003 年，江阴市将阴马镇、璜塘镇、峭岐镇三镇合并为徐霞客镇。2008 年 6 月，原国家旅游局组织专家学者和江、浙两省原旅游局举行"中国旅游日"问题座谈会。2009 年 1 月 9 日，江阴市在北京举行新闻发布会，呼吁将 3 月 29 日设立为中国旅游日。2009 年，国务院在《关于加快发展旅游业的意见》（国发〔2009〕41 号）中决定设立中国旅游日。

2011 年 3 月 20 日，经国务院常务会议审议，4 月 10 日经国务院批复，决定从 2011 年起，将每年的 5 月 19 日作为"中国旅游日"。至此，中国旅游业进入了拥有中国旅游日的历史新阶段。

第六节　旅游目的地网络营销

一、旅游目的地网络营销的意义

网络营销就是以互联网为媒介来实现营销目标的一种营销方式(参见图 8-10)。与传统的营销方式相比，网络营销具有跨时空、交互式、个性化、经济性、高效性、超前性等特点。

与其他行业的网络营销相比，旅游业网络营销还具有"广泛性"的特点，受众面广，点击率高。

据调查，网络媒体渠道已经成为旅游者获取旅游信息的主要来源，全球旅游电子商务已连续多年高速增长，越来越多的游客通过网络直接购买旅游服务。

网络营销意义重大，它是 21 世纪主要的营销模式之一，网络营销对传统旅游服务方式和营销模式带来了重大挑战。旅游目的地国家和地区必须高度重视这一发展趋势，在国家层面上制定旅游网络建设和营销战略。

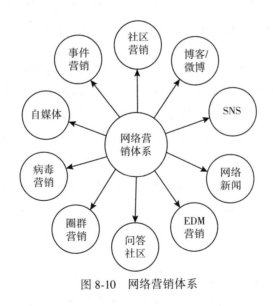

图 8-10　网络营销体系

二、旅游目的地网络营销的主要形式

(一)官网营销

官网营销是指旅游目的地旅游行政管理部门和旅游企业通过建设自己的官方网站或

专业旅游营销网站进行旅游营销，是旅游目的地网络营销的主要形式。

官网营销要注意以下几个方面：

1. 旅游营销网站的域名要易于识别

旅游目的地营销网站要易于被游客搜索到。例如，加拿大旅游委员会在原有政府旅游门户网站 www. canadatourism. com 的基础上，利用新的网址 www. Canada. travel，并以此为旗帜，统筹官方业务网和市场营销网，同时将目前海外办事处所见的网站集合到一个域名和模板上。其官方旅游网的域名很明确，就用英文的全称——"Canadatourism" 和 "Canada. travel"。游客去加拿大旅游，很容易搜索到这一网站，获得他们所需要的信息。

2. 树立国家门户旅游网站

一个国家发展旅游业，应该建立国家级官方旅游网站，并将其作为旗帜，统筹国内各地官方旅游业务网和市场营销。同时，在世界各地的搜索引擎上广泛注册，丰富网页的各种语言版本，争取让世界各国游客了解旅游目的地的旅游信息，可通过搜索引擎找到该国旅游网，并且通过国家旅游网实现与该国国内各个旅游网站的链接。

3. 实现"网络宣传、信息提供、即时预订"一体化服务

国家旅游营销网应该是一个四通八达的网络系统，既有各种介绍旅游目的地、景区的文章、故事、风景图片、宣传片，还要给旅游企业做各种配套宣传。而且除了简洁明了的分类介绍外，还应大量采用链接方式，以满足各种信息搜索的需求。如游客希望了解加拿大某省的旅游产品，就可以点击进入该省旅游局的网站；想了解一个国家公园的信息，就可以进入这个公园管理的官方网站。而在网站上，游客可以找到集声音和动画于一体的电子宣传册，网站的浏览者、潜在旅游者、海外旅行商都能够在网上直接下载。尤其是与酒店、餐馆、铁路公司、长途客运公司和航空公司网站的链接，给游客提供了一个强大的即时预订系统，游客完全可以通过自助的形式，了解、选择和实施旅游的行程安排。

网站的生命力就在于大量的实用信息和即时的服务提供。中国现有的旅游网站，虽然也都在注意与其他相关网站的链接，但是，其自身和链接的网站宣传的内容比较单一，往往只是对某个景区的简单介绍，某个酒店的电话、地址，很多适用信息，如景区的游览线路、门票价格、注意事项、出行参考，酒店的交通线路、周边环境、餐饮价格、店内服务等，都很难从旅游网站上获得。尤其是大多数官方旅游网站，不提供网上车票、机票、酒店、景区门票预订或不提供预订链接，使得官方旅游网站很好的资源优势得不到利用和发挥。另外，中国的官方旅游网站大多不提供与旅游消费者的互动，如

设立论坛，发表游客比较好的旅游感想文章等。这也是国内官方旅游网站的点击量和影响力弱的重要原因之一。

4. 聘请专业的网络制作公司，进行旅游营销网站的策划、制作和管理

为了建立高效的网络营销平台，提高网络营销效果，政府旅游部门应聘请专业的网络制作公司，进行旅游营销网站的策划、制作和管理。中国很多地方都有自己的旅游官方网站，并且都有自己的网络人员，甚至有自己的信息中心，但很多情况就是一两个人在维护网站，其技术水平、人员力量、创新意识与专业性的网络制作公司都无法相比。

(二) 微博营销

发活动资讯、介绍美食住宿、通报实时的景区数据、分享旅游心情、解决旅游疑问……时下，一条条语言生动、形式活泼、图文并茂的旅游微博信息，吸引了广大博友的眼球，使其争相围观、转发评论，忙得不亦乐乎。而与此同时，旅游微博也成为各地旅游部门追逐的时尚营销方式。

微博旅游营销就是旅游官方机构及旅游企业利用微博这一互联网平台进行的旅游目的地营销方式。如果由官方机构进行微博营销，则称为"官方微博"。官方推微博，与平常办官网是两码事，因为微博更具有"草根性"，其行文风格、表达方式很有特点，要把旅游目的地美丽的风景、丰富的人文资源用最能打动网民的"网人网语"来传播，是个挑战。在微博上，每个人都是记录者和关注者。任何人都可以通过网络，在最短的时间内发布任何想说的话。游客可以通过微博随时随地获取所需的信息，分享自己的旅游体验，并将这种体验迅速传播出去，与网友互动，这种全新的体验分享方式为整个旅游过程增添了不少乐趣。

另外，网站基本是单向宣传，而微博则是双向互动，因此旅游行政管理部门可以通过微博这一营销平台，了解客人的投诉和不满以及游客的行为方式和习惯，从而不断改善服务，并进行有针对性的营销。

作为一种新兴网络营销方式，微博营销的有效性正在被业界认识到，并引起各地旅游主管部门及旅游目的地的高度重视，成为其树立品牌形象与推进产品销售的重要渠道之一。

(三) 微电影营销

2012 年 2 月 7 日，一部在宽窄巷子、锦里古街等地取景，展示四川小吃、火锅等美食和川剧变脸等文化元素的微电影《爱在四川——美食篇》在网络上映。在短短 3 天时间之内，这部时长 7 分 46 秒的微电影在优酷网上的点击量已经突破 500 万次。近年来，越来越多的旅游企业和地方政府借用微电影来进行品牌推广，并取得了较好效果。成本低、周期短、媒体适用度高的微电影，正在成为旅游推介的有力方式。

微电影是指专门在各种新媒体平台上播放的、适合在移动状态和短时休闲状态下观看的、具有完整故事情节的视频短片，其内容融合了幽默搞怪、时尚潮流、公益教育、商业定制等主题，可以单独成篇，也可系列成剧。微电影将品牌宣传融入引人入胜的故事情节，既满足了网友的娱乐需求，也满足了品牌推广的需求，因此受到网友的热捧。不少地区已经开始运用微电影这一新的营销手段进行旅游营销。利用微电影进行旅游营销的优势有以下几个方面：

首先，微电影制作成本小、周期短、投放快。与电视广告动辄数十万元乃至上百万元的投资相比，低投入的微电影对讲求成本控制的广告客户而言，显然具有巨大吸引力。

其次，微电影的故事性和互动性，使得消费者乐于观看进而转发，为客户形象持续加分。微电影虽然只有几分钟甚至几十秒，还要传达客户信息，但它仍试图在这些前提下，讲述一个曲折精彩、吸引眼球、令人回味无穷的故事。

最后，微电影的网络投放更具有选择性、针对性。微电影可以通过消费者使用网络的习惯和偏好，选择在特定区域和特定人群中进行重点推介，进一步提升宣传的效果和精准程度。

（四）旅游团购

1. 旅游团购的产生

"团购模式"是由美国网站 Groupon 创立的，它依靠强大的线下商家运营团队，针对美国人消费心理特性来设计各类线上的商家服务，以吸引大量美国消费者。Groupon 在美国本土的成功更多源于其引导了一种具有个性的创新消费体验。"团购模式"在中国还是一种新生事物，中国式团购模式还停留在低价促销和人气提升的初级阶段，其要求的先付款后消费的服务模式，使团购网站的信誉成为其核心竞争力，以此吸引消费者对网站产生忠诚度和黏性，再用庞大数量的消费者去和商家讨价，获得盈利。

团购用户一般对价格比较敏感，团购最大的优势在于低价。这种模式下的产品价格可比正常价低 30%~80%，有时甚至低 90%。

旅游团购是团购模式在旅游行业的应用。旅游团购以其独有的方式给旅游目的地、旅游资源方和旅游服务商带来充足的客源，尤其是在旅游淡季，其逐渐成为资源方和服务商新的分销渠道，合理地平衡了淡旺季的消费市场。

很多团购网站专门开辟了旅游频道，专推旅游线路、景区门票、机票、度假村及酒店客房产品等。另外，一些专业在线旅游网站也借鉴团购模式，加入了团购大军，成为团购市场"新势力"，携程网、驴妈妈网、去哪儿网等一批知名旅游网站都纷纷成立了团购频道。

2. 旅游团购的运营模式

表8-1为广州旅游景点门票团购网站——绿野网站团购操作流程，以此来说明旅游团购的运营模式。

表 8-1　　　　　　　　　　　　　绿野网团购操作流程

步骤	内　　容
步骤一：点击立即抢购	1. 团购到截止时间就结束了，过期不候；有的团购还有数量上限，先到先得 2. 团购人数还不够？邀请好友一起来买吧，还能获10元返利 3. 团购结束时人数还不够？我们立即全额退款
步骤二：获取绿野券	获取绿野券有如下三种方式： 1. 打印。如果身边有打印机，可以直接打印绿野券 2. 下载。没有打印机时，可下载到别处打印 3. 发送手机短信。可直接把绿野券密码发送到手机上
步骤三：消费	在有效期内凭短信或打印版绿野券去商家消费，享受至尊无敌折扣吧

3. 旅游团购营销的意义

旅游团购作为一种面对价格敏感型散客的销售渠道，不仅可减少酒店客房空置率、平衡收益管理、减少营销费用、积累更多的客户资源，还能够提升旅游目的地的影响力。

很多消费者选择旅游团购，旨在达到在减少花费的同时，还能放松身心的目的。对旅游景区而言，通过团购的方式，能够将散客聚集起来，提升旅游目的地和景区的人气。一些新开发的景点也赶搭团购快车，一经推出就受到广泛的关注，避免了新景区无人问津的尴尬。

除了新景区的推广，团购网站通过定期举办一些主题活动，常常助力景区达到"淡季不淡"的双赢效应。景区参与团购，除了浅层意义上的拉动销售，很大程度上是一种宣传手段。通过推出团购活动，景区能得到更多的了解和关注，长期来看，对提升景区口碑、提高游客数量能够起到很大作用。

4. 旅游团购营销存在的问题

低价的团购在吸引消费者的同时，其质量也受到越来越多的质疑。行业标准及诚信体制的缺失，仍然会在一段时间内困扰着团购业的前进。一些游客被低价旅游团购所"伤"，在报名参加之后才发现完全不是介绍所说的那么回事。这些旅游项目多是小旅行社与小团购网站所设，通过低价诱骗消费者上"贼船"，之后再以购物等方式牟利，这无疑会让不少消费者望而却步。相比其他产品而言，旅游团购的安全问题更是重中之重。

三、旅游目的地网络营销策划与创新

21 世纪是网络时代，是"眼球经济"时代，网络营销无疑是旅游目的地营销的重要方式。判断一次网络营销是否成功的标准是，看其是否成本低、影响大、效果好，是否具有新闻效应，能否吸引网民眼球。为此必须找好网络营销的切入点，进而精心策划，实现营销策划创新。

◈ 案 例 ◈

从大堡礁招募看护员看旅游营销创新

澳大利亚昆士兰旅游局曾在全球范围内招募一名大堡礁看护员的新闻，被炒得沸沸扬扬。大堡礁早在 1981 年就进入了"世界自然遗产名录"，还曾被列为"世界七大自然景观奇迹"之一、"一生必去的 50 个地方"之一，每年都会吸引几百万游客前往参观。

昆士兰旅游局此次几乎没有什么成本的营销，可以说在全世界获得了成功，甚至比以往的任何一次选美、选秀更能吸引眼球。这个被昆士兰旅游局称作"世界上最好的工作"的工作的确名不虚传：工作时间自 2009 年 7 月 1 日开始，为期半年，薪水 15 万澳元。据说，应聘网站在开通后的第三天就因为登录者太多而瘫痪了。

招聘看护员的职责条款，包括探访大堡礁附近的诸多岛屿，亲身体验各种探险活动以及担任兼职信差，借机从空中俯瞰整个大堡礁，并把自己的亲身经历以文字和视频的方式记录下来，然后上传至博客。有网友评论说，天下没有免费的午餐，很明显这是昆士兰旅游局精心策划的一次炒作，目的就是促进昆士兰旅游业的发展。

☞ 课后思考与训练

1. 影响旅游需求的因素有哪些？
2. 什么是市场细分？如何对旅游市场进行细分？
3. 如何选择目标市场？
4. 旅游宣传应把握哪些原则？

第九章
旅 游 组 织

旅游是人们的一种审美行为，是社会经济发展到一定阶段的产物。旅游需要社会经济条件的支撑，需要服务的支持。旅游业为旅游者提供服务，满足旅游者的诸多需求，并由此发展壮大。旅游业是一个综合性的产业，它涉及社会上数十个相关部门和行业，旅游活动的开展需要众多部门和行业的大力支持。如需要依靠轻工业、建筑、食品加工等部门提供物质保障，需要道路交通、通信、金融保险、医疗卫生、教育等部门提供支持。因此，可以说旅游和旅游业是在一定的社会经济环境中发展起来的，旅游发展离不开社会支持。旅游业的综合性表明，相关行业和部门必须高度协调、步调一致，这就需要一定的组织来管理和协调。

第一节　旅游组织概述

一、旅游组织的概念与类型

(一) 旅游组织的概念

所谓组织，是指为了达到既定目标而组成的具有一定纲领、一定结构层次的正式关系的人群集合体，如企业、学校、政府部门和社会团体等。组织具有三个基本特征：一有明确的目标；二有按照目标需要确定的机构形式，成员之间有明确的分工协作；三有不同的权力和责任制度。

旅游组织的出现是社会经济发展到一定程度、旅游活动扩大到一定阶段的产物。旅游组织是指为了加强行业间及旅游行业内部的沟通与协作，促进旅游行业及行业内部各单位的发展而形成的各类组织。其特征表现为：有相对稳定的组成成员，有自己的章程、组织机构、行为目标和活动经费，依据有关的法律登记、注册或批准而设立，以自己的名义从事各种与旅游有关的活动。旅游组织通常是一种非官方组织，各成员采取自愿加入的原则，行业组织所制定的规章、制度和章程对于非会员单位不具有约束力。

(二) 旅游组织的类型

旅游组织的组织形式很多，同时它们所拥有的权力和地位往往存在很大差别。但总的来说，旅游组织主要包括旅游行政组织和旅游行业组织两大类。

1. 旅游行政组织

旅游行政组织是由国家各级政府设立的，行使国家旅游行政管理职能的机构。它主要是运用行政命令和相关法规而履行对各级各类旅游经济组织及其活动进行组织、协调、指挥和控制、监督的职能。按照它们管理权限范围的差异，旅游行政组织一般又可分为国家旅游组织和地方旅游组织两个不同层次。

2. 旅游行业组织

旅游行业组织是由旅游企业、团体、个人自愿联合组成的社会性组织，是一种民间的社会团体。它们以自愿和不营利为原则，积极参与旅游活动，为按计划保证满足旅游者需要的大量经济活动和非经济活动创造良好的条件。根据其组织活动范围不同，旅游行业组织可分为：世界性的旅游行业组织，如世界旅行社协会联合会(UFTAA)；区域性的旅游组织，如东亚旅游协会(EATA)；国家或地方旅游行业组织。这些旅游行业组织在旅游各行业的发展过程中起着重要的协调作用，目前在一些旅游业比较发达、私人企业非常活跃的国家和地区，旅游行业组织往往带着半官方性质。

二、旅游组织的职能

(一)旅游行政组织职能

尽管各国旅游行政组织的形式和地位不同，但政府在旅游发展中起到的重要作用是不可替代的。旅游行政组织通过对旅游进行组织、领导、指导、监督和调节等一系列活动，行使管理职能，实现对旅游发展过程进行宏观管理和调控的目的。各国旅游行政组织管理的内容有差异，但一般主要包括旅游规划管理、旅游基本建设管理、旅游业务经营管理、旅游资源开发管理、旅游从业人员管理和旅游市场管理等。其一般具有以下管理职能：

1. 制定旅游发展战略、政策和法规

拟定旅游业的方针、政策以及法律、法规，制定旅游开发和服务的标准，并组织实施。由于牵涉面广，任何一个单独的行业或旅游企业，都不可能担当起这样的重任，只有旅游行政组织来行使这一职能。

2. 组织规划、制订计划

组织和参与旅游规划的制定、审批和实施，组织开展旅游资源调查、开发与保护，制订人才培养计划，组织实施旅游教育，规划旅游发展规模和方向。

3. 实施控制与监督

政府运用行政、法律、经济等手段，对旅游企业的数量、规模、经营活动等进行监督。审核、发放营业执照，颁布质量标准，进行质量监控。

4. 推广国家形象，进行旅游促销

树立国家的整体旅游形象，将国家和区域作为旅游目的地向国际推广，拓展旅游市场。这需要进行市场调查，研究营销策略，实施促销措施。旅游市场群雄并起，国家之间、区域之间竞争十分激烈，需要政府组织大规模的旅游促销，拓展国内外旅游市场。

5. 开展多边合作和协调

加强与其他国家政府、有关旅游组织的协作。旅游组织作为本国旅游业的代言人，开展多边协调和合作，可减少国与国之间的旅游限制，也可在本国中央和地方之间、地区之间、部门之间、企业之间起到协调作用。

6. 财政管理

旅游组织负责国家财政资助的旅游项目的审批、监督和控制，保障财政资金的有效运作。另外，旅游的发展有赖于各种基础设施的完善，政府要通过政策引导，吸引资金流入，集中全社会的财力和物力开展旅游地的建设活动。

7. 培养和储备旅游人才

旅游组织要根据旅游业发展需要制订旅游人才的培养计划，理顺人才培养机制，直接投资或引资开办学校和培训机构，培养和储备旅游人才。

(二)旅游行业组织职能

加强行业管理是提高旅游服务质量和服务水平、规范旅游企业经营、规范旅游市场秩序、促进旅游业持续健康发展的内在需求。旅游行业组织也是旅游发展所必需的。旅游行业组织是非官方机构，各种旅游行业组织行使的职能不尽相同，但大致有以下职能：

(1)组织调研活动，研究行业经营管理、所处环境，协调发展中存在的问题，向政府提供咨询和建议，采取相应的措施加以解决。

(2)调查和协调行业发展中的关系。

(3)制定行业自律文化并监督成员实施，维护行业竞争秩序。提供行业间技术指

导，建立相应的标准。

（4）建立行业信息交流中心，鼓励使用新知识、新技术搞好行业内旅游开发和市场营销，开拓国内国际市场。

（5）就行业内的数据统计、预测、开发及其他问题开展讨论。

（6）联系各会员，协调各种关系维护会员利益，开展经验交流、学术交流活动，协助会员单位提高经营水平。

（7）组织人才培训，传播管理信息，提高行业素质，阻止行业内不合理竞争等。

第二节　政府与旅游业

改革开放之后，我国旅游产业的发展获得了巨大空间，逐渐成为发展速度最快的行业之一。国务院 2009 年发布的《关于加快发展旅游业的意见》中指出：旅游业是战略性产业，为充分发挥旅游业在保增长、扩内需、调结构等方面的积极作用，把旅游业培育成国民经济的战略性支柱产业和人民群众更加满意的现代服务产业，各地要坚持因地制宜，突出优势，推动各地旅游业特色化发展；坚持节能环保，合理利用资源，实现旅游业可持续发展。这项政策的出台使旅游产业逐渐成为推动我国经济持续增长的动力型产业。但是，在旅游产业作用不断凸显的同时，各种软硬环境的建设还不是很完备，因而不可避免存在着各种各样的问题和困难，给我国旅游产业的发展带来相当大的阻碍，需要依靠政府作用加以解决。

一、旅游业发展中政府行为的积极作用

旅游业作为经济产业的一部分，自改革开放以来，取得了长足发展，其社会化、市场化程度高于一般传统产业。但就当前而言，我国的旅游业发展尚处于初级阶段，按照相关理论，现阶段应当采取政府主导型发展模式，即用积极科学的政府行为引导旅游业的健康发展。具体表现为以下几方面：

（一）制定科学灵活的政策，为旅游业的健康成长保驾护航

世界各国在发展本国经济时的一个基本手段就是政策的研究、论证与制定。旅游业在我国起步较晚，但它所带来的综合效益却是显而易见的。旅游业作为优势产业和新的经济增长点，制定一套有利于旅游业发展的产业政策，是保证其健康发展的首要条件。旅游产业政策包括旅游产业结构政策、产业导向政策、产业配套政策、财政政策、税收政策等一系列内容，它们为旅游业的健康发展保驾护航。具体作用如下：

一是能够促进重点旅游行业、重点旅游产品、重点旅游地区的迅速发展。我国幅员

辽阔，旅游资源分布和社会经济发展有着很大的差异性，因此在确定旅游产业结构和地区合理分布的过程中，应有主次之分，不能遍地开花；在确定投资方向时，应有缓急之分，把钱用在刀刃上，放到能产生最大效益的地方。

二是为旅游业的发展提供良好的外部环境，有利于旅游业的可持续发展。旅游业是综合性产业，其健康、快速、持续的发展离不开各个相关产业的配合和支持，如交通设施、社会治安、环境卫生、精神文明等诸多方面。通过制定相关产业政策和规章制度，引导各个环节为旅游业的发展提供一个和谐的外部环境，从而形成可持续发展的良性循环。

三是有利于建立合理的竞争模式，规范市场秩序，抑制产业结构失衡。有一段时间，旅游市场秩序混乱，旅游目的地形象受损。如部分素质低劣的导游人员为赚取回扣，擅自变更行程，有意将游客带到"枪点"购物、就餐，甚至某些地区还存在强买强卖、不买不让走、肆意宰客的现象。在某些地区，旅行社数量剧增，已超出应有比例结构，再加上旅行社本身"小、散、弱"的弊症，导致旅行社之间陷入竞相降价的低层次竞争，从而忽略了在产品、服务上的高层次竞争。这些都严重地破坏了旅游市场的秩序，造成了极坏的影响。因此，制定科学的产业政策和相关政策法规，有利于维护旅游市场的有序发展，有利于引导旅游企业建立合理的竞争模式，从而起到完善市场机制和结构的作用。

四是有利于旅游企业与国际接轨，在竞争中立于不败之地。随着经济一体化进程的加快，旅游业也进入了新一轮的大变革、大调整、大发展时期。我国旅游业虽然起步较晚，但在起步之初就注重学习国际先进经验、技术，在硬件设施方面，很多地区已达到国际先进水平。随着开放的不断深入，国外旅游企业已瞄准中国市场，纷纷着手抢滩登陆，国内旅游业面临着"狼来了"的局面，此时国内旅游企业在软件上的不足暴露无遗。如何通过制定科学的政策，鼓励国内企业积极向国际先进学习，以提升国内旅游业在国际市场上的竞争力，成为当务之急。

(二)提供公共产品，为旅游业的可持续发展提供有力保障

就旅游业来说，诸如交通、能源、环保等基础设施都是影响和制约旅游业发展的基础条件和关键因素。对于这些投资额大、风险高、回收期长的公共产品投入，一般企业无力承担，也无承担的积极性与驱动力。因此政府就必须站出来安排公共产品的生产或投入，并以管理者的身份对其进行有效的监督。

提供公共基础设施，弥补市场功能的缺陷，是政府的职能所在。众所周知，旅游厕所一直是影响我国旅游业发展的重要因素，曾经相当长的时间内，旅游厕所一直存在着"脏、乱、差"的局面，也是海外游客投诉最多、涉及地区最广的问题。在近年来的"全国卫生城市""中国优秀旅游城市"的创建中，公共厕所成了一项重要的考核指标。全国

相继掀起了公共厕所改造的高潮，视公共厕所为城市形象。北京、厦门、南京、大连、扬州等地都做出了明显举措，如古城扬州在创建"中国优秀旅游城市"过程中，新建生态厕所 10 座，瘦西湖风景区的仿古厕所甚至被许多外地游客误认为景点。政府在公共产品上的投入行为，从根本上消除了市场对公共产品投入不足或无人投入的状况，使得市场功能的缺陷得到及时有效的弥补。

扶持文博事业，丰富社会精神文明。长期以来，文博景点作为公共文化机构，存在着游客少、经费少、人员少的尴尬局面。相当一部分文博景点除了免费接待大中小学生作为爱国主义教育基地外，一般都门庭冷落、鲜有人问津，这对文博景点的生存发展、开发保护带来非常不利的影响。由于经费短缺，许多文物古迹得不到应有的保护，任凭风吹雨淋、人为破坏、令人扼腕。因此，政府应加大对公共文化机构的财政投入或财政补贴，以此来维持其正常的保护。政府可通过运用相关职能手段以授权经营、政府资助等形式带动公共文化机构的运营，从而实现一部分自给自足，借以形成开发、保护良性循环的良好态势，丰富社会精神文化生活。

(三)加强市场推介，制定长远规划，提升旅游目的地形象

旅游业的健康快速发展离不开宣传促销，离不开市场推广。旺盛的市场需求是旅游业发展的最大优势和根本保障，在市场利益的驱动下，相关旅游企业近年来开始加大宣传促销力度，为进一步加大对市场份额的占领摩拳擦掌，然而企业行为的重利性不能完全为旅游市场的开拓服务。因此，对旅游市场全局性的思考，对旅游市场推广全局性的把握是政府义不容辞的职责。对于协调社会各方力量，统一宣传城市或国家整体形象，改善旅游环境等方面，政府行为更是发挥着市场行为所无可替代的作用。

第一，设计宣传主题，宣传目的地整体形象。对旅游目的地的宣传推广，无论是一个国家、一个地区还是一座城市、一次活动，都应有一个明确的宣传主题，针对突出的主题进行宣传推广是政府促销的重要行为。如自 1992 年开始，国家旅游局每年推出一个主题，2004 年是百姓生活游，2005 年是红色旅游年，2008 年是中国奥运旅游年。通过统一主题，以达到宣传旅游目的地整体形象的作用，也促进各相关环节得到有效磨合。

第二，组织大型活动，扩大目的地影响。在大型活动的策划组织上，一般的旅游企业无力也无法承担其庞大而又繁杂的策划、组织和运作，因此，政府行为在大型活动组织上显得尤为重要。如由国家旅游局主办的每年一届的"中国国内旅游交易会"及在上海、昆明两地交替举办的亚洲地区规模最大的专业旅游展——"中国国际旅游交易会"，每次都吸引一大批来自世界各地的旅行商和买家，为促进中国旅游业走向世界奠定了坚实的基础。这些大型活动都是通过政府主管部门的影响和行政手段，打造一个旅游界的盛会，搭建一个为广大旅游企业服务，为它们提供交流、学习、交易的平台，做到真正

的"旅游搭台，经济唱戏"。

第三，制定长远规划，扩大旅游市场总量。经过多年的开拓和培育，我国旅游市场已经形成了入境、出境和国内旅游三大市场相互配合、共同发展的局面。对于这三大市场的培育，政府行政主管部门必须制定长远的发展规划，政府通过制定长远的发展规划来指导各级部门的实际工作，各级部门再通过相关工作职能与程序向旅游企业渗透，来引导和吸引旅游企业按照长远规划，科学合理地开展业务、拓展市场。旅游行政主管部门要深入研究客源市场发展变化规律，积极采取各种措施，不断扩大市场总量，把旅游市场这块蛋糕做大、做活。

(四)进行有效协调，为综合性产业提供全面发展的大环境

旅游业是个综合性产业，其基本要素"吃、住、行、游、购、娱"涉及交通、能源、建筑、零售服务等相关行业。这些环节都相互依赖、相互补充，形成旅游业发展的"多米诺骨牌"，只要其中的任何一个环节出现了问题，都有可能导致旅游业发展受阻，甚至是停滞不前。这些环节隶属于不同的行业、不同的主管部门，一般企业往往难以对其进行调控与支配。因此，政府的行政行为就显得至关重要。由政府运用行政手段对其中的各个环节进行有效的协调，打破行业壁垒，促进旅游发展大环境的真正改善，形成"大旅游"的发展格局。

二、目前尚存的制约政府发挥作用的因素

(一)引资渠道少，资金缺乏

旅游产业开发需要一定的资金投入，由于旅游资源的分散造成了资金的分散，资金对于地区是最直接的困难和障碍。目前，我国旅游产业的融资渠道很窄，单纯依赖政府的财政资金支持，使得政府推动旅游产业发展的绩效显现缓慢。自20世纪90年代四大国有银行进行商业化改革以后，商业银行几乎只存不贷。而外界进入地区进行旅游开发的资本，其利益分配几乎和当地割裂，没能起到发展地方经济的功能。基于基础设施落后、交通不便等情况的考虑，虽然各级政府对建设的资金投入在逐年增加，但仍不能满足旅游产业快速发展的需要，在交通、食宿、卫生等方面仍存在较大的问题，制约着旅游产业的进一步发展。

(二)存在区域利益冲突问题

紧邻地区的旅游产业发展存在互相竞争的关系是不可避免的，一些地方政府在面对本区域旅游产业发展的既得利益诱惑时，没有看到区域合作所产生的共同利益，一味选择行政壁垒和地方保护主义来隔绝与其他地区的共同合作。在这样的区域壁垒下，相对

贫困的区域想要发展本区域的旅游产业会受到其自身薄弱基础的限制，在仅仅依靠本地的政府支持进行建设和开拓旅游市场时，必然遇到资金或资源匮乏等重重阻碍，难以在较短的时间内取得发展成效。在区域利益冲突的境况下，各个地方政府之间都会有意地避免在发展旅游产业的过程中和其他区域发生联系，而按照自成体系的发展模型来经管旅游产业，这种错误的观念和方式不利于旅游产业在整体上得到进一步的发展。

(三) 推广、监督和管理工作存在不足

虽然现阶段我国旅游产业正在蓬勃发展，但目前政府在旅游产业的宣传推广工作上仍存在诸多问题，没有形成有序的横向和纵向的网络体系，使得各区域的旅行产业从业部门跟其相邻区域联系不密切，没有形成整体的宣传推广体系。这主要是由于政府在宣传推广方面的资金来源少，不能为产业发展进行充分的宣传推广。另外，旅游产业分级分类管理标准，市场进入和退出的制度，年审和淘汰制度等规章制度都还不完善，甚至有些还尚未有头绪，不能有效规范旅游产业发展的秩序，阻碍了旅游产业有序的可持续发展。

三、政府进一步推动旅游产业发展的对策和建议

(一) 加大金融政策支持，重视旅游产业资源的开发规划

政府对旅游产业发展的支持，无论如何离不开资金的投入，不是政府直接投资而是政府出台有利于旅游产业的引资融资工作的金融政策，对旅游产业的投资和融资体制进行改良，使投资渠道更广泛。政府可以通过协调金融部门，为旅游产业的发展提供优先贷款并且鼓励成立涉旅企业和个人入股的合作金融组织；政府也可以在减免税收、提供补贴以及最低保护价等方面进行倾向性的政策支持。基层政府在金融方面的支持，使涉旅企业有能力并有动力投入旅游开发，增强旅游产业持续发展的能力。同时，地方政府及相关部门在为旅游产业发展进行规划和制定旅游规范时，要把有计划的发展旅游产业、积极引导实现旅游产业的可持续发展作为一个重要原则。规划是发展旅游产业最重要的基础性工作，旅游产业发展规划的合理与否决定了旅游产业的发展水平。因而，政府应重视规划，请相关专业人士因地制宜地做好旅游产业发展规划，以发挥特色，完善旅游产业要素配置，以满足旅游产业的发展需求。

(二) 加强完善人才培训机制

旅游产业的发展，不是单纯依靠硬件建设就能够实现。旅游产业属于服务产业之一，产业整体服务质量的提升尤为重要，对从业人员进行相关知识和技能培训，不仅可以提升其旅游服务的相关能力，还可以提升从业人员文化价值理念，使其成为文化传承

者和资源环境保护者，懂得如何发挥本区域文化和资源优势并合理使用资源，使其成为旅游产业发展真正的主体。因而加强旅游产业经营管理和服务人员的服务能力培训，完善旅游产业的人才培训机制，才能真正促进旅游产业进一步发展。基层政府和相关部门需要结合当地旅游产业的发展特色，加快建立政府扶助、面向市场、多元办学的培训机制，整合各种教育资源，发展职业教育和成人教育，培养文化型、技术型、经营型的从业者。政府可以组织相关从业人员到旅游产业发达地区进行考察，并邀请具有较高专业水平的相关专家进行指导和培训，培训所需资金由政府提供部分财政资助，用人单位和个人共同分担。

(三)加强对旅游产业资源和环境保护的制度建设

旅游产业发展的首要前提是具备良好的生态资源和环境，保护生态资源和环境不被破坏，是保证旅游产业持续性发展的重要基础。因此地方政府理应重视环境保护和生态维护。地方政府可以通过不断的实施引导来提高涉旅从业人员和旅游者的生态意识，使广大民众认识到环境保护的重要性，主动参与环境保护，实现生态效益与经济效益的双向发展。在引导的同时，必须加强相关保护制度的建设。环境保护制度的建设离不开有效的执行体系支撑，因而政府加强环境和资源保护政策建设，首先需要规划一个具有连贯执行力的制度体系，确保旅游产业资源和环境保护制度建立后能够持续运行。

(四)加强区域合作，消除旅游产业发展的区域壁垒

旅游产业行政区域间的利益冲突多由政府引起，主要是由于政府取代其他经济主体成为地区经济发展与竞争的主角，由此而形成各行政区域之间的地方保护主义。这与旅游产业发展规律是相悖的，也限制了游客对旅游线路的自主选择，带来的直接后果是制约了旅游产业经济的发展。旅游线路的组合不应再受行政区域的限制，而应以游客的心理需求为组合原则。打破行政壁垒和地方保护主义是政府在区域合作建设规划中应着力研究的重点，包括如何建立区域间的资源和优势互补，避免旅游硬件建设中不必要的重复建设，如何通过加强区域分工与合作来避免出现区域性恶性竞争。为此，各地方政府之间应该立足于宏观发展的视角，放弃原有的自我意识，合作打造大区域旅游体系，通过加强往来、不断合作来完善大区域旅游产业格局，进行联合促销等。政府还可指导并借助旅行社对市场的开发、把握能力，结合旅游产业关联性强的特性，由旅行社进行资源整合，发展区域特色旅游线路。跨区域的合作需要设立一个联合管理机构，制定严格的组织程序和规章制度，确定统一的合作行动纲领，强化旅游管理，规范旅游市场与秩序，把区域间对抗的恶意竞争转化为共生的良性竞争。实行联合的协作机制和会议制度是解决区域分割的有效手段之一，通过各区域轮流坐庄召开定期的区域间旅游会议，为区域间旅游合作项目进行分工协作和全局性的协调。

（五）加强对旅游产业的引导、服务和监管

旅游产业的持续发展离不开政府支持，需要地方政府和相关部门把旅游产业发展纳入总体规划，才能促进旅游产业发展的积极性和创造性，建立一个政府引导、企业主体、市场化运作的模式，实施基层政府对旅游产业有序发展的监管。旅游产业发展的基础是景区建设，但目前普遍呈现开发程度低和景观雷同的状况。而旅游产业的发展要建立在发挥特色、打造精品、建设品牌的思路下，最大限度发挥特色竞争优势，才能尽快地实现知名度和竞争力的提升。但是这些不能一蹴而就，也并非靠个别涉旅单位的努力可以做到，这需要政府发挥指导和宣传作用。政府出面为发展旅游产业进行宣传促销，能够提升旅游品牌的公信度；政府与各种媒体联合组织宣传活动，能够快速提高旅游产业的知名度。如浙江余杭旅游发展中，漂流景区能迅速成为与径山万寿禅寺遥相呼应的旅游胜地，就是由于地方政府不遗余力地为其造势。

另外，我国对旅游产业发展的监管还有待加强，对于旅游产业尚未出台任何形式的法律法规。欧洲诸国虽然是市场化程度很高的国家，但是政府对旅游产业的发展一直在实施有效的管理，如法国政府部门对农场旅游的管理，德国政府对旅游产业实行质量认证等。目前，我国对于旅游产业监管、行会监管的形式等尚处于探索阶段，要做到引导和规范旅游产业的健康发展，各级政府应根据实际研究制定出切实可行的旅游产业发展的地方性法律和条例，完善各项管理制度，使旅游产业经营运作以及监管都有法可依，有章可循，良好的制度体系、监管体制才有利于旅游产业持续发展。

政府为解决旅游产业发展中的问题并且为推进旅游产业持续发展，应该发挥其所掌握的政策资源的优势。我国旅游产业发展仍处于起步和探索阶段，其普及范围窄，开展层次低，面临诸多理论及实践方面的困难。资金分散、人才匮乏，经营意识及经营方式落后，相关体制政策落后和缺乏支持等一系列问题，都有待于通过一系列政府行为，实现政府对旅游产业的主导功能来解决。

综上所述，政府在促进旅游产业发展方面具有决定性的优势，需要通过制定一系列政策措施，实现政府对旅游产业发展的主导功能，促进旅游产业的有序和持续发展。促进旅游产业的健康可持续发展，这对我国的经济发展、新时代中国特色社会主义建设等都具有重要而深远的意义。

第三节　我国旅游组织

一、我国的旅游行政组织

我国国务院在 1985 年批转国家旅游局《关于当前旅游体制改革几个问题的报告》中

提出："国家旅游局作为国务院的职能部门，要面向全行业，统管全国旅游事业。各省、自治区、直辖市可根据国际、国内旅游发展的需要设置旅游局，经营本地的旅游工作。"时至今日，不仅我国各省、自治区、直辖市都普遍设置了旅游管理行政机构，其行政辖区内的很多地区、市、县也都根据当地发展旅游业的需要，设立了相应的旅游行政管理机构。我国的旅游行政管理体系也因此由这三个层次组成。目前，我国的旅游行政组织包括以下几个。

（一）文化和旅游部

1964 年 7 月，全国人大常委会批准设立中国旅行游览事业管理局，直属国务院领导。同年 12 月 1 日，该局正式成立，与中国国际旅行社政企合一，合署办公。1978 年 4 月 26 日，中国旅行游览事业管理总局更名为中华人民共和国国家旅游局，简称国家旅游局。2018 年 3 月，根据第十三届全国人民代表大会第一次会议批准的国务院机构改革方案，将国家旅游局的职责整合，组建中华人民共和国文化和旅游部，不再保留国家旅游局。

1. 文化和旅游部内设机构

（1）办公厅。负责机关日常运转工作。组织协调机关和直属单位业务，督促重大事项的落实。承担新闻宣传、政务公开、机要保密、信访、安全工作。

（2）政策法规司。拟订文化和旅游方针政策，组织起草有关法律法规草案，协调重要政策调研工作。组织拟订文化和旅游发展规划并组织实施。承担文化和旅游领域体制机制改革工作。开展法律法规宣传教育。承担机关行政复议和行政应诉工作。

（3）人事司。拟订人才队伍建设规划并组织实施。负责机关、有关驻外文化和旅游机构、直属单位的人事管理、机构编制及队伍建设等工作。

（4）财务司。负责部门预算和相关财政资金管理工作。负责机关、有关驻外文化和旅游机构财务、资产管理。负责全国文化和旅游统计工作。负责机关和直属单位内部审计、政府采购工作。负责有关驻外文化和旅游机构设施建设工作。指导、监督直属单位财务、资产管理。指导国家重点及基层文化和旅游设施建设。

（5）艺术司。拟订音乐、舞蹈、戏曲、戏剧、美术等文艺事业发展规划和扶持政策并组织实施。扶持体现社会主义核心价值观、具有导向性代表性示范性的文艺作品和代表国家水准及民族特色的文艺院团。推动各门类艺术、各艺术品种发展。指导、协调全国性艺术展演、展览以及重大文艺活动。

（6）公共服务司。拟订文化和旅游公共服务政策及公共文化事业发展规划并组织实施。承担全国公共文化服务和旅游公共服务的指导、协调和推动工作。拟订文化和旅游公共服务标准并监督实施。指导群众文化、少数民族文化、未成年人文化和老年文化工作。指导图书馆、文化馆事业和基层综合性文化服务中心建设。指导公共数字文化和古籍保护工作。

（7）科技教育司。拟订文化和旅游科技创新发展规划和艺术科研规划并组织实施。组织开展文化和旅游科研工作及成果推广。组织协调文化和旅游行业信息化、标准化工作。指导文化和旅游装备技术提升。指导文化和旅游高等学校共建和行业职业教育工作。

（8）非物质文化遗产司。拟订非物质文化遗产保护政策和规划并组织实施。组织开展非物质文化遗产保护工作。指导非物质文化遗产调查、记录、确认和建立名录。组织非物质文化遗产研究、宣传和传播工作。

（9）产业发展司。拟订文化产业、旅游产业政策和发展规划并组织实施。指导、促进文化产业相关门类和旅游产业及新型业态发展。推动产业投融资体系建设。促进文化、旅游与相关产业融合发展。指导文化产业园区、基地建设。

（10）资源开发司。承担文化和旅游资源普查、规划、开发和保护。指导、推进全域旅游。指导重点旅游区域、目的地、线路的规划和乡村旅游、休闲度假旅游发展。指导文化和旅游产品创新及开发体系建设。指导国家文化公园建设。承担红色旅游相关工作。

（11）市场管理司。拟订文化市场和旅游市场政策和发展规划并组织实施。对文化和旅游市场经营进行行业监管。承担文化和旅游行业信用体系建设工作。组织拟订文化和旅游市场经营场所、设施、服务、产品等标准并监督实施。监管文化和旅游市场服务质量，指导服务质量提升。承担旅游经济运行监测、假日旅游市场、旅游安全综合协调和监督管理。

（12）文化市场综合执法监督局。拟订文化市场综合执法工作标准和规范并监督实施。指导、推动整合组建文化市场综合执法队伍。指导、监督全国文化市场综合执法工作，组织查处和督办全国性、跨区域文化市场重大案件。

（13）国际交流与合作局（港澳台办公室）。拟订文化和旅游对外及对港澳台交流合作政策。指导、管理文化和旅游对外及对港澳台交流、合作及宣传推广工作。指导、管理有关驻外文化和旅游机构，承担外国政府在华、港澳台在内地（大陆）文化和旅游机构的管理工作。承办文化和旅游中外合作协定及其他合作文件的商签工作。承担政府、民间及国际组织在文化和旅游领域交流合作相关事务。组织大型文化和旅游对外及对港澳台交流推广活动。

（14）机关党委。负责机关及国家文物局、在京直属单位的党群工作。

（15）离退休干部局。负责离退休干部工作。

2. 文化和旅游部的主要职责

（1）贯彻落实党的文化工作方针政策，研究拟订文化和旅游政策措施，起草文化和旅游法律法规草案。

（2）统筹规划文化事业、文化产业和旅游业发展，拟订发展规划并组织实施，推进文化和旅游融合发展，推进文化和旅游体制机制改革。

（3）管理全国性重大文化活动，指导国家重点文化设施建设，组织国家旅游整体形象推广，促进文化产业和旅游产业对外合作和国际市场推广，制定旅游市场开发战略并组织实施，指导、推进全域旅游。

（4）指导、管理文艺事业，指导艺术创作生产，扶持体现社会主义核心价值观、具有导向性代表性示范性的文艺作品，推动各门类艺术、各艺术品种发展。

（5）负责公共文化事业发展，推进国家公共文化服务体系建设和旅游公共服务建设，深入实施文化惠民工程，统筹推进基本公共文化服务标准化、均等化。

（6）指导、推进文化和旅游科技创新发展，推进文化和旅游行业信息化、标准化建设。

（7）负责非物质文化遗产保护，推动非物质文化遗产的保护、传承、普及、弘扬和振兴。

（8）统筹规划文化产业和旅游产业，组织实施文化和旅游资源普查、挖掘、保护和利用工作，促进文化产业和旅游产业发展。

（9）指导文化和旅游市场发展，对文化和旅游市场经营进行行业监管，推进文化和旅游行业信用体系建设，依法规范文化和旅游市场。

（10）指导全国文化市场综合执法，组织查处全国性、跨区域文化、文物、出版、广播电视、电影、旅游等市场的违法行为，督查督办大案要案，维护市场秩序。

（11）指导、管理文化和旅游对外及对港澳台交流、合作和宣传、推广工作，指导驻外及驻港澳台文化和旅游机构工作，代表国家签订中外文化和旅游合作协定，组织大型文化和旅游对外及对港澳台交流活动，推动中华文化走出去。

（12）管理国家文物局。

（13）完成党中央、国务院交办的其他任务。

（二）省、自治区、直辖市级旅游部门

我国各省、自治区、直辖市均设有旅游局或旅游管理委员会，分别主管所在省、自治区、直辖市的旅游行政工作。这些行政机构在组织上属于地方政府部门编制，在业务工作上接受地方政府的领导和国家旅游行政主管部门的指导。它的主要职能包括负责本省、自治区、直辖市旅游业发展的规划、开发、旅游业管理及旅游宣传和促销工作。

（三）省级以下的地方旅游部门

在省级以下地方层次上，很多市、县也设立了旅游行政管理机构，负责其行政区域范围内的旅游业管理工作。在未单独设立旅游行政管理机构的市、县，有关旅游方面的事务则在其上级政府旅游行政部门的指导下，由当地政府中的有关部门来具体承担。

二、我国的旅游行业组织

（一）中国旅游协会

中国旅游协会（China Tourism Association，CTA）是全国性的旅游行业的社会团体。中国旅游协会由旅游部门，与旅游业有关部门的人员和从事旅游实际工作、研究工作的专家学者组成，于1986年1月30日成立。协会的主要任务如下：

（1）对旅游业发展的战略、管理体制和有关方针政策、国内外旅游业发展态势和实践经验等进行调查研究，向国务院、国家旅游主管部门和有关方面提供建议和咨询。

（2）联系各旅游专业行业组织、旅游学术团体以及旅游企事业单位，交流情况和经验，研究有关问题，探索解决方法，促进旅游经营管理水平的提高。

（3）加强旅游经济等理论研究，开展学术交流活动。

（4）编辑出版有关刊物、资料，传播交流旅游信息和研究成果。

（5）开展与国外旅游同行业组织的友好交往，促进旅游科技交流与合作。

（6）向政府有关部门反映国内外旅游者的意见和建议，承担政府和旅游主管部门交办的任务，接受旅游企事业单位委托的当办事宜等。

（二）中国旅行社协会

中国旅行社协会（China Association of Travel Services，CATS）成立于1997年10月，是由中国境内的旅行社、各地区性旅行社协会或其他同类协会等单位，按照平等自愿的原则组成的全国旅行社行业的专业性协会，也是经中华人民共和国民政部正式登记注册的全国性社团组织，具有独立的社团法人资格。协会接受文化和旅游部的领导、民政部的监督管理和中国旅游协会的业务指导。协会会址设在中国首都——北京市。

协会的宗旨是遵守国家的宪法、法律、法规和有关政策，遵守社会道德风尚，代表和维护旅行社行业的共同利益和会员的合法权益，努力为会员服务，为行业服务，在政府和会员之间发挥桥梁和纽带作用，为中国旅行社行业的健康发展作出积极贡献。协会的主要任务包括以下几个方面：

（1）宣传贯彻国家旅游业的发展方针和旅行社行业的政策法规，总结交流旅行社的工作经验，开展与旅行社行业相关的调研，为旅行社行业的发展提出积极并切实可行的建议。

(2)向主管单位及有关单位反映会员的愿望和要求,为会员提供法律咨询服务,保护会员的共同利益,维护会员的合法权益。

(3)制定行规行约,发挥行业自律作用,督促会员单位提高经营管理水平和接待服务质量。

(4)维护旅游行业的市场经营秩序,加强会员之间的交流与合作,组织开展各项培训、学习、研讨、交流和考察等活动,加强与行业内外的有关组织、社团的联系、协调与合作。

(5)开展与海外旅行社协会及相关行业组织之间的交流与合作,编印会刊和信息资料,为会员提供信息服务。协会实行团体会员制,所有在中国境内依法设立,守法经营,无不良信誉的旅行社及与旅行社经营业务密切相关的单位、各地区性旅行社协会或其他同类协会,承认和拥护本会的章程,遵守协会章程,履行应尽义务的,均可申请加入协会。

协会的最高权力机构是会员代表大会,每四年举行一次。协会设立理事会和常务理事会,理事会对会员代表大会负责,是会员代表大会的执行机构,在会员代表大会闭会期间领导协会开展日常工作。常务理事会对理事会负责,在理事会闭会期间,行使其职权。协会对会员实行年度注册公告制度。每年年初会员单位必须进行注册登记,协会对符合会员条件的会员名单向社会公告。

(三)中国旅游饭店业协会

中国旅游饭店业协会(China Tourist Hotels Association,CTHA)成立于1986年2月25日,是中国境内的饭店和地方饭店协会、饭店管理公司、饭店用品供应厂商等相关单位,按照平等自愿的原则结成的全国性的行业协会,于1994年正式加入国际饭店与餐馆协会(IH&RA),并进入其董事会成为五个常务董事之一。协会旨在研究改善旅游饭店的经营管理,帮助其提高服务质量和经济效益,促进旅游饭店业的发展。协会面向基层,为会员饭店服务。其主要任务主要包含以下几个方面:

(1)维护旅游饭店的合法权益,研究交流旅游饭店管理经验。

(2)举办专业讲座,提高旅游饭店管理人员的业务水平。

(3)开展饭店经营管理方面的咨询服务。

(4)组织与国外饭店业之间的经验交流与合作。

(5)向旅游饭店的行政管理部门提出建议以及出版有关旅游饭店经营管理的刊物。

(四)中国旅游车船协会

中国旅游车船协会(China Tourism Automobile and Cruise Association,CTACA),成立

于 1988 年 1 月，是由中国境内的旅游汽车、游船企业和旅游客车及配件生产企业、汽车租赁、汽车救援等单位，在平等自愿基础上组成的全国性的行业专业协会，是非营利性的社会组织。

协会宗旨是遵守国家的宪法、法律、法规和有关政策，遵守社会道德风尚，广泛团结联系旅游车船业界人士，代表并维护会员的共同利益和合法权益，努力为会员、政府、行业服务，在政府和会员之间发挥桥梁和纽带作用，为把我国建设成为世界旅游强国，促进国民经济和社会发展作出积极贡献。

协会主要业务包含以下几个方面：

（1）宣传贯彻国家有关旅游业发展的方针政策，向主管单位反映会员的愿望和要求。

（2）总结交流旅游车船企业的工作经验，收集国内外本行业信息，深入进行调查研究，向主管单位提供决策依据和积极建议。

（3）组织会员订立行规行约并监督遵守，维护旅游市场秩序，协助主管单位加强对旅游市场的监督管理。

（4）为会员提供咨询服务，加强会员之间的交流与合作，组织开展培训、研讨、考察和新经验、新技术及科研成果的推广等活动，沟通会员间的横向联合，促进行业间的业务联网。指导下设的专业委员会开展业务活动。

（5）加强与行业内外的相关组织、社团的联系与合作。

（6）开展与国际旅游联盟（AIT）组织等海外相关行业组织之间的交流与合作。

（7）编印会刊和信息资料，为会员提供信息服务。

（8）承办业务主管单位委托的其他工作。

第四节　国际旅游组织

国际旅游组织有狭义与广义之分。狭义的国际旅游组织是指其成员来自多个国家并为多国利益工作和服务的全面性旅游国际旅游组织。广义的国际旅游组织包括那些其工作部分地涉及国际旅游事务的国际组织，以及专门涉及旅游事务某些方面的国际性旅游同业组织。虽然国际旅游组织形式不一，性质五花八门，但是它们都有一个共同目的，即普及旅游理念，营造良好的旅游发展环境，促进和发展旅游事业，使之有利于经济发展并促进国际和行业间的相互了解、和平与繁荣。

一、世界旅游组织

世界旅游组织（World Tourism Organization，UNWTO）是联合国系统的政府间国际旅游组织，也是世界上唯一一个全面涉及旅游事务的全球性政府间机构，成立于 1975 年 1月，总部设在西班牙马德里。它的前身是 1925 年在荷兰海牙成立的官方旅游宣传组织国际联盟，当时是一个非政府间的技术机构，在第二次世界大战期间停止了活动，1946年在伦敦重建，1947 年更名为国际官方旅游组织联盟，总部迁至日内瓦。当时仍为非政府间组织，直至 1975 年 1 月才成为世界唯一全面涉及旅游事务的全球性政府间机构。1976 年应西班牙政府邀请将总部迁到马德里。2001 年世界旅游组织致函联合国，要求成为其专门机构，2003 年 10 月在北京召开的世界旅游组织第 15 次全体大会上正式宣布成为联合国专门机构，有 156 个正式会员国和 6 个联系成员。其宗旨是促进和发展旅游事业，使之有利于经济发展、国际相互了解、和平与繁荣。

世界旅游组织的组织机构包括全体大会、执行委员会、秘书处及地区委员会。

(1)全体大会(assembly)为其最高权力机构，每两年召开一次，批准预算和工作方案，审议该组织重大问题。

(2)执行委员会(executive council)下设五个委员会：计划和协调技术委员会、预算和财政委员会、环境保护委员会、简化手续委员会、旅游安全委员会。

(3)秘书处负责日常工作，秘书长(secretary-general)是世界旅游组织的主要负责人，由执委会推荐，大会选举产生，任期四年，可连任两次。

(4)地区委员会系非常设机构，负责协调、组织本地区的研讨会、工作项目和地区性活动。每年召开一次会议。共有非洲、美洲、东亚和太平洋、南亚、欧洲、中东 6 个地区委员会。

其工作任务主要包括以下内容：

(1)负责制定国际性旅游公约、规则，研究全球旅游政策，收集和分析旅游数据，定期向成员国提供统计资料。

(2)参与旅游领域的经济活动，倡导以旅游促进经济发展、消除贫困、解决就业、与各国开展合作项目。为旅游经济活动提供咨询、援助，开展技术合作。援助发展中国家发展旅游事业。

(3)为各个国家旅游计划提供援助，援助包括旅游发展战略规划、物质技术和干部保障、制订和落实旅游计划、职业培训和干部培训等。促进各成员国旅游教育发展。

(4)解决旅游者和旅游项目有关的安全保障问题。简化旅游、旅行和访问的有关手续问题，促进政治经济一体化和国际人文合作的加强。

(5)帮助筹建各个国家政府的旅游管理机构，发挥政府的职能和作用。

(6)促进旅游电子技术的发展，收集整理和传播旅游统计资料。

(7)每年的 9 月 27 日庆祝世界旅游日，向全世界普及旅游理念，每年都推出一个世界旅游日的主题口号，同时选定一个国家作为主会场主办庆祝活动。

(8)组织召开世界旅游会议。

二、世界旅游业理事会

世界旅游业理事会(World Travel and Tourism Council，WTTC)是全球旅游业的商业领袖论坛组织，全球范围内旅游相关行业(包括交通、住宿、游轮、餐饮、娱乐、文化和旅行社等)大、中型企业首席执行官的联盟组织，其成员包括全球旅游业中近百位最著名企业的总裁、董事长和首席执行官，创立于1990年。其总部在比利时首都布鲁塞尔。作为全球范围内代表世界旅游业界企业的唯一机构，其对全球旅游业有着其独特的影响力和见解。

其宗旨是说服各国政府认识旅游对各个国家和全世界经济发展的巨大贡献，并能为此制定出适宜旅游发展的政策，促进旅游市场的不断扩大，确立旅游在国家经济和就业方面的战略优先地位，建立开放的、具有竞争性的市场，实施可持续发展战略，并为消除旅游业发展的各种障碍而游说。

世界旅游业理事会致力于提高政府和公众对旅游行业作为全球最大产业之一的认知，该行业在全世界提供了大约26000万个就业岗位，且创造价值占全球GDP总量的9%以上。现在，世界旅游业理事会和其合作伙伴牛津经济研究院为174个国家提供年度TSA预测，并且正在每年为越来越多的国家和地区提供深度研究报告。

三、世界旅游城市联合会

世界旅游城市联合会(World Tourism Cities Federation，WTCF)是在我国民政部登记的国际性社团，是一个旅游领域的非政府、非营利国际组织，是首个总部落户中国、落户北京的国际性旅游组织，是全球第一个以城市为主体的国际旅游组织。

世界旅游城市联合会是由北京倡导发起，携手众多世界著名旅游城市及旅游相关机构自愿结成的、世界首个以城市为主体的全球性国际旅游组织。2012年9月15日在北京成立。联合会总部和秘书处设在北京，官方语言为中文和英文。

联合会以"旅游让城市生活更美好"为核心理念，为会员提供旅游全产业链服务，推动会员之间的交流合作，推广旅游城市发展经验，宣传旅游产品和资源，促进全球旅游业繁荣发展。

世界旅游城市联合会由58个会员共同发起，目前已经成长为拥有214个会员单位的国际旅游组织，其中包含城市会员141个、机构会员73个以及6个分支机构，城市会员覆盖全球72个国家和地区，机构会员包括旅行社、传媒、机场、航空公司、酒店集团、邮轮、金融企业等。联合会在旅游业界的吸引力、服务力、引导力和影响力全面提升，被誉为成长最快的国际旅游组织。

未来，该联合会将继续促进城市与城市、城市与机构和机构与机构之间的三个层面的共赢发展，竭诚为会员搭建更广阔的平台。

四、世界旅行社协会

世界旅行社协会（World Association of Travel Agencies，WATA）是一个国际性的旅游组织，经瑞士法律批准创建于 1949 年。该协会由 237 家旅行社组成，其中半数以上为私营企业，分布在 86 个国家的 208 个城市中。该协会旨在推动旅游业的发展，收集和传播信息，参与有关发展旅游业的商业和财物工作。

世界旅行社协会组织机构中设有一个执行委员会，有 9 名委员；并设常务秘书处，管理协会的行政事务。协会每两年举行一次大会。协会把世界分成 15 个区，各区每年举行一次会员社会议，研究本区旅游业务中的问题。

协会主要任务如下：

（1）每三年对各会员社的营业情况进行一次调查。

（2）出版《世界旅行社协会万能钥匙》，每年一期，免费提供给各旅行社。该刊是一份提供最新信息的综合性刊物，主要刊登会员社提供的各种服务项目的价目表，还刊登各国旅行社提供的国家概况和饭店介绍等。

五、世界旅行社协会联合会

世界旅行社协会联合会（Universal Federation of Travel Agents Association，UFTAA）是最大的非政府间国际旅游组织之一。其前身是 1919 年在巴黎成立的欧洲旅行社和 1964 年在纽约成立的美洲旅行社，1966 年 11 月 22 日在罗马正式成立，总部即秘书处设在比利时的布鲁塞尔。世界旅行社协会联合会是一个专业性和技术性组织，其会员是世界各国的全国性旅行社协会，每个国家只能有一个全国性的旅行社协会代表该国参加。

该协会的宗旨是对国家级的旅游协会以及其他旅游局、旅行社联合会或旅游联盟，给予职业上的指导和技术上的援助，尽一切努力联合、巩固和发展这些组织，团结和加强各国全国性旅行社协会和组织，协助解决会员在专业问题上可能发生的纠纷。在国际上代表旅行社行业同有关的各种旅游组织和企业（运输业、旅馆业和官方机构等）建立联系，进行合作，确保旅行社业务在经济、法律和社会领域里最大限度地得到协调、赢得信誉、受到保护。向会员提供必要的物质、业务、技术上的指导和帮助，使其在世界旅游业中占有适当的地位。

联合会的组织机构包括全体大会、理事会、执行委员会和总秘书处。主要活动为每年一次的世界旅行代理商大会，并出版月刊《世界旅行社协会联合会信使报》。该联合会的主要任务如下：

（1）同其他国际组织建立联络和发展合作关系，就旅行社活动的有关问题，达成协议和签订公约。

（2）就自动化、旅馆经营、航空运输、海洋运输、铁路和公路运输等问题，协调工作组的活动。

（3）向联合会会员提供所有专业方面的有关信息，调节职业道德标准问题出现的意见分歧。

（4）向已注册的个别旅行社提供服务，帮助旅行社运用法律，解决大的财政债务和拖延债款问题。

根据世界旅行社协会联合会会员的要求，提供有关旅行社支付能力的机密信息，在组织学习班和吸引专家编制教科书的同时，联合会还为旅行社培训干部和积极开展旅游保险业务活动。

世界旅行社协会联合会对会员注册有明确规定，国家旅行社协会和组织可以按正式会员资格的类别向联合会提出申请，并且该联合会只接纳每个国家的一个协会或者组织成为其会员。该联合会现有 80 个国家的全国性旅行社协会组织参加，代表 30000 多家旅行社和旅游企业。此外，还接纳了 76 个国家的约 1400 家私营旅行社和机构作为其联系会员。自 1974 年以来，该联合会同我国一直保持友好联系。中国旅游协会于 1995 年正式加入该联合会。

六、国际饭店与餐馆协会

国际饭店与餐馆协会（International Hotel & Restaurant Association，IHRA）是饭店与餐馆业的国际性组织，于 1947 年在法国巴黎成立，总部设在巴黎。下设 8 个委员会：财务委员会、法律委员会、经济政策研究委员会、出版发行委员会、宣传推销委员会、旅行社业务委员会、旅馆专业培训委员会、会员联系事务委员会。该协会的会员分为正式会员和联系会员。其正式会员是世界各国的全国性的旅馆协会或类似组织，联系会员是各国旅馆业的其他组织、旅馆院校、国际饭店集团、旅馆、饭店和个人。

该协会的宗旨是：联络各国饭店协会，并研究国际旅馆业和国际旅游者交往的有关问题，促进会员间的交流和技术合作，协调旅馆业和有关行业的关系，维护本行业的利益。

该协会的主要任务如下：

（1）通过与各国政府对话，促进各国政府实行有利于旅馆业发展的政策，并给予旅馆业支持。

（2）参与联合国跨国公司委员会有关国际旅馆跨国企业方面的合作。

（3）通过制定和不断修改来完善有关经济法律文件，协调旅馆业及其他行业的关系。

（4）进行调研、汇集和传播市场信息，提供咨询服务，为各会员提供培训旅馆从业人员的条件和机会。

（5）该协会出版发行双月刊《对话》、月刊《国际饭店与餐馆》和季刊《国际饭店评论》，以及年刊《国际旅馆指南》《旅行杂志》《旅游机构指南》等。

七、国际旅游科学专家协会

国际旅游科学专家协会（International Association of Scientific Experts in Tourism, AIEST）于 1951 年 5 月 31 日在罗马成立，会址在瑞士伯尔尼。协会是由国际上致力于旅游研究和旅游教学的专家组成的学术团体，在 45 个国家中有超过 330 名会员。

该协会的宗旨是加强成员间的友好联系，鼓励成员间的学术活动，特别是促进个人接触，交流经验，支持具有学术性质的旅游研究机构以及其他有关旅游研究与教育的组织的活动。

协会的最高权力机构为大会，每年举行一次。大会下设有委员会秘书处，办公地点在瑞士的圣加仑。

它在旅游理论研究上享有很高的威信，20 世纪 70 年代曾提出过著名的"艾斯特"定义，即旅游是非定居者旅行和暂时居住而引起的现象和关系的总和，这些人不会长期定居，并且不涉及任何赚钱的活动。还出版发行有《旅游评论》（季刊）。

八、国际航空运输协会

国际航空运输协会（International Air Transport Association，IATA）是一个由世界各国航空公司所组成的大型国际组织，其前身是 1919 年在海牙成立并在第二次世界大战时解体的国际航空业务协会，总部设在加拿大的蒙特利尔，执行机构设在日内瓦。和监管航空安全和航行规则的国际民航组织相比，它更像是一个由承运人（航空公司）组成的国际协调组织，管理在民航运输中出现的诸如票价、危险品运输等问题。

协会的宗旨是为了世界人民的利益，促进安全、正常和经济的航空运输，扶植航空交通，并研究与此有关的问题，对于直接或间接从事国际航空运输工作的各空运企业提供合作的途径，与国际民航组织及其他国际组织协力合作。该协会组织机构由全体会议、执行委员会、专门委员会以及其余分支机构组成，协会基本职能包括：国际航空运输规则的统一，业务代理，空运企业间的财务结算，技术上的合作，参与机场活动，协调国际航空客货运价，航空法律工作，帮助发展中国家航空公司培训高级和专门人员。

国际航空运输协会的活动分为以下三种：

（1）同业活动。代表会员进行会外活动，向具有权威的国际组织和国家当局申述意见，以维护会员的利益。

（2）协调活动。监督世界性的销售代表系统，建立经营标准和程序，协调国际航空运价。

（3）行业服务活动。承办出版物、财务金融、市场调研、会议、培训等服务项目。通过上述活动，统一国际航空运输的规则和承运条件，办理业务代理及空运企业间的财务结算，协调运价和班期时刻，促进技术合作，参与机场活动，进行人员培训等。

九、国际民用航空组织

国际民用航空组织（International Civil Aviation Organization，ICAO）是联合国的一个专门机构，1947 年根据《国际民用航空公约》正式成立。国际民用航空组织总部设在加拿大蒙特利尔，制定国际空运标准和条例，是 192 个成员在民航领域中开展合作的媒介。

国际民用航空组织的宗旨和目的在于发展国际航行的原则和技术，促进国际航空运输的规划和发展，以便实现下列各项目标：确保全世界国际民用航空安全地和有秩序地发展，鼓励为和平用途的航空器的设计和操作技术，鼓励发展国际民用航空应用的航路、机场和航行设施，满足世界人民对安全、正常、有效和经济的航空运输的需要，防止因不合理的竞争而造成经济上的浪费，保证缔约各国的权利充分受到尊重，每一缔约国均有经营国际空运企业的公平机会，避免缔约各国之间的差别待遇，促进国际航行的飞行安全，普遍促进国际民用航空在各方面的发展。

国际民用航空组织的最高权力机构是大会，每三年举行一次，决定政策。常设机构是理事会，由每次大会选举的 30 个国家组成，常设执行机构是秘书处，由秘书长负责日常事务。我国于 1974 年 2 月 15 日正式加入，在同年的大会上被选为理事。

该组织出版发行月刊《国际民航组织公报》和《国际民航组织合作谅解备忘录》。

十、太平洋亚洲旅游协会

太平洋亚洲旅游协会（Pacific Asia Travel Association，PATA）是亚太地区的民间国际旅游组织，于 1951 年 1 月成立于夏威夷，总部设在旧金山。另有两个分部：一个设在菲律宾马尼拉，负责处理东亚地区事务；另一个设在澳大利亚悉尼，负责南太平洋地区事务。该协会是一个具有广泛代表性和影响力的民间国际旅游组织，在整个亚太地区以至世界的旅游开发、宣传、培训与合作等多方面发挥着重要作用，因此受到亚太地区各国旅游业界的普遍重视。

该协会的宗旨是联合亚太地区所有热心于旅游的团体和组织，鼓励和支持本地区旅游的发展，保护本地区特有的旅游资源。该协会成员广泛，不仅包括亚太地区，而且包括如欧洲各重要客源国在内的政府旅游部门、各种旅游协会、旅游企业（空运、海运、陆运、旅行社、饭店、餐饮等与旅游有关的企业），以及其他与旅游有关的组织团体。

我国于 1993 年加入该组织，并成为其官方会员；同时协会内台湾所有会员所属地更名为"中国台北"。1994 年 1 月 8 日中国分会正式成立，分会秘书处设在原国家旅游局国际联络司。

十一、世界一流酒店组织

世界一流酒店组织(Leading Hotels of the World)是世界性的一流酒店和订房组织，1928年在瑞士成立，创办时有近50家成员。

该组织的宗旨是：将世界上最佳旅馆吸收为成员，促进世界各地一流酒店保持和提高其卓越地位、一流服务和优良传统，每年召开一次年会，交流经验，相互学习，相互促进，组织成员之间相互介绍客人。

该组织主要是欧洲国家投股，委托美国管理集团进行管理。总部设在美国纽约，并在纽约、洛杉矶、墨西哥城、伦敦、法兰克福、米兰、香港、东京、新加坡、悉尼、布宜诺斯艾利斯、里约热内卢、圣保罗等地设有18个办事处，以方便客人预订房间。各地的办事处通过地球卫星通信系统由计算机联结，能非常正确、及时地提供每个世界一流酒店里的客房信息，并能处理、确认宾客的预订。

要申请成为"世界一流酒店组织"的成员，必须在位置、组织、管理、服务、烹饪、装饰和环境等方面都具备最佳条件和最高标准，并具有设备先进、管理技术现代化、格调高雅、豪华、提供优质的服务等条件以及达到最高的服务水平，经过专门的严格检查和审定，包括现场考察后提交执委会讨论通过，合格者才能被接纳为该组织正式成员。目前该组织已有200多个成员，拥有约5.4万个客房、600多个大餐厅、30多个高尔夫球场、500多个大小网球场及400多个室内外游泳池等。它们分布在40个国家的140余个城市旅馆和80个左右的乡村旅馆或休养胜地。

该组织设有执行委员会、国际顾问委员会等机构。该组织是一个自我管理的组织，每个酒店成员必须定期接受检查，并由该组织的执行委员会进行监督，检查不合格的将被除名，以保持酒店具有一定水准，为顾客提供最高水平的服务，从而维护会员酒店的形象和声誉。

除以上阐述的旅游组织之外，还有一些比较重要的国际旅游组织，它们对国际旅游业的发展及各种旅游经济活动都有着重要影响：欧洲旅游委员会(ETC)、美洲饭店及汽车旅馆协会(AH&MA)、欧洲运输部长会议(ECMT)、国际铁路联盟(UIC)、国际旅游联盟(AIT)。

☞ **课后思考与训练**

1. 什么是旅游组织？其作用和类型有哪些？
2. 国家旅游组织的基本职能包括哪些？
3. 试介绍世界旅游组织和太平洋亚洲旅游协会。
4. 简述中国旅游协会的基本内容。

第十章
旅游业的未来

第一节　全　域　旅　游

全域旅游是中国政府提出来的一种旅游发展模式，是指将一定区域作为完整旅游目的地，以旅游业为优势产业，统一规划布局、优化公共服务、推进产业融合、加强综合管理、实施系统营销，从而不断提升旅游业现代化、集约化、品质化、国际化水平，更好地满足旅游消费需求。

一、全域旅游的意义

旅游是发展经济、增加就业和满足人民日益增长的美好生活需要的有效手段，旅游业是提高人民生活水平的重要产业。近年来，中国旅游经济快速增长，产业格局日趋完善，市场规模品质同步提升，旅游业已成为国民经济的战略性支柱产业。但是，随着大众旅游时代到来，中国旅游有效供给不足、市场秩序不规范、体制机制不完善等问题日益凸显。发展全域旅游，有利于不断提升旅游业现代化、集约化、品质化、国际化水平，更好地满足旅游消费需求。

二、全域旅游的指导思想

发展全域旅游的指导思想是：牢固树立和贯彻落实新发展理念，加快旅游供给侧结构性改革，着力推动旅游业从门票经济向产业经济转变，从粗放低效方式向精细高效方式转变，从封闭的旅游自循环向开放的"旅游+"转变，从企业单打独享向社会共建共享转变，从景区内部管理向全面依法治理转变，从部门行为向政府统筹推进转变，从单一景点景区建设向综合目的地服务转变。

三、发展全域旅游的基本原则

1. 统筹协调，融合发展

把促进全域旅游发展作为推动经济社会发展的重要抓手，从区域发展全局出发，统一规划，整合资源，凝聚全域旅游发展新合力。大力推进"旅游+"，促进产业融合、产城融合，全面增强旅游发展新功能，使发展成果惠及各方，构建全域旅游共建共享新格局。

2. 因地制宜，绿色发展

注重产品、设施与项目的特色，不搞一个模式，防止千城一面、千村一面、千景一面，推行各具特色、差异化推进的全域旅游发展新方式。牢固树立"绿水青山就是金山银山"的理念，坚持保护优先，合理有序开发，防止破坏环境，摒弃盲目开发，实现经济效益、社会效益、生态效益相互促进、共同提升。

3. 改革创新，示范引导

突出目标导向和问题导向，努力破除制约旅游发展的瓶颈与障碍，不断完善全域旅游发展的体制机制、政策措施、产业体系。开展全域旅游示范区创建工作，打造全域旅游发展典型，形成可借鉴、可推广的经验，树立全域旅游发展新标杆。

四、全域旅游的主要目标

1. 旅游发展全域化

推进全域统筹规划、全域合理布局、全域服务提升、全域系统营销，构建良好自然生态环境、人文社会环境和放心旅游消费环境，实现全域宜居宜业宜游。

2. 旅游供给品质化

加大旅游产业融合开放力度，提升科技水平、文化内涵、绿色含量，增加创意产品、体验产品、定制产品，发展融合新业态，提供更多精细化、差异化旅游产品和让人更加舒心、放心的旅游服务，增加有效供给。

3. 旅游供给品质化

加强组织领导，增强全社会参与意识，建立各部门联动、全社会参与的旅游综合协调机制。坚持依法治旅，创新管理机制，提升治理效能，形成综合产业综合抓的局面。

4. 旅游效益最大化

把旅游业作为经济社会发展的重要支撑，发挥旅游"一业兴百业"的带动作用，促进传统产业提档升级，孵化一批新产业、新业态，不断提高旅游对经济和就业的综合贡献水平。

五、全域旅游的发展模式

(一)推进融合发展，创新产品供给

1. 推动旅游与城镇化、工业化和商贸业融合发展

建设美丽宜居村庄、旅游小镇、风情县城以及城市绿道、慢行系统，支持旅游综合体、主题功能区、中央游憩区等建设。依托风景名胜区、历史文化名城、名镇名村、特色景观旅游名镇、传统村落，探索名胜名城、名镇名村"四名一体"全域旅游发展模式。利用工业园区、工业展示区、工业历史遗迹等开展工业旅游，发展旅游用品、户外休闲用品和旅游装备制造业。积极发展商务会展旅游，完善城市商业区旅游服务功能，开发具有自主知识产权和鲜明地方特色的时尚性、实用性、便携性旅游商品，增加旅游购物收入。

2. 推动旅游与农业、林业、水利融合发展

大力发展观光农业、休闲农业，培育田园艺术景观、阳台农艺等创意农业，鼓励发展具备旅游功能的定制农业、会展农业、众筹农业、家庭农场、家庭牧场等新型农业业态，打造一、二、三产业融合发展的美丽休闲乡村。积极建设森林公园、湿地公园、沙漠公园、海洋公园，发展"森林人家""森林小镇"。科学、合理地利用水域和水利工程，发展观光、游憩、休闲度假等水利旅游。

3. 推动旅游与交通、环保、国土、海洋、气象融合发展

加快建设自驾车房车旅游营地，推广精品自驾游线路，打造旅游风景道和铁路遗产、大型交通工程等特色交通旅游产品，积极发展邮轮游艇旅游、低空旅游。开发建设生态旅游区、天然氧吧、地质公园、矿山公园、气象公园及山地旅游、海洋海岛旅游等产品，大力开发避暑避寒旅游产品，推动建设一批避暑避寒度假目的地。

4. 推动旅游与科技、教育、文化、卫生、体育融合发展

充分利用科技工程、科普场馆、科研设施等发展科技旅游。以弘扬社会主义核心价值观为主线发展红色旅游，积极开发爱国主义和革命传统教育、国情教育等研学旅游产品。科学利用传统村落、文物遗迹及博物馆、纪念馆、美术馆、艺术馆、世界文化遗产、非物质文化遗产展示馆等文化场所开展文化、文物旅游，推动剧场、演艺、游乐、动漫等产业与旅游业融合开展文化体验旅游。加快开发高端医疗、康复疗养、休闲养生等健康旅游。大力发展冰雪运动、山地户外运动、水上运动、汽车摩托车运动、航空运

动、健身养生等体育旅游，将城市大型商场、有条件景区、开发区闲置空间、体育场馆、运动休闲特色小镇、连片美丽乡村打造成体育旅游综合体。

5. 提升旅游产品品质

深入挖掘历史文化、地域特色文化、民族民俗文化、传统农耕文化等，实施中国传统工艺振兴计划，提升传统工艺产品品质和旅游产品文化含量。积极利用新能源、新材料和新科技装备，提高旅游产品科技含量。推广资源循环利用、生态修复、无害化处理等生态技术，加强环境综合治理，提高旅游开发生态含量。

6. 培育壮大市场主体

大力推进旅游领域大众创业、万众创新，开展旅游创客行动，建设旅游创客示范基地，加强政策引导和专业培训，促进旅游领域创业和就业。鼓励各类市场主体通过资源整合、改革重组、收购兼并、线上线下融合等投资旅游业，促进旅游投资主体多元化。培育和引进有竞争力的旅游骨干企业和大型旅游集团，促进规模化、品牌化、网络化经营。落实中小旅游企业扶持政策，引导其向专业、精品、特色、创新方向发展，形成以旅游骨干企业为龙头、大中小旅游企业协调发展的格局。

(二)加强旅游服务，提升满意指数

1. 以标准化提升服务品质

完善服务标准，加强从业人员培训，规范服务礼仪与服务流程，增强服务意识与服务能力，塑造规范专业、热情主动的旅游服务形象。

2. 以品牌化提高满意度

按照个性化需求，实施旅游服务质量标杆引领计划和服务承诺制度，建立优质旅游服务商名录，推出优质旅游服务品牌，开展以游客评价为主的旅游目的地评价，不断提高游客满意度。

3. 推进服务智能化

涉旅场所实现免费 Wi-Fi、通信信号、视频监控全覆盖，主要旅游消费场所实现在线预订、网上支付，主要旅游区实现智能导游、电子讲解、实时信息推送，开发建设咨询、导览、导游、导购、导航和分享评价等智能化旅游服务系统。

4. 推行旅游志愿服务

建立旅游志愿服务工作站，制定管理激励制度，开展志愿服务公益行动，提供文明引导、游览讲解、信息咨询和应急救援等服务，打造旅游志愿服务品牌。

5. 提升导游服务质量

加强导游队伍建设和权益保护，指导督促用人单位依法与导游签订劳动合同，落实导游薪酬和社会保险制度，明确用人单位与导游的权利义务，构建和谐稳定的劳动关系，为持续提升导游服务质量奠定坚实基础。全面开展导游培训，组织导游服务技能竞赛，建设导游服务网络平台，切实提高导游服务水平。

（三）加强基础配套，提升公共服务

1. 扎实推进"厕所革命"

加强规划引导、科学布局和配套设施建设，提高城乡公厕管理维护水平，因地制宜推进农村"厕所革命"。加大中央预算内资金、旅游发展基金和地方各级政府投资对"厕所革命"的支持力度，加强厕所技术攻关和科技支撑，全面开展文明用厕宣传教育。在重要旅游活动场所设置第三卫生间，做到主要旅游景区、旅游线路及客运列车、车站等场所厕所数量充足、干净卫生、实用免费、管理有效。

2. 构建畅达便捷的交通网络

完善综合交通运输体系，加快新建或改建支线机场和通用机场，优化旅游旺季以及通重点客源地与目的地的航班配置。改善公路通达条件，提高旅游景区可进入性，推进干线公路与重要景区连接，强化旅游客运、城市公交对旅游景区、景点的服务保障，推进城市绿道、骑行专线、登山步道、慢行系统、交通驿站等旅游休闲设施建设，打造具有通达、游憩、体验、运动、健身、文化、教育等复合功能的主题旅游线路。鼓励在国省干线公路和通景区公路沿线增设观景台、自驾车房车营地和公路服务区等设施，推动高速公路服务区向集交通、旅游、生态等服务于一体的复合型服务场所转型升级。

3. 完善集散咨询服务体系

继续建设提升景区服务中心，加快建设全域旅游集散中心，在商业街区、交通枢纽、景点景区等游客集聚区设立旅游咨询服务中心，有效提供景区、线路、交通、气象、海洋、安全、医疗急救等信息与服务。

4. 规范完善旅游引导标识系统

建立位置科学、布局合理、指向清晰的旅游引导标识体系，重点涉旅场所规范使用符合国家标准的公共信息图形符号。

（四）加强环境保护，推进共建共享

1. 加强资源环境保护

强化对自然生态、田园风光、传统村落、历史文化、民族文化等资源的保护，依法保护名胜名城、名镇名村的真实性和完整性，严格规划建设管控，保持传统村镇原有肌理，延续传统空间格局，注重文化挖掘和传承，构筑具有地域特征、民族特色的城乡建筑风貌。倡导绿色旅游消费，实施旅游能效提升计划，降低资源消耗，推广使用节水节能产品和技术，推进节水节能型景区、酒店和旅游村镇建设。

2. 推进全域环境整治

积极开展主要旅游线路沿线风貌集中整治，在路边、水边、山边、村边开展净化、绿化、美化行动，在重点旅游村镇实行改厨、改厕、改客房、整理院落和垃圾污水无害化、生态化处理，全面优化旅游环境。

3. 强化旅游安全保障

组织开展旅游风险评估，加强旅游安全制度建设，按照职责分工强化各有关部门安全监管责任。强化安全警示、宣传、引导，完善各项应急预案，定期组织开展应急培训和应急演练，建立政府救助与商业救援相结合的旅游救援体系。加强景点景区最大承载量警示、重点时段游客量调控和应急管理工作，提高景区灾害风险管理能力，强化对客运索道、大型游乐设施、玻璃栈道等设施设备和旅游客运、旅游道路、旅游节庆活动等重点领域及环节的监管，落实旅行社、饭店、景区安全规范。完善旅游保险产品，扩大旅游保险覆盖面，提高保险理赔服务水平。

4. 大力推进旅游扶贫和旅游富民

大力实施乡村旅游扶贫富民工程，通过资源整合积极发展旅游产业，健全完善"景区带村、能人带户"的旅游扶贫模式。通过民宿改造提升、安排就业、定点采购、输送客源、培训指导及建立农副土特产品销售区、乡村旅游后备箱基地等方式，增加贫困村集体收入和建档立卡贫困人口人均收入。加强对深度贫困地区旅游资源普查，完善旅游扶贫规划，指导和帮助深度贫困地区设计、推广跨区域自驾游等精品旅游线路，提高旅

游扶贫的精准性，真正让贫困地区、贫困人口受益。

5. 营造良好社会环境

树立"处处都是旅游环境，人人都是旅游形象"的理念，面向目的地居民开展旅游知识宣传教育，强化居民旅游参与意识、形象意识和责任意识。加强旅游惠民、便民服务，推动博物馆、纪念馆、全国爱国主义教育示范基地、美术馆、公共图书馆、文化馆、科技馆等免费开放。加强对老年人、残疾人等特殊群体的旅游服务。

（五）实施系统营销，塑造品牌形象

1. 制定营销规划

把营销工作纳入全域旅游发展大局，坚持以需求为导向，树立系统营销和全面营销理念，明确市场开发和营销战略，加强市场推广部门与生产供给部门的协调沟通，实现产品开发与市场开发无缝对接。制定客源市场开发规划和工作计划，切实做好入境旅游营销。

2. 丰富营销内容

进一步提高景点景区、饭店宾馆等的旅游宣传推广水平，深入挖掘和展示地区特色，做好商贸活动、科技产业、文化节庆、体育赛事、特色企业、知名院校、城乡社区、乡风民俗、优良生态等旅游宣传推介，提升旅游整体吸引力。

3. 实施品牌战略

着力塑造特色鲜明的旅游目的地形象，打造主题突出、传播广泛、社会认可度高的旅游目的地品牌，建立多层次、全产业链的品牌体系，提升区域内各类旅游品牌的影响力。

4. 完善营销机制

建立政府、行业、媒体、公众等共同参与的整体营销机制，整合利用各类宣传营销资源和渠道，建立推广联盟等合作平台，形成上下结合、横向联动、多方参与的全域旅游营销格局。

5. 创新营销方式

有效运用高层营销、网络营销、公众营销、节庆营销等多种方式，借助大数据分析加强市场调研，充分运用现代新媒体、新技术和新手段，提高营销精准度。

（六）加强规划工作，实施科学发展

1. 加强旅游规划统筹协调

将旅游发展作为重要内容纳入经济社会发展规划和城乡建设、土地利用、海洋主体功能区和海洋功能区划、基础设施建设、生态环境保护等相关规划中，由当地人民政府编制旅游发展规划并依法开展环境影响评价。

2. 完善旅游规划体系

编制旅游产品指导目录，制定旅游公共服务、营销推广、市场治理、人力资源开发等专项规划或行动方案，形成层次分明、相互衔接、规范有效的规划体系。

3. 做好旅游规划实施工作

全域旅游发展总体规划、重要专项规划及重点项目规划应制定实施分工方案与细则，建立规划评估与实施督导机制，提升旅游规划实施效果。

（七）创新体制机制，完善治理体系

1. 推进旅游管理体制改革

加强旅游业发展统筹协调和部门联动，各级旅游部门要切实承担起旅游资源整合与开发、旅游规划与产业促进、旅游监督管理与综合执法、旅游营销推广与形象提升、旅游公共服务与资金管理、旅游数据统计与综合考核等职责。发挥旅游行业协会自律作用，完善旅游监管服务平台，健全旅游诚信体系。

2. 加强旅游综合执法

建立健全旅游部门与相关部门联合执法机制，强化涉旅领域执法检查。加强旅游执法领域行政执法与刑事执法衔接，促进旅游部门与有关监管部门协调配合，形成工作合力。加强旅游质监执法工作，组织开展旅游执法人员培训，提高旅游执法专业化和人性化水平。

3. 创新旅游协调参与机制

强化全域旅游组织领导，加强部门联动，建立健全旅游联席会议、旅游投融资、旅游标准化建设和考核激励等工作机制。

4. 加强旅游投诉举报处理

建立统一受理旅游投诉举报机制，积极运用"12301"智慧旅游服务平台、"12345"政府服务热线及手机 App、微信公众号、咨询中心等多种手段，形成线上线下联动、高效便捷畅通的旅游投诉举报受理、处理、反馈机制，做到及时公正、规范有效。

5. 推进文明旅游

加强文明旅游宣传引导，全面推行文明旅游公约，树立文明旅游典型，建立旅游不文明行为记录制度和部门间信息通报机制，促进文明旅游工作制度化、常态化。

（八）强化政策支持，认真组织实施

1. 加大财政金融支持力度

通过现有资金渠道，加大旅游基础设施和公共服务设施建设投入力度，鼓励地方统筹相关资金支持全域旅游发展。创新旅游投融资机制，鼓励有条件的地方设立旅游产业促进基金并实行市场化运作，充分依托已有平台促进旅游资源资产交易，促进旅游资源市场化配置，加强监管、防范风险，积极引导私募股权、创业投资基金等投资各类旅游项目。

2. 强化旅游用地保障

将旅游发展所需用地纳入土地利用总体规划、城乡规划统筹安排，年度土地利用计划适当向旅游领域倾斜，适度扩大旅游产业用地供给，优先保障旅游重点项目和乡村旅游扶贫项目用地。鼓励通过开展城乡建设用地增减挂钩和工矿废弃地复垦利用试点的方式建设旅游项目。农村集体经济组织可依法使用建设用地自办或以土地使用权入股、联营等方式开办旅游企业。城乡居民可以利用自有住宅依法从事民宿等旅游经营。在不改变用地主体、规划条件的前提下，市场主体利用旧厂房、仓库提供符合全域旅游发展需要的旅游休闲服务的，可执行在五年内继续按原用途和土地权利类型使用土地的过渡期政策。在符合管控要求的前提下，合理有序安排旅游产业用地需求。

3. 加强旅游人才保障

实施"人才强旅、科教兴旅"战略，将旅游人才队伍建设纳入重点人才支持计划。大力发展旅游职业教育，深化校企合作，加快培养适应全域旅游发展要求的技术技能人才，有条件的县市应积极推进涉旅行业全员培训。鼓励规划、建筑、设计、艺术等专业人才通过到基层挂职等方式帮扶、指导旅游发展。

4. 加强旅游专业支持

推进旅游基础理论、应用研究和学科体系建设，优化专业设置。推动旅游科研单位、旅游规划单位与国土、交通、住建等相关规划研究机构服务全域旅游建设。强化全域旅游宣传教育，营造全社会支持旅游业发展的环境氛围。增强科学技术对旅游产业发展的支撑作用，加快推进旅游业现代化、信息化建设。

第二节　旅游业的可持续发展

一、可持续发展思想

人类社会已经在经济增长与环境保护相背离的道路上走过了数百年的历史，而二者的背离又突出地表现为人类在追求发展的过程中往往以牺牲生态环境来换取经济增长。这种竭泽而渔的发展模式导致人类生存环境的不断恶化和各种资源的枯竭，日益严重地威胁着人类的生存与发展。但直到20世纪80年代，人类才开始用一种理性的思维冷却追求经济高速增长的热情，重新审视经济增长与环境保护的关系，与此同时，一股以"保护环境、崇尚自然"为宗旨的绿色浪潮也迅速在全球范围内掀起。

在人类可持续发展思想的形成中，有两本书具有极其重要的意义，因而不能不被提到。一本是被称为"改变了世界历史进程"的、美国海洋生物学家雷切尔·卡尔逊（Rachel Carson）所著的《寂静的春天》（*Silent Spring*），该书于1962年问世，被称为一本"20世纪里程碑式的著作"。它使得政府改变了对环境问题的政策，对环境运动起到了极大的推动作用，从而使"生态学"成为人人皆知的词汇。另一本是由罗马俱乐部于1972年出版的《增长的极限》，该书警示性地罗列了经济增长所引发的种种环境和资源问题。

此后，有关国际组织开始关注发展与环境问题及可持续发展问题。

1972年，第一次人类环境会议在斯德哥尔摩举行。

1980年，国际自然与资源保护同盟在其制定的世界自然保护大纲中首次提出全新的可持续发展概念。

1987年，联合国世界环境与发展委员会发表了题为《我们共同的未来》的研究报告，首次指出了以可持续发展原则来迎接人类面临的环境与发展问题的挑战。此后不久，世界资源研究所、国际环境与发展研究所联合声称："以可持续发展为我们的指导原则。"世界银行也在其指南中强调将可持续发展作为开发资助的首选目标。

1992年，在里约热内卢召开的联合国环境与发展大会上，包括中国在内的全球100

多个国家的政府首脑通过了《里约宣言》，共同签署了生物多样性公约和《21世纪议程》（即"地球宣言"）等重要文件，向全世界宣布，各国人民将为遵循可持续发展的模式而采取一致行动。

（一）可持续发展思想的基本含义

根据《我们共同的未来》报告，可持续发展（Sustainable Development）是指"既满足当代人的需要，又不损害后代人满足其需要的能力的发展"。

1996年7月29日，中国国务院办公厅以国办发〔1996〕31号文转发了中华人民共和国国家计划委员会（现为中华人民共和国发展和改革委员会）、中华人民共和国国家科学技术委员会《关于进一步推动实施〈中国21世纪议程〉的意见》通知。在这个通知中，对可持续发展给出了一个更为明确、完整的定义，指出："可持续发展就是既要考虑当前发展的需要，又要考虑未来发展的需要，不以牺牲后代人的利益为代价来满足当代人利益的发展；可持续发展就是人口、经济、社会、资源和环境的协调发展，既要达到发展经济的目的，又要保护人类赖以生存的自然资源和环境，使我们的子孙后代能够永续发展和安居乐业。"

（二）可持续发展的基本内容

可持续发展通常包括生态、经济、社会三方面的内容。

生态可持续性是指维持健康的自然过程，保护生态系统的生产力和功能，维护自然资源基础和环境。

经济可持续性是指保证稳定的增长，尤其是迅速提高发展中国家的人均收入，同时用经济手段管理资源和环境，使仍为经济外在因素的环境与资源内在化。

社会可持续性是指长期满足社会的基本需要，保证资源与收入的公平（包括代间和代内）分配。

（三）实现社会经济可持续发展的意义

人类经过一个多世纪全球工业化的实践，在辉煌的物质文明与暗淡的自然环境强烈反差的图景前深深反思，痛苦地意识到如果沿着改造自然、征服自然的老路，任资源耗竭、生态破坏、环境污染，那么人类就会与地球一同毁灭。可持续发展思想就是在这种背景下提出的。可持续发展作为迈向新世纪的目标依据和行动纲领，不仅对传统的发展观及发展思想提出了严峻的挑战，而且也必将从价值观念、思维方式、行为模式等方面对人类产生极其深刻的影响，从而指引人类走向更加美好的未来。

可持续发展已成为世界最热门的研究领域之一，并成为世界各国各地区的经济、社会等规划中优先考虑的一条准则。

二、旅游业可持续发展的内涵

旅游业的可持续发展是在全球旅游业急剧膨胀、繁荣背后的危机日益暴露的现实下提出来的。

旅游业是一个资源产业，一个依靠自然禀赋和社会遗赠的产业，因此，保持优良的生态环境和人文环境是旅游业赖以生存和发展的基础。然而，由于旅游业"起飞"速度较快，在短短几十年时间内，就一跃成为全球最大的产业，在实践中，很多国家、地区和旅游企业的决策者将旅游业的发展简单化为数量增长和外延的扩大再生产，对旅游资源进行掠夺式开发，对旅游景区实施粗放式管理，旅游设施的建设病态膨胀，导致自然资源遭到严重破坏，环境美学价值以及宁静度和舒适度降低，再加上由于旅游流在时空上具有相对集中的特点（表现为旅游旺季和旅游热点、热线），旅游破坏因而进一步加剧，出现了"旅游摧毁旅游"的现象。

所谓旅游业的可持续发展，就是在满足当代旅游者和旅游地居民的各种需要的同时，保持和增进未来发展机会，其实质是要求旅游与自然、社会、文化和人类的生存环境成为一个整体，以协调和平衡彼此间的关系，实现经济发展目标和社会发展目标的统一。

旅游业可持续发展思想的基本内涵如下：

1. 满足需要

发展旅游业首先就是要满足旅游者对更高生活质量的渴望，满足其发展与享乐等高层次需要，与此同时，通过利用能够吸引旅游者的旅游资源，实现经济创收，满足旅游目的地国家（地区）和社区的基本需要，改善旅游目的地国家（地区）居民的生活水平。

2. 环境限制

资源满足人类目前和未来需要的能力是有限的，这种限制体现在旅游业中就是旅游环境承载力。

3. 协调发展

旅游开发必须在环境承载力的范围内进行，必须与环境相协调，这是可持续旅游的首要标志。只有寻得承载力的一个最优值域，并将旅游开发控制在这一范围之内，才能保证环境系统自我调节功能的正常发挥，进而实现可持续旅游。对于可再生资源（如动、植物），必须保证其利用与该资源的"可持续生产"一致，否则会使该物种濒临灭绝。对于不可再生资源，可持续旅游业与其他产业一样，要强调资源的节约利用、再利用和再循环。

4. 平等享用

一是同代人之间的平等，要避免旅游目的地国家（地区）在其旅游业发展中，只使一部分居民受益，而另一部分居民只能承担旅游业的大量外部不经济效应（如环境的污染、拥挤和物价的上涨等）；二是不同代人之间的平等，即既要满足当代人的旅游需要，为当代人创造旅游收入，又要满足未来各代人的旅游需要，保护未来各代人的生财之道。

鉴于可持续发展思想与旅游业的密切关系，国际社会对于旅游业的可持续发展也特别关注。1990 年，在加拿大召开的全球可持续发展大会旅游组行动策划委员会就提出了一个《旅游可持续发展行动战略》草案。1995 年 4 月，联合国教科文组织、环境规划署和世界旅游组织等又在西班牙专门召开了"可持续旅游发展世界会议"，制定了《可持续旅游发展宪章》和《可持续旅游发展行动计划》两个重要文件，提出"可持续旅游发展的实质，就是要求旅游与自然、文化和人类生存环境成为一个整体"。《中国 21 世纪议程》也对旅游有明确的要求，规定要"加强旅游资源的保护，发展不污染、不破坏环境的绿色旅游，加强旅游与交通、机场建设以及其他一些服务行业（包括饮食业）的合作，解决旅游景区污水排放处理及垃圾收集、运输、处理、处置问题，解决好旅游景区有危害的污染源的治理与控制"。

三、旅游业可持续发展的目标

1990 年，在加拿大温哥华召开的 1990 年全球可持续发展大会旅游组行动策划委员会会议上，提出了如下旅游业可持续发展的目标：

(1)增进人们对旅游所产生的环境效应和经济效应的理解，强化其生态意识。

(2)促进旅游的公平发展。

(3)改善旅游接待地的生活质量。

(4)向旅游者提供高质量的旅游经历。

(5)保护上述目标所依赖的环境质量。

第三节　实现旅游业可持续发展的途径

要实现旅游业的可持续发展，旅游者、旅游开发商、旅游经营者以及政府有关管理部门都负有不可推卸的责任。

一、旅游资源开发与旅游业的可持续发展

旅游资源是旅游业赖以生存的基础，是发展旅游业的基本条件。然而，旅游资源的开发，特别是自然旅游资源的开发，却往往意味着自然环境的破坏和某些自然景观的丧失。旅游资源不同于一般物质生产的其他资源，一般而言，自然景观的形成要几万年，人文景观的形成也得几十年、几百年或几千年。很多旅游资源是不可再生的，所以尤为珍贵。因此，科学、合理地开发旅游资源，建设旅游设施，对于实现旅游业的可持续发展具有极其重要的意义，是实现旅游业可持续发展的"重中之重"。

按照可持续发展思想，对于旅游资源的开发和旅游设施的建设，应该贯彻以下原则：

1. 计划性

旅游资源的开发，要有计划、有步骤地进行，循序渐进，切不可一哄而上、盲目开发，造成生态环境的破坏。

2. 科学性

旅游资源的开发要贯彻科学性原则，应认真做好可行性分析。宾馆、酒店等大型旅游设施应尽可能建在自然保护区外，区内只建一些适合周围环境的简易的、具有地方特色的休息和食宿设施，如木屋、木棚等；公路最好不要直通保护区的核心区……这样，一则可以保护自然景观，二则还可以使旅游者更好地与大自然融为一体。

3. 谨慎性

对于旅游资源的开发，特别是那些不可再生的自然旅游资源的开发，有关部门应该慎之又慎，以免破坏自然景观，出现对不起后代的"后悔工程"。

二、旅游企业经营与旅游业的可持续发展

旅游企业在其经营活动中，应注意尽可能地节约能源，减少对环境的破坏和污染，并以适当的方式，对旅游者进行可持续发展思想的教育，承担起实现可持续发展旅游的义务。

(一)旅行社、旅游公司及旅游交通企业与旅游业的可持续发展

旅行社、旅游公司及旅游交通企业可在以下几个方面为实现旅游业的可持续发展作出贡献。

1. 生产环保型旅游产品

如生产生态旅游产品、森林旅游产品和农业旅游产品等，以唤起人们的资源保护和可持续发展意识。

2. 选择具备生态旅游条件的旅游目的地

旅行社应当避开那些脆弱、敏感的生态地域。对于那些对自然生态资源只想利用而不重视保护或接待体制不完备的地域，即使当地有意安排招徕生态旅游，旅行社也应加以回避。在旅游策划的各个阶段，应充分听取地域生态科研人员和自然保护团体的意见。

3. 旅游团人数要控制在适当的范围内

小团队旅游，便于领队实施有效的管理，从而减少对自然生态的影响和破坏。

4. 正确引导旅游者的消费行为，培养旅游者的环保意识

航空公司应在主要旅游航线的班机上播放有关环境保护和旅游业可持续发展的视频；旅行社可为旅游者提供有关的教育手册；导游人员应在导游过程中，不失时机地以各种有效的方式正确引导旅游者的消费行为，培养旅游者的环保意识和遗产保护意识，向其传播旅游业可持续发展的思想。告诉旅游者关于旅游公司在环境方面的倡议，并使其将环保意识和可持续发展思想运用到家庭生活中去。

对旅游者进行教育的内容主要包括：对生态保护重要性的认识，目的地的生态、人文情况，进行生态旅游的行为规范及注意事项，目的地的有关生态保护的法律、规定，旅游途中的垃圾处理方法，有助于旅游目的地的生态保护和经济发展的援助计划等。

5. 对导游和领队人员进行培训，增长其生态旅游方面的专业知识

导游人员与旅游者朝夕相处，因此，培养和造就有生态旅游专业知识和责任感的导游人员对于实现旅游业的可持续发展是十分重要的。导游人员除了引导旅游者要保护生态环境，做合格的旅游者以外，还应适当安排旅游者与当地人交流，让当地人清楚旅游者来此地是因为这里有未被破坏的自然及人文景观，从而使当地人意识到保护好家乡自然生态和文化传统的重要性。

6. 实现废弃物的最小化

废弃物的最小化是《中国 21 世纪议程》的核心，其关键是"大产出，小投入"。旅游公司可以直接通过日常的经营活动和间接通过选择对环境产生最小影响的产品作出巨大的贡献。

旅游公司可采取以下措施，以使废弃物减到最低程度：

（1）选择具有最少废弃物的产品来减轻废弃物负担。

（2）选择那些同意将其产品废弃物减到最低程度的供应商，或者坚持生产厂商将非必要的包装减少到最少或重新利用。

（3）只要有可能就重复使用产品，或加以回收利用。

（4）负责任地处置不可避免的废弃物。

（5）鼓励职工在家中遵守废弃物最小化原则。

7. 减少能源的利用和潜在的具有破坏性的大气排放物

许多全球性的环境问题，都直接与燃烧矿物燃料有关。节约能源不仅可以对实现旅游业的可持续发展作出贡献，而且可以为高效利用能源的旅游企业带来经济利益。

旅游公司可采取以下方法，减少总体能源的消耗和相关的排放物：

（1）培养职工的节能和环保意识，使其养成良好的节约能源的习惯（如设备不用时随时关闭）。

（2）合理安装各种设施设备，减少能源浪费现象。

（3）有条件时，尽可能使用对环境无害的自然能源，如太阳能、风能、生物能等。

（4）注意使用各种节能新技术。

8. 保护水资源质量，高效而公平地利用现有水资源

旅游业是用水大户，特别是在气候炎热时或气候炎热地区，游泳池、淋浴、高尔夫球场等可导致旅游者人均用水量高达当地社区人均水平的 10 倍。事实上，为了满足旅游者的需要，旅游的长期开发，在很大程度上剥夺了当地社区的水资源。为了使水的利用降到最低的程度和保护储备水的质量，旅游公司应当采取如下措施：

（1）与旅游者一起减少用水。

（2）在适当的地方，通过设置告示牌等适当的方式，向旅游者解释节约用水的重要性。

（3）在建设旅游设施时，应考虑水资源的保护因素，如果当地水缺乏，或者工程的建造可能导致当地水匮乏，就应考虑停建。

（4）对跨国旅游公司而言，应在发展中国家宣传推广节水技术、技巧和设施。

（5）尽可能地重新利用和回收水。

（6）鼓励职工和旅游者将水管理计划的内容融入家庭日常生活之中。

9. 使废水排放量减到最低程度

使废水排放量减到最低程度，以保护水环境、动植物、洁净水资源的质量。

10. 减少旅游交通对环境的污染

交通运输是旅游业的生命线，旅游公司应该加强管理，以减少或控制旅游交通对环境的不良影响。

(1)提倡畜力、人力、自然能(风力、漂流)交通工具或徒步旅行，以减少对自然生态的污染。

(2)利用状态良好的现代交通技术，将进入环境中的排放物减到最低限度。

(3)鼓励职工搭车、骑车、步行上班。

(4)交通堵塞会增加机动车废气的排放量，因此，应与供应商一起保证所购货物不要在高峰期送交，另外，分送的货物要满载。

(5)尽量购买当地供应品。

(二)旅游饭店经营与旅游业的可持续发展

上述实现旅游业可持续发展的经营原则和方法，已在旅游饭店得到较为广泛的应用，并取得了良好的经济和社会效果。很多国家开始大力发展环保型的"绿色饭店"(Green Hotel)。其主要特征如下：

(1)采用节能设施设备，减少对能源的浪费。

(2)停止使用煤、重油、柴油、煤油等污染大气环境的燃料，改用管道燃气、液化石油气、电等清洁能源。

(3)注意回收旧报纸、易拉罐和玻璃瓶，并将有机物垃圾专门堆放在一起。

(4)采取各种措施，节约用水。酒店是用水大户，每天都要使用大量生活用水和洗涤用水，节水潜力巨大。对此，酒店可以鼓励住宿超过一天的客人，继续使用原有的毛巾，或不更换床单，以减少清洗所需的水和洗涤剂用量。

(5)减少使用含氯氟烃的产品、含氯漂白剂和漂白过的布草。

(6)尽可能购买有利于环境保护的商品和可再生利用的产品。很多酒店将客房放置的洗衣袋从塑料制品改为纸制品或棉制品，或用可多次使用的篮子代替。

(7)减少资源浪费。传统酒店的卫生间每天都要为客人配备肥皂、罐装浴液、洗发液等卫生清洁用品，凡客人用剩的都要扔掉，既浪费了资源，又污染了环境。现在不少酒店已将客房内惯用的洗衣液和沐浴液小瓶子，改为可添加的固定容器，以减少浪费。

以上措施不仅可以保护环境，为旅游业的可持续发展作出贡献，而且可大大节约酒店的经营成本。

三、旅游者消费行为与旅游业的可持续发展

旅游者是旅游活动的主体，旅游者的消费行为对于旅游业的可持续发展具有重要影响，直接决定旅游业能否实现可持续发展。旅游者在从事旅游活动时，应该有环保意识，严格自律。旅游者可从以下几个方面为旅游业的可持续发展作出贡献：

1. 尊重访问目的地的文化

旅游者应该以学习、了解当地的文化、风俗习惯为目的，在当地居民允许的范围内参加各项活动。

2. 不破坏旅游资源，做文明旅游者

常有一些旅游者，到达旅游景点后，肆意破坏旅游资源，如采摘珊瑚、攀折花木，在旅游景观上乱涂、乱画、乱刻等。对此等不文明行为，旅游者应自觉抵制；如遇他人有以上行为，应及时制止。

3. 不随地丢弃垃圾

一些旅游者随地丢弃的塑料袋、饭盒、饮料瓶等垃圾，是造成旅游地及风景旅游区污染的重要原因，严重影响着旅游业的可持续发展。很多国内名山大川等风景旅游区不得不请人专门拾捡、清理旅游者留下的污染物。就连世界屋脊喜马拉雅山也不例外，旅游者留下的各种饮料罐、包装袋等垃圾，也使当地有关部门不得不花费巨资去清理。因此，旅游者在旅游过程中，应有环保意识，不随地丢弃垃圾，应将其丢进垃圾箱（当然，有关部门必须首先在旅游景点和旅游区设置垃圾箱），有条件的地方，应将其按生活垃圾、可循环使用的和不可循环使用的垃圾等分类存放。

4. 尽量减少使用或不使用一次性消费的塑料饭盒、饮料瓶等白色污染物

据悉，中国每年对一次性餐具的需求量高达100亿只，仅青岛至徐州的双层旅游快车，在每天往返途中就需要3000余碗快餐面。盛装这些快餐面的一次性塑料饭盒在铁路沿线形成了一道壮观的"白色污染线"，这种白色垃圾不仅仅污染了交通沿线，而且对旅游景点和景区的可持续发展构成严重威胁。因此，旅游者应尽量减少使用或不使用一次性的塑料饭盒、饮料瓶等白色污染物，而改用一些环保旅游企业用芦苇、稻草、麦秆、毛竹、棉花秸等原料生产的可降解型"绿色餐具"。

5. 不干扰野生生物的正常活动

旅游者应服从景区管理人员及自然保护主义者的提示，如不捕杀、不追逐、不投

喂、不搂抱、不恐吓动物，不采集野生植物，不踩踏贵重植物。

6. 积极参加保护生态的各种有益活动

如向访问地捐助资金，提供知识技术帮助，参加保护环境的宣传和义务劳动等。

7. 不食用、不购买被保护生物及其制品

旅游者在旅游活动中应有动物保护意识，坚决不食用、不购买被保护生物及其制品。

四、政府旅游管理机构与旅游业的可持续发展

旅游业是一个综合性行业，涉及面非常广，因此，除了国家旅游主管部门以外，其他政府部门也对旅游的某些方面具有管辖权，如交通运输部、商务部、生态环境部等。所有这些政府部门都会对旅游业实现可持续发展施加影响。

国家旅游管理机构及有关政府部门可以在以下几个方面对旅游业实现可持续发展作出贡献：

1. 制定实现旅游业可持续发展的有关政策、法规

比如，通过贯彻"谁污染，谁付费"的原则和制定标签计划，对有害物质的使用进行预防性和惩罚性管理。此外，有些国家已着手制定《游客行为的基本准则》，准备对破坏环境、生态的旅游者以及监督不力的导游实施经济处罚。另外，国家旅游主管部门和有关立法机构还应按照可持续发展旅游的思想，对现行政策法规进行重新评估和修订。

2. 对旅游业有关部门、企业和从业者进行培训和教育

国家旅游管理机构及有关政府部门应就旅游业的可持续发展的必要性及旅游业可持续发展的性质和范围，对旅游业有关部门、企业和从业者进行培训和教育，以提高认识，强化其旅游业可持续发展的思想和行为，并在可能的情况下，向其传授实现旅游业可持续发展的有关技能。同时，可充分利用各种新闻媒体向全社会普及可持续发展旅游的基本知识，在大、中专院校开设相应的课程或讲座，努力使可持续旅游发展思想在旅游界以至于全民中深入人心，为实施可持续旅游发展战略和规划奠定良好的思想基础。

3. 制定旅游业的可持续发展规划

在旅游业发展中，不做规划或规划不善可能导致对环境、资源和文化的破坏，而按照可持续发展思想，对旅游业进行科学的规划，则可有效地利用土地资源，最大限度地实现旅游业潜在环境和经济利益，同时，使可能发生的环境或文化破坏降到最低程度。

政府部门在制定旅游业可持续发展战略与规划时，应多从环境适应性的角度来考

虑，努力争取"旅游发展与环境保护的永久和谐"（世界旅游组织 1993 年的口号）。在新建的旅游区，应首先规划建设生活污水处理厂，注意保护好区域内的地形、地貌和自然植被。对于旅游资源，要强调适度开发的原则，防止掠夺性开发。特别是对于自然保护区，要根据不同保护区内不同区域的重要性和脆弱性，划分为核心保护区、缓冲区和生产实验区等不同层次。可规定：核心保护区不得开发旅游；缓冲区只可开发科学考察旅游；而旅游设施则应规划在生产实验区或保护区的外围。

4. 建立可持续旅游发展评估指标体系、统计指标体系

对旅游业发展的评估和统计指标不应只注意经济指标，而忽略社会、文化、环境等方面的考虑。旅游行政管理部门应会同有关部门研制和确定一套全面、科学的旅游业发展评估和统计指标体系，特别是对于环境，要建立环境质量监测和效应评估体系，并责成有关机构及时监测和评估，定期公布、及时分析、发布预警，以形成一种社会力量，及时、全民性、全方位地控制旅游污染。

5. 加强与其他国家在旅游业可持续发展的信息、技能和技术以及经验和教训方面的交流

这种交流，特别是在发达国家和不发达国家之间，对于各国实现旅游业的可持续发展将大有裨益。

6. 保障旅游者的安全

安全是旅游者的基本需求，是旅游活动的前提条件，同时也是实现旅游业可持续发展的前提条件。因此，要使旅游业发展和进步，就要确保国内与国际旅游者及度假者的人身安全及个人财物安全，与此同时，还要保证旅游设施和旅游点的安全。

旅游者、旅游点及旅游设施的安全和保护应通过以下方法来保证：

（1）所有与旅游业有关的部门都应认真对待旅游者的安全问题，重视恐怖主义行为对旅游者的保护所形成的威胁，反对各种犯罪行为，使旅游者免受其害，重视旅游者作为消费者的权利，重视保护他们的身体健康，重视保存和保护环境。

（2）制定和实施保护旅行和旅游者逗留安全的条例和法律。

（3）提供信息和加强公共教育。

（4）建立一个处理旅游者安全问题的机构，对紧急情况更应如此。

（5）建立双边、次地区、地区、地区间和世界范围内的国际合作。

接待国和旅游者原籍国应在双边关系的基础上进行积极合作，采取一切可行的手段，即便在自然灾害、重大事故和瘟疫发生的情况下，也能使旅游者的安全与保护得到保证。此外，在旅游者遭到严重损害特别是遭受恐怖主义行动之害时，接待国应通过外交使馆或领事馆，向旅游者原籍国立即提供受害者的状况、发生事故的原因等所有必要的情况。

（6）接待国应对旅游者下述专门权利作出保证：

①保证对遭受人身和财物损害的旅游者，用最快的方式通知其家属。

②保证在必要情况下旅游者能享有迅速和合理的医疗保健，最好使他们享受本国的社会保险。

③保证遭受人身和财物损害的旅游者在有关国家法庭特别是刑事犯罪法庭对肇事者提出诉讼的自由，为此，在需要情况下应得到有关国家司法机关的帮助。

7. 简化旅游、旅行、访问和旅游逗留的手续

简化旅游手续是指各国为促进和鼓励个人和团队旅行、访问和旅游逗留，通过协调一致的政策和行动，消除对旅游产业和服务业的壁垒。

一般来说，与旅游者有关的手续分为以下几种：

（1）护照和签证。办理相关证件收费过高，旅游申请表被无理拒绝，获取有关证件手续烦琐，程序复杂、缓慢，都被认为是旅游的障碍。

（2）货币和换汇控制。货币和换汇控制不仅影响旅游消费水平，而且容易使旅游者对实行这些手续的国家望而却步。

（3）海关条例。由于各国的情况不同，在海关免税物品方面存在巨大的差别。填写海关申报单和实行海关检查，都会影响旅游消费。

（4）健康手续。

8. 鼓励民众参加国民旅游休闲计划

政府和企业应采取措施，通过合理安排工作和休假时间，建立和改善年度带薪休假制度，安排休假期，特别是重视青年、老年人和残疾人的旅游，鼓励所有人参加国内和国际旅游。

第四节　世界旅游业的发展趋势

《 案　例 》

得 Wi-Fi 者得旅游者？
——免费 Wi-Fi 已成出游刚需

调查表明，手机是人们外出旅游最不可或缺的必需品。这一点在中国旅游者身上似乎尤

为明显，这也使得打造"指尖上的旅行社"成为传统旅行社、在线旅行商的新目标。

2017 年 3 月 11 日，携程旅行网对外宣布，为参加出境游的用户提供境外免费 Wi-Fi 服务，服务范围将覆盖全球 100 多个目的地国家和地区。专门采购的无线 Wi-Fi 设备由领队携带，按照每 5 个人左右一台配备。

免费 Wi-Fi 省去了游客自己租用 Wi-Fi 设备的麻烦和费用，特别是在境外行程中的等待、乘车移动过程中，旅游团在听导游讲解之外的时间，都会集体进入"Wi-Fi 状态"——上网聊天、联系国内亲属、发微信微博等。还有一些旅游者会使用 App 预订租车、一日游等产品，安排自由活动时间。

在智能手机和移动互联网时代，提供无线上网服务越来越重要，免费 Wi-Fi 已经成为一种刚需。特别是中国旅游者，已经患上"Wi-Fi 依赖症"，境外旅游时，手机上网已成了旅游者的刚性需求。

免费 Wi-Fi 是切合旅游者需求的创新，也说明旅游市场特别是团队游的竞争，已经从价格战进入比拼服务创新和用户体验的新阶段。免费 Wi-Fi 或将成为旅游六要素之外的团队游标准新配置。

旅游业产生于 19 世纪，20 世纪是世界旅游业的大发展时期，特别是在 20 世纪后半期，旅游业获得了和平的发展环境，一跃而成为世界第一大产业。进入 21 世纪，世界旅游业呈现出如下变化：

一、旅游成为人们一种新的生活方式

随着世界经济的发展，人们的经济收入和生活水平不断提高，同时，随着科学技术的进步，人们的劳动生产率也不断提高，工作日相对减少，而闲暇时间则不断增加。旅游是人们使用闲暇时间的最佳方式之一，随着社会的进步，旅游逐渐成为人们一种新的生活方式。就中国而言，2017 年，国内旅游人次数已达 50 亿，大大超过人口总数。

二、旅游业在国民经济中的地位不断提高

人们对物质资料的需求是有限的，而精神需求则是无限的。旅游活动主要满足人们的精神需求。通过旅游，人们增长见识、陶冶情操、放松精神、恢复体力，因此，对旅游需求的满足将是无止境的。旅游业可以为一个国家创造越来越多的就业机会和经济收入，因而，旅游业在国民经济中的地位和作用将不断提高。事实上，旅游业已经成为世界上最大的产业。1998 年，旅游业被确定为中国国民经济新的增长点。2009 年，国务院在《关于加快发展旅游业的意见》中，首次提出要把旅游业培育成"国民经济的战略性支柱产业和人民群众更加满意的现代服务业"，充分体现了旅游业在中国国民经济中的重要地位和作用。

三、旅游业经营日趋集团化、国际化

随着国际贸易自由化的发展，各国在不断减少和消除各种有形的和无形的贸易壁垒。就旅游业而言，越来越多的国家为了鼓励旅游业的发展，开始简化签证手续，缩短签证时间，或实施落地签证甚至取消签证的政策。与此同时，也有越来越多的国家开始允许国际跨国公司或外国公司在本国以合资、独资等多种形式开办旅游企业，从事旅游经营活动。因此，旅游业经营正逐步走向国际化，旅游业的竞争将进一步加剧。为了对付日益激烈的竞争，旅游企业将通过联合、合并或吞并等多种形式，走集团化道路，以便增强实力，降低成本，促进销售。

四、旅游服务走向个性化

旅游服务产品是无形的，服务质量最终是由客人评价的，客人评价服务质量优劣的标准是能否满足其需求。而客人的需求又千差万别，既有共性的部分，又有个性化的部分，因此，要使服务质量上一个台阶，必须满足客人的个性化需求，为客人提供个性化服务。

在世界饭店史上唯一一家入选美国最高质量管理奖的丽思·卡尔顿酒店，住店客人只要在任何场合向饭店任何员工提出个人要求，都会立即被输入电脑，饭店任何一个服务点都会随之提供相应的个性化服务。该酒店有 24 万回头客，个个都有详细的个性服务需求资料。为客人提供个性化服务，也是未来各旅游服务企业追求的目标和旅游服务的发展方向。

与个性化服务相适应的是"订制旅游"的兴起。与传统大众旅游方式不同，订制旅游是旅游企业通过与旅游者进行一对一的信息交流，让旅游者更多地参与到旅游产品设计与开发中，以满足旅游者个性化体验需求。

为迎合订制旅游浪潮，国内一些旅游机构扎堆推出"私人订制"服务，如广州岭南集团旗下"广之旅"成立了订制旅游俱乐部。旅游电商更是嗅到其中无限商机，携程旅行网等旅游电商大力推出网络自由订制的私家团服务。个性化订制是对传统旅游的颠覆，它让旅游者自己做主，提供给旅游者更多选择的自由，深入体验真正的旅游目的地文化。以携程旅行网研发的"私家团"为例，根据旅游者的情况，提供"我的旅程我做主"的个性化的服务：每个订单独立成团，哪怕两个人也是一个团，提供全程专车及专门导游，享受私密度假和专属服务。

五、"智慧旅游"成为旅游业发展的新趋势

随着信息技术的发展，旅游服务、旅游资源开发、旅游企业经营以及旅游景区管理等将日益实现信息化和现代化，智慧旅游将改变旅游者的消费方式、旅游企业的经营模

式和旅游管理部门的管理方式，成为旅游业发展的新趋势。

文化是旅游的灵魂，科技是旅游的支撑，旅游业要培育成现代服务业，关键是要插上科技与文化的翅膀。在技术不断革新的背景下，旅游业开始由信息化向智能化转型，"智慧旅游"已成为旅游业发展的必然选择。

"智慧旅游"是旅游信息化的延伸与发展，是高智能的旅游信息化，以旅游者为中心，以物联网、云计算、下一代通信网络、高性能信息处理、智能数据挖掘等技术为支撑，并将这些技术应用于旅游体验、产业发展、行政管理等诸多方面，使旅游者、企业、部门与自然、社会相互关联，提升旅游者在旅游活动中的自主性、互动性，为游客带来超出预期的旅游体验，使旅游管理更加高效、便捷，为旅游企业创造更大的价值。

"智慧旅游"的核心是游客为本、网络支撑、感知互动和高效服务。"智慧旅游"系统主要由数据中心、服务端、使用端三部分构成，并通过互联网、物联网和传感网等技术相互联结。

"智慧旅游"系统作为信息时代和互联网时代的产物，对于整个旅游产业都有重要意义。对旅游者而言，"智慧旅游"系统可以让他们足不出户，可全面了解目的地旅游信息，预订产品和进行结算；旅游过程中能够动态了解旅游信息并获得帮助；旅游结束后还能够通过该系统进行有效的信息反馈。对旅游企业而言，该系统是充分展示形象和提供产品的平台，在线营销系统大大节约了企业经营成本。对旅游管理部门而言，通过定位、统计、安全和反馈等系统，可全面了解旅游者需求、景区动态、意见建议等内容，帮助实现科学决策和管理。

"智慧旅游"体系的建成，将改变游客的行为模式、企业的经营模式和行政部门的管理模式，引领旅游进入"触摸时代""定制时代"和"互动时代"，从而逐步改变整个产业的运营模式，是旅游业强化现代服务业特性、提高现代服务业水平的重要途径。

知识扩展　　　　　　　　　**旅联网：智慧旅游的平台**

"旅联网"是与物联网相对应的一个概念，就是通过射频识别、红外感应器、全球定位系统、激光扫描器、移动终端等信息设备，按约定的协议，把旅游者与互联网连接起来，以实现智能化识别、定位、管理和信息通信及交换的一种网络技术。

我们可以这样解释旅联网："你现在生活在美国的洛杉矶，希望去日本大阪游玩。你希望能够买到大阪环球影城的门票，在大阪逗留5天左右；希望住四星级饭店，饭店离环球影城可步行前往，同时预订好往返大阪和洛杉矶的机票。此时，你只需要用办公桌上的计算机，输入以上的条件，计算机就会通过互联网根据你的条件自动寻找合适的目标，并对选定的目标进行一一查询，最后确定一个最佳方案，从你的信用卡上自动划出款项，预订饭店、门票和飞机票，并将所有的结果列出清单通知你。如果届时你因公务或其他原因不能前往，只需在计算机上进行取消，你的计算机就会通过互联网自动取消所有的约定，扣除违约金后，将剩余款项打回你的信用卡。"

旅联网的意义，不仅仅是可以打包处理出行、住宿、游览等相关需求，减少一项项单项操作的烦琐，还在于对行程变化、旅游安全、旅游可持续发展、旅游便利性需求、旅游移动性搜索等方面的突出作用。

六、旅游的方式从团体转向散客

"团体旅游"是旅行社传统的旅游模式，其主要特点是一切都是统一的，统一的出团时间，统一的交通工具，统一的住宿和饮食，统一的参观游览项目，统一的游览时间限制……旅游者的个人意愿必须服从团队的统一安排，因而，极大地限制了旅游者的自由。而散客旅游则不同，它是一种根据自己的兴趣、爱好进行独自（或少数几个人）旅行的旅游形式，多采取单项服务委托的方式。散客旅游最突出的特点，也是其最大的优点，是旅游者在其旅游活动中可以享有充分的"自由"，可以自由地安排其旅游项目，并根据自己的好恶随时加以调整，而不必被导游人员带着进行走马观花式的游览。因此，散客旅游在世界各地越来越受到旅游者的欢迎。特别是随着交通、通信业的发展，英语在全世界的普及以及旅游供给的不断完善，散客旅游也不断发展，越来越多的人开始加入散客旅游者的行列。

七、传统的观光旅游向休闲度假旅游过渡

进入 21 世纪，旅游不再是少数人奢侈的生活方式，而是一种大众化的活动，像人们吃饭、穿衣一样普遍，大多数人在其一生中将多次外出旅游。据统计，在英国，平均每年外出旅游达 3 次的人占全国人口的半数；在法国，这一比例也达到 45%；而在瑞典，这一比例则更高，达 75%。人们会发现，很多旅游景点都已经"观光"过了，有的地方甚至已经去了不止一次。久而久之，人们对观光旅游将失去兴趣，传统的走马观花式的观光旅游将让位于以休闲、娱乐、放松为目的的度假旅游。

❰ 案　例 ❱

中国客，请你慢些走

在澳大利亚悉尼的邦迪海滩，衣着休闲的人们，或在金色沙滩上晒太阳，或在湛蓝海水中弄潮。还有一群人，衣装齐整，胸前挂着沉甸甸的单反相机，在沙滩上匆匆拍照后，在导游人员的催促下乘车赶往其他景点。这些人多为中国旅游者。

长期以来，"上车睡觉，下车拍照"，是不少中国旅游者出境游的真实写照。一些西方旅游业者反映，较之于尽情享受假期的西方人，中国旅游者的行程永远那么紧，他们要么不

会玩，要么没有时间玩。

致力于服务中国旅游者的澳大利亚旅游咨询商 China Ready & Accredited 公司首席执行官龚怡婷认为，出现上述差异的重要原因在于，中西方旅游者的旅游休闲取向不同：中国人倾向于在有限的时间内，游览尽可能多的地方，拍摄尽可能多的照片；西方旅游者则善于放慢节奏，尽情享受旅游目的地的自然和人文元素。

事实上，度假旅游已成为很多发达国家旅游者外出旅游的主要形式和目的。在欧洲，特别是在七八月份，每年约有 3/4 的人涌向地中海沿岸海滩胜地度假。"每逢节日，人们就蜂拥而出，旅行度假。蓝天白云下的高速公路上到处是远行的汽车，有的拖着游艇，有的拖着房车，有的载着自行车，场面十分热闹……英国人不喜欢走马观花地在各旅游点疲于奔命，而是选择一个度假点，一住就是一周。这一周中，他们可以在海滨的浪尖上冲浪、游泳，也可在山间漫步，或在阳光下的草坪上聊天、看书，得到真正的休闲和放松。"[①]

未来的度假旅游将多种多样，人们将根据自己的情况选择度假方式：

1. 分时度假

分时度假模式，即度假者以一定的价格购得度假村的服务设施（如一定面积的房间、别墅等）在一定时间里（如每年某一个月的一个星期）的使用权，每年的这一段时间内，度假者有权无偿使用度假村的服务设施，其余时间交给度假村维护和管理。度假者还可以通过国际分时度假交换机构与其他购买分时度假产品的度假者交换度假产品，从而免费享用其他国家和地区的度假村设施。

2. 租赁度假

度假租赁理念起源于美国，第一家度假房屋租赁在线服务提供商 HomeAway 成立于 2005 年，并于 2011 年成功上市。另一家代表性的旅行房屋租赁社区网站 Airbnb 成立于 2008 年，其特色是鼓励用户自行上传房源信息，然后从房东与租客交易中抽取佣金。它们都是把旅游者和那些家里有闲置住所的人联系到了一起。

中国目前也成长起多家度假租赁公司，如采用"Airbnb 模式"的蚂蚁短租，采用免费平台模式的游天下，而同时介入线上平台建设和线下服务与管理的途家模式最受关注。

3. 换房度假

还一种度假方式是"换房度假"，即在换房网站的帮助下，度假者与身处异地甚至异国的另一度假者在度假期间相互交换自家的住房，解决度假期间的住宿问题，从而免

---

① 金燕：《英国旅游渗透度假意识》，《中国旅游报》2001 年 12 月 21 日。

去度假期间高额的住宿费用。参加换房度假的人通常事先签订一份协议，明确使用对方房屋的权利和义务，如有损坏，保险公司将负责追究暂住者的责任。

八、旅游综合体成为一种趋势

旅游综合体是指在特定区域内，以一定的旅游资源和土地资源为基础，将休闲、度假、商务、会展、娱乐、购物等主要功能进行有机结合所形成的产业互动、功能互补的泛旅游产业聚集区。

旅游综合体融合了旅游业、商业、房地产业等多种业态，有效整合了旅游业及其相关产业联动发展。它通过在特定的空间内不同产业间的合理配比、集聚发展，使得旅游景区和地产不断优化升级。

旅游综合体的发展模式划分为三类，即以旅游景区转型升级为驱动力的旅游综合体、以地产开发模式创新为驱动力的旅游综合体、以城市特定阶段的发展要求为驱动力的旅游综合体。

九、"太空旅游"将成为现实

随着航天技术的发展，人们的旅游空间将从地球扩展到外太空。美国、俄罗斯等航天技术发达的国家已经开展了这项旅游业务，希尔顿酒店集团已经计划在太空和月球建造太空旅馆和月球酒店，人们去太空旅游的愿望即将从梦想变成现实。

十、可持续发展成为未来旅游业发展所追求的永恒主题

旅游资源的过度开发、旅游业的盲目发展，已经对社会及生态环境造成了危害，进而已经威胁到旅游业自身的发展。人们越来越清醒地认识到，旅游业不再是无烟工业。因此，旅游业的可持续发展将成为未来旅游业发展所追求的永恒主题，各国政府、社区、旅游企业和旅游者应为实现旅游业的可持续发展而共同努力。

十一、世界旅游区域重心向亚太地区转移

1. 亚太地区将成为世界的旅游重心

欧洲和北美是两个传统的国际旅游市场，近些年来它们在国际旅游市场上的份额呈进一步缩小之势，世界旅游重心由传统市场逐渐向新兴市场转移。20 世纪 70 年代以前，欧美地区是最主要的旅游目的地，吸引了全球超过 85% 的入境过夜客源。随着 20 世纪 80 年代亚太地区旅游业日益崛起，世界旅游格局开始发生新的变化，欧美市场份额逐渐下降。2010 年之后，亚太地区已经取代美洲成为第二大国际旅游目的地。由于亚太地区对旅游业发展重视程度的不断加强，旅游投资的大举进入将优化地区接待水

平，同时本地区的区域旅游需求逐渐加大，世界旅游发展重心将继续东移。2016 年，全球接待入境旅游者总量为 12.35 亿人次，同比增长 3.90%。其中，亚太地区接待入境旅游者数量的增速达到 8%。据预测，到 2030 年，亚太地区接待的入境过夜旅游者将从目前的 2.18 亿人次增长到 5.35 亿人次，在全球旅游市场中的份额也将相应由 22% 上升到 30%。而欧美地区的比重将由 67% 下降至 55%。

2. 中国将成为世界第一旅游大国

从 2012 年起，中国成为全球最大的出境旅游消费国，而且已经超过美国成为全球最大的出境旅游市场。

中国有十分丰富的自然和文化旅游资源，随着中国改革开放的不断深入，中国在国际上的政治、经济地位不断提高，影响不断增大，与此同时，旅游业也得到了快速的发展。多年来，中国旅游业一直是世界旅游业增长最快的国家之一，其世界排名不断上升。据世界旅游组织统计，2010 年，中国已成为世界第三大旅游目的地（仅次于法国和西班牙）。在不久的将来，中国将成为世界第一旅游大国。

☞ **课后思考与训练**

1. 什么是全域旅游？
2. 什么是智慧旅游？
3. 什么是旅游业的可持续发展？旅游业的可持续发展包括哪些基本思想？
4. 如何实现旅游业的可持续发展？
5. 请你谈谈世界旅游业发展趋势。

参 考 文 献

[1]刘伟. 旅游概论(第三版)[M]. 北京：高等教育出版社，2015.

[2]刘伟. 旅游学[M]. 北京：高等教育出版社，2014.

[3]刘伟. 旅游学[M]. 广州：广东旅游出版社，1998.

[4][美]查尔斯·R.格德纳，布伦特·里奇. 旅游学(第10版)[M]. 李天元，徐虹，
    等，译. 北京：中国人民大学出版社，2008.

[5][英]克里斯·库珀，约翰·弗莱彻，等. 旅游学：原理与实践(第二版)[M]. 张俐
    俐，蔡利平，等，译. 北京：高等教育出版社，2004.

[6]马勇. 旅游学概论[M]. 北京：高等教育出版社，1998.

[7]国务院办公厅. 关于促进全域旅游发展的指导意见[Z]. 2018.

[8]魏小安，厉新建. 物联网来了，旅联网还有多远[N]. 中国旅游报，2010-11-19.

[9]陈雪钧. 旅游目的地的节庆营销[N]. 中国旅游报，2005-12-23.

[10]田里. 现代旅游学导论[M]. 昆明：云南大学出版社，1994.

[11]张海燕. 旅游统计与旅游卫星账户[N]. 中国旅游报，2005-12-07.

[12]陈文杰. 危机的管理与规避[N]. 中国旅游报，2003-06-04.

[13]王大悟，魏小安. 新编旅游经济学[M]. 上海：上海人民出版社，2000.

[14]吴忠军. 旅游景区规划与开发[M]. 北京：高等教育出版社，2003.

[15]魏小安，李劲松. 对国人旅游行为与文明旅游的深层次思考[N]. 中国旅游报，
    2006-10-18.

[16]王煜琴. 计调在旅行社服务质量提升过程中的作用[N]. 中国旅游报，2010-05-31.

[17]段万义. 导游如何进行危机公关[N]. 中国旅游报，2007-06-04.

[18]李向明. 旅游地形象宣传口号的创意设计模式与原则[N]. 中国旅游报，2006-
    12-04.

[19]陈平. 在影响旅游业的危机中恢复、改进国家形象的传播策略[N]. 中国旅游报，
    2008-04-02.

[20]王咏红. "智慧旅游"的核心是游客为本[N]. 中国旅游报，2011-09-09.

[21]王兴斌. 和谐旅游目的地建设应兼顾多方利益[N]. 中国旅游报，2011-11-09.

[22]张梅. 发展中的旅游统计[N]. 中国旅游报，2011-12-02.

[23]王兴斌. 对完善旅游统计工作的思考[N]. 中国旅游报，2011-12-02.